Joachim Gauck

Norbert Robers

Joachim Gauck

Vom Pastor zum Präsidenten
Die Biografie

Koehler & Amelang

© 5. Auflage 2012, Koehler und Amelang GmbH
www.koehler-amelang.de

Bibliografische Information der Deutschen Nationalbibliothek:
Die Deutsche Nationalbibliothek verzeichnet diese Publikation
in der Deutschen Nationalbibliografie; detaillierte bibliografische Daten
sind im Internet über http://dnb.d-nb.de abrufbar.

ISBN 978-3-7338-0388-9

Projektmanagement: Caroline Keller
Lektorat: Stefan Pegatzky, Martin Rundel, Gisela Buddée
Produktion: Thomas Flach
Umschlaggestaltung: Lambert und Lambert, Düsseldorf
Titelbild: ddp images / AP / JENS MEYER
Gestaltung: Günter Hennersdorf
Satz und Litho: LVD GmbH, Berlin
Druck und Bindung: CPI – Ebner & Spiegel, Ulm
Printed in Germany

Inhalt

Anhang
225

Einleitung

Wer ist dieser Bundespräsident Joachim Gauck, der sich selbst als links, liberal und konservativ bezeichnet? Was treibt diesen ehemaligen Pastor an, den 2010 SPD und Grüne, 2012 wiederum SPD und Grüne, aber auch FDP und – von diesen überrumpelt – CDU/CSU als ihren Kandidaten für das höchste Staatsamt der Bundesrepublik nominierten? Wird er das Land – und nicht nur Ost und West – versöhnen oder spalten? Wird der »Freiheitsapostel« die übergroßen Erwartungen vieler Bürger erfüllen – oder scheitert er mit seiner politischen Mission? Kein anderer seiner zehn Vorgänger war bereits vor seiner Wahl einer so vehementen und kritischen Diskussion ausgesetzt.

Für die Politik, so will es unsere Gesellschaft, gelten außerordentlich strenge moralische Maßstäbe. Während viele Bürger Versicherungsbetrügereien oder Steuertricks als eine Art Recht des kleinen Mannes deklarieren, drohen den in der politischen Öffentlichkeit Handelnden schon bei geringen Verfehlungen drastische Sanktionen. Leise Zweifel genügen oft, Karrieren zu beenden. Die Politik, so meinen viele zu wissen, ist ein schmutziges Geschäft. Und so trägt jedermann mit Freude seinen Anteil dazu bei, sie zu säubern. Jedes noch so kleine Vorkommnis bestätigt Vorurteile und suggeriert die eigene Redlichkeit.

Joachim Gauck stand bereits als Bundesbeauftragter für die Unterlagen des Staatssicherheitsdienstes der ehemaligen Deutschen Demokratischen Republik unter ständiger öffentlicher Beobachtung. Die moralische Latte, an der er gemessen wurde, lag um ein Vielfaches höher. Schließlich erwartete man von einer Person, die politisch so brisante Akten verwaltete, nicht nur, dass sie über jeglichen Verdacht der Bestechlichkeit erhaben sei, sondern zusätzlich eine absolute Unparteilichkeit. Angesichts dieser Erwartungen konnten schon damals Anfeindungen nicht ausbleiben. In den Augen vieler Kritiker agierte der vielfach Ausgezeichnete als ein von allen Gesetzen entbundener und damit quasi allmächtiger Stasi-Richter, der zum politisch opportunen Zeitpunkt die passende Akte aus dem Magazin bestellte und sie in den Ring der Öffentlichkeit warf. Joachim Gauck überstand jedoch alle verbalen und juristischen Attacken schadlos – eine ernsthafte Forderung nach Rücktritt aus Gründen der politischen Kultur wurde nie erhoben. Nichts aber wäre fataler für den Verwalter der Stasi-Unterlagen gewesen als der Verdacht, er selbst habe für die Staatssicherheitsbehörde gearbeitet. Der spitzelnde Bock als richtender Gärtner: Ein solches Szenario hätte eine für die deutsch-deutsche Aufarbeitung zentrale Institution entscheidend und nachhaltig diskreditiert.

Aber 1996 gab es erste derartige Gerüchte. Die Verdächtigungen stützten sich im Wesentlichen auf ein einziges Zitat in Gaucks Stasi-Akte I/533/83, die am 24. März 1983 unter dem Decknamen »Larve« angelegt worden war. Am 28. Juli 1988 hatte Stasi-Hauptmann Terpe gegen 10.30 Uhr an der Haustür des Rostocker Pastors geklingelt und nach einem rund anderthalbstündigen Gespräch, das nach Terpes Einschätzung von »sachlichem Charakter« und »gegenseitiger Akzeptanz« gekennzeichnet war, schließlich befunden, Gauck sei »gewillt, einen positiven Beitrag für die Lösung der von ihm angesprochenen und erkennbaren Probleme« zu leisten.

Joachim Gauck und die Stasi: Ein Geschäft auf Gegenseitigkeit, das der mächtige Behördenchef jahrelang erfolgreich kaschiert hatte?

Das exakte Studium der Akten gibt Aufschluss. Die Staatssicherheit hatte zwei Ordner über Joachim Gauck angelegt, die dem Autor vorlagen. Wie gesetzlich vorgeschrieben, sind die Stellen, die Hinweise auf Personen geben, geschwärzt. Band eins (I/533/83 – Aop 2540/88) ist 213, Band zwei (SLK 1067/II) 78 Seiten stark. Darüber hinaus existiert, neben etlichen Einzelblättern aus den früheren Jahren und auch von 1989, ein Band mit sogenannten Erfassungsbelegen, der ausschließlich Personen- und Zeitangaben sowie sehr kurz gehaltene Hinweise auf vermeintliche Missetaten (»Gauck besitzt Bücher von Heym«) enthält. Weitere Unterlagen, die auch nur entfernt eine Zusammenarbeit mit dem MfS dokumentieren würden, gibt es nicht.

Was wusste die Stasi von dem Mann, der sich ein Jahr nach der Verplombung der Unterlagen im November 1988 anschickte, nicht nur seine eigene, sondern alle Akten in seine Obhut zu nehmen und zu verwalten? Und wie konnte es dazu kommen, dass man Gauck unter Berufung auf jene Akten verdächtigte, mit der Stasi kooperiert zu haben?

Seit 1974 sammelten die inoffiziellen und offiziellen Zuträger des DDR-Geheimdienstes Informationen über den vierfachen Familienvater, der von den Sicherheitsneurotikern hinsichtlich seiner sozialen Herkunft unter »Intelligenz« eingeordnet wurde. Angeblich trat G., wie Joachim Gauck in den Akten abgekürzt wird, regelmäßig »politisch negativ in Erscheinung«. Im Mai 1974 habe er einem IM gegenüber »die Regierung der DDR als Clique bezeichnet, die gemeinsam mit dem MfS und der NVA das Volk unterjocht«. Drei Monate später habe der Verdächtige seine Wortwahl verschärft. Ein aufmerksamer Spitzel vermerkte, dass G. »alle Leute hoch schätze, die gegen das sozialistische System ankämpfen«. Und schließlich: »Im Zusammenhang mit der Tätigkeit des MfS sagte G., dass bei der Staatssicherheit nur Pack und Gesindel beschäftigt ist und eben diese Leute [...] für ihn das Allerletzte bedeuten.«

Die Staatssicherheit horchte 1982 bei einem Friedensgottesdienst in der Heilig-Geist-Kirche in Rostock mit (»G. zog in seiner

Predigt zum Thema Wahrheit, Wahrhaftigkeit, Frieden Vergleiche zum Faschismus in Deutschland und unserer sozialistischen Entwicklung in der DDR. Durch Propaganda könne man Millionen von Menschen manipulieren.«). Außerdem beobachtete sie, dass G. Kontakt »zum antikommunistischen Schriftsteller der BRD, Walter Kempowski« suche, er sich im Warnemünder Friedenskreis engagiere und regelmäßig die Verhältnisse in der DDR herabwürdige.

Entsprechend eindeutig fiel die sogenannte »politisch-operative Wertung« der beiden Stasi-Offiziere aus:

»Aus dem dargelegten Sachverhalt und Persönlichkeitsbild des G. ist erkennbar, dass er eine antisozialistisch-feindliche Einstellung zu den Verhältnissen in der DDR hat. [...] Der G. versucht zielgerichtet, unter dem Deckmantel der kirchlichen Friedensarbeit oppositionell eingestellte Jugendliche zu gewinnen, um sie gegen unsere sozialistische Entwicklung und Verteidigungsbereitschaft aufzuwiegeln. [...] Die vorliegenden Informationen und Beweise können als objektiv und wahrheitsgemäß gewertet werden. [...] In der gegenwärtigen Klassenkampfsituation kann von G. eine große Gesellschaftsgefährlichkeit ausgehen. Aus diesem Grund wird vorgeschlagen, den G. in einem OV [Operativvorgang] zu bearbeiten.«

Das bedeutete: »Einleitung von gezielten Zersetzungsmaßnahmen«. Dieser Terminus technicus steht für eine der perfidesten Maßnahmen des Regimes, die zeigt, wie das Ministerium für Staatssicherheit im Laufe der Jahrzehnte ihre verdeckten Attacken gegen die eigene Bevölkerung perfektionierte.

In Verbindung mit der Gewissheit, dass den Opfern der Weg zu einem neutralen Rechtsanwalt, zu einer staatlichen Behörde oder in die Öffentlichkeit verwehrt blieb, trieb ein ausgeklügeltes Maßnahmenbündel viele Betroffene in psychische Verzweiflung und in mehreren Fällen sogar in den Tod.

Auf Joachim Gauck reagierte die Stasi erst ziemlich spät mit einem förmlichen Operativen Vorgang (OV). Als sie Joachim Gauck

1983 ins Visier nahm, war dieser bereits seit 16 Jahren Pastor in Rostock. Hatte man ihn zu Beginn seiner kirchlichen Karriere unterschätzt? War er der Aufmerksamkeit der um Allgegenwart bemühten Machthaber in der mecklenburgischen Provinz entgangen?

Mit Sicherheit dürfte keiner der zahlreichen mit der Observation und den Zersetzungsmaßnahmen gegen Joachim Gauck beschäftigten Personen damit gerechnet haben, dass dieser eines Tages zum Leiter ausgerechnet der Behörde avancieren würde, die die Unterlagen des ehemaligen Staatssicherheitsdienstes verwalten sollte. Dieser Rollenwechsel vom Systemkritiker und Opfer von Verfolgung zum obersten Hüter der deutsch-deutschen Vergangenheitsbewältigung und zum wortmächtigen Aufklärer ist mehr als nur eine Ironie der Geschichte. Die Lebensgeschichte Joachim Gaucks macht deutlich, dass er wie kaum ein anderer dazu berufen war, das außerordentlich heikle Amt des Bundesbeauftragten für die Stasi-Unterlagen auszufüllen. Er war der richtige Mann am richtigen Ort. Es ist dabei nur scheinbar ein Paradox, wenn der Blick auf diese Biografie auch die Brüche dieser Existenz zutage fördert. Denn das Leben Joachim Gaucks ist, alle Eigenschaften wie Willenskraft und persönliche Integrität abgerechnet, gerade durch seine Beschädigungen in dem Maße exemplarisch, wie es dieses Amt erforderte.

Auch nach seiner zehnjährigen Amtszeit verschwand Gauck nicht aus der Öffentlichkeit. Von 2000 bis Juni 2010 nahm der wortgewandte Politmissionar an ungezählten Podiumsdiskussionen teil, hielt Dutzende Lesungen ab und berichtete in aller Welt von den Erfahrungen des wiedervereinten Deutschland im Umgang mit den 178 Kilometer Geheimdienstakten. In dieser Dekade gewann der ehemalige Amtsleiter seine Rolle als Privatier weitgehend zurück. Zu markanten Daten, beispielsweise 20 Jahre nach dem Mauerfall, war er jedoch erneut einer der gefragtesten Interviewpartner. Die Medien wussten, dass sie mit Gauck einen deutsch-

deutschen Richter vor der Kamera hatten, der erstens immer für eine Schlagzeile gut und zweitens noch immer deutschlandweit hoch angesehen war.

»Bürger für Gauck« stand auf einem Schild, mit dem ein Berliner im Juni 2010 vor dem Kanzleramt posierte und sich für Gauck als künftiges Staatsoberhaupt einsetzte. Die bürgerliche Koalition war regelrecht erschüttert, als den Oppositionsparteien mit der Nominierung Gaucks gegen den CDU-Ministerpräsidenten Christian Wulff ein echter Coup gelang. Die Sympathien der Bevölkerung lagen kontinuierlich auf der Seite Gaucks – und doch setzte sich in der Bundesversammlung die politische Disziplin und damit auch die Bundeskanzlerin durch.

Gauck zog sich erneut zurück. Die Zeit des Daueraufstiegs schien endgültig vorbei. Und auch die Ankündigung von SPD und Grünen, nach dem Rücktritt von Christian Wulff erneut auf Gauck zu setzen, sah zunächst wie eine pflichtschuldige Wiederholung aus. Bis sich die FDP, der kleine Regierungspartner, am Nachmittag des 19. Januar 2012 aus der Deckung wagte und sich mit einem einstimmigen Präsidiumsbeschluss ebenfalls für Gauck aussprach. Jetzt war klar: Die Bundeskanzlerin hat keine Mehrheit mehr, sie steckt in der Falle. Undenkbar, dass die CDU ausgerechnet mit der Linkspartei diesen so beliebten Kandidaten ablehnen würde. Gegen 21.30 Uhr sagte der sichtlich gerührte Gauck zu: Ja, ich will. Damit bekommt Deutschland den Präsidenten, den sich das Volk wünscht. Ein Staatsoberhaupt ohne Parteibuch, ein Novum in der bundesdeutschen Geschichte.

Sieben Jahre lang hatte der Autor die Arbeit des Bundesbeauftragten mitverfolgt – sieben Jahre, in denen sich Joachim Gauck vom Aktenverwalter zur moralischen Instanz entwickelte. Seine pointierten Stellungnahmen provozierten viel Widerspruch. Bis heute: Vom Tag der Kandidatur an meldeten sich die Kritiker des ehemaligen DDR-Bürgerrechtlers mit zum Teil massiver Kritik zu Wort. Der Kontakt des Autors zum Aufklärer und Redner Gauck ist nie abgerissen: Gauck hat großen Respekt vor dem Amt, von Angst ist er dagegen weit entfernt. Jetzt steht er erneut auf der Bühne, diesmal auf der größten deutschen Bühne im Schloss Bellevue. Schöne Aussichten für Deutschland?

Heimat: Schule und Studium in Rostock

Seine ersten fünf Lebensjahre verbrachte der am 24. Januar 1940 in Rostock geborene Joachim Gauck in Wustrow. Wenige Straßen vom Haus der Eltern entfernt, direkt am Meer gelegen, befand sich das »Haus am Deich«, das Großmutter Antonie 1936 erbaut hatte. Wenn er zu Besuch war, stand der kleine Joachim oft am Fenster und blickte aufs Meer, um die in der Ferne vorbeiziehenden Schiffe zu beobachten. Dabei mag er an seinen Vater gedacht haben, der Seemann war und auf der Wustrower Seefahrtsschule sein Kapitänspatent erworben hatte. Wie viele andere Kinder sah Joachim seinen Vater während des Krieges nur selten. War er doch einmal zu Hause, so verlief das Familienleben nach der klassischen Rollenverteilung: Die Mutter sorgte sich um die Kinder und den Haushalt, der Vater, dem das Gewusel auf die Nerven ging, beließ es bei seltenen Erziehungsbemühungen in Form von strengen Ermahnungen. Den Großteil der Kriegsjahre verbrachte er jedoch in Kasernen, auf Kriegsschulen oder auf See.

Der Vater Joachim, ein gebürtiger Dresdner, hatte direkt nach dem Abitur, das er nach einigen schulischen Wirren und drei Ehrenrunden auf dem Berliner Mommsen-Gymnasium bestanden hatte, als Schiffsjunge auf dem Viermastsegelschiff »Gustav« angeheuert. Bis zum Ausbruch des Krieges durchfuhr er die Weltmeere, immer wieder von der Arbeitslosigkeit bedroht.

Monatelang hielt er nur brieflich Kontakt zur Heimat. Vor der Küste Australiens erreichte ihn 1934 ein Brief, in dem ihm seine

14

Mutter mitteilte, dass sie von Rostock nach Wustrow gezogen war. »Stinksauer« kam er zurück, lebte sich aber schnell in der neuen Bleibe in der Großen Straße ein.

Ein anderer, nicht weniger wichtiger Brief erreichte ihn dagegen nie. Am 21. August 1938 legte er mit einem Fruchtschiff aus Kamerun im Hamburger Hafen an. Stürmisch begrüßte ihn dort seine Verlobte Olga Warremann, die als Bürovorsteherin in einem Anwaltsbüro arbeitete. »Was sagst du zu meinem Brief?«, fragte sie ihn erwartungsvoll. »Welcher Brief? Ich habe keinen bekommen.« »Aber dann weißt du ja von nichts«, sagte sie ganz entsetzt. »Nein, wovon denn?« »Dass wir morgen in Blankenese heiraten.« Zwei Tage später brachen die beiden frisch Vermählten zu kurzen Flitterwochen in die Lüneburger Heide auf.

Im Krieg blieb Joachim Gauck sen., der 1940, inzwischen 33-jährig, sein Kapitänsexamen mit Auszeichnung erhalten hatte, von Kampfhandlungen verschont. Mehrere Jahre verbrachte er in Kasernen in Neustadt und Stralsund und zupfte während der Dienstzeit Rüben oder führte andere anspruchslose Tätigkeiten aus. Seine Tätigkeit als Kapitän beschränkte sich auf Aufgaben wie das Aufspüren und Bergen von Minen von einem Fischkutter aus. Dienst als »Matrose Arsch« nannte man das. Jeder an Bord gehievte Sprengsatz war für die Soldaten ein Anlass zur Freude: »Weil wir uns danach«, so der Vater, »immer fürchterlich betrunken haben.« Das Ende des Krieges erlebte er in Flensburg, wo er auf der Marine-Kriegsschule dem Nachwuchs Unterricht in Fächern wie Navigation und Gesetzeskunde erteilte.

Obwohl Joachim Gauck sen. während des ganzen Krieges nicht einen einzigen Schuss auf den Feind abgefeuert hatte, traute er sich nach der Kapitulation Deutschlands nicht nach Hause. Was ihm Sorgen bereitete, waren sein militärischer Rang und vor allem seine Mitgliedschaft in der NSDAP. Auch ohne den Nachweis individueller Schuld waren die Parteizugehörigkeit und der Offiziersrang zu Beginn der Entnazifizierung schwer belastend, er selber rechnete »mit dem Schlimmsten«. Monatelang fuhr der erfahrene Seemann unter der strengen Aufsicht eines englischen und eines polnischen Verbindungsoffiziers mit zwei Frachtschiffen ehemalige polnische Zwangsarbeiter von Hamburg in ihre Heimat zurück. Anfangs sprach niemand ein Wort mit dem verhassten Deutschen. Eines Tages kam ein polnischer Offizier zu ihm auf die Brücke und sprach ihn auf die Gräueltaten der Nationalsozialisten an:»Wenn ich den Hitler in die Finger bekäme«, äußerte er in gebrochenem Deutsch,»würde ich ihn in Stücke reißen. Aber wie er die Juden behandelt hat, dafür müsste man ihm nachträglich ein Denkmal setzen.« Noch immer zeigte der Antisemitismus seine hässliche Fratze.

Olga Gauck zitterte zur gleichen Zeit vor dem Einmarsch der russischen Truppen. Fast täglich rechneten die Dorfbewohner mit der Ankunft marodierender Soldaten. Die Frauen fürchteten Vergewaltigungen: In Ostpreußen, das wussten auch die Gaucks, waren die Russen auf ihrem Vormarsch nur noch auf wenig Gegenwehr getroffen und hatten stattdessen vielerorts einen Krieg gegen die Frauen geführt. Aber die Mutter fürchtete nicht zuletzt auch um ihre drei Kinder, die während des Krieges geboren waren: die vierjährige Marianne, den gerade geborenen Eckart und Joachim, den Ältesten.

Um die anrückenden Rotarmisten rechtzeitig auszumachen, hielten die Kinder jeden Tag vom Schifferberg unweit der Seefahrtsschule Ausschau. Überall steigerte sich die Unruhe zu panischer Angst. Von einem Freund erfuhr Joachim ein paar Jahre später, was dessen Großvater in diesen Tagen geschehen war. Bei Ankunft der Russen schnitt er seiner Frau, seiner Tochter, drei Enkeln und schließlich sich selbst die Pulsadern auf. Minuten später retteten die Russen das Leben der Frauen und der Kinder – den Mann erschossen sie vor deren Augen auf dem Hof.

Olga Gauck stillte gerade den jüngsten Sohn, als an die Eingangstür gehämmert wurde. Jeder wusste: Die Russen sind da! Soldaten in abgerissenen Uniformen marschierten in die Wohnstube.»Uri, Uri«, rief einer von ihnen. Wild gestikulierend wiederholte er:»Uri, Uri!«. Geistesgegenwärtig ließ die Mutter ihre Armbanduhr in die Sesselritze fallen. Unverrichteter Dinge zogen sich die Soldaten aus dem Haus zurück. Die Gaucks atmeten auf.

Der erste Schrecken war verflogen, die erste Nacht ohne Zwischenfall überstanden, als sich tags darauf der Chef der Kommandantur, ein Major, in dem Haus, in dem die Familie Gauck wohnte, einquartierte. Im Nachhinein erwies sich dies als Segen: Während viele Soldaten allabendlich ausschwärmten, um Frauen zu missbrauchen und Häuser zu plündern, bewahrte die Anwesenheit des Offiziers Olga und ihre Kinder vor diesem Schicksal. Langsam normalisierte sich die Situation. Neben dem abenteuerlichen Äußeren der Soldaten blieben»Jung-Jochen« vor allem zwei verschiedene Gerüche noch lange in Erinnerung: der beißende Gestank von Fusel, der dem Mund des selbst ernannten Hausherrn entströmte, wenn der ihn hin und wieder auf den Arm nahm, und der Ledergeruch von Autositzen. Denn nach ihrem Einmarsch hatten die Russen alle Autos beschlagnahmt und sie rings um ihr Hauptquartier gegenüber der Schule abgestellt. Ein Ort, der zum beliebten Spielplatz für Joachim und seine Freunde wurde.

Das Haus der Großmutter an der Ostsee hielten die Russen komplett besetzt, Großmutter Antonie musste sich im Dorf eine Unterkunft besorgen. Beschwerden waren zwecklos. Mutter Olga und ihre drei Kinder zogen nach Rostock-Brinckmannsdorf, wo der Vater von Olga Gauck wohnte. Von ihrem Ehemann gab es noch keine Spur.

Die Hansestadt Rostock hatte das Schicksal vieler deutscher Großstädte ereilt. Leicht zu orten und wegen der zahlreichen leistungsstarken Rüstungsfabriken von erheblicher strategischer Bedeutung, war Rostock eines der bevorzugten Ziele alliierter Luftangriffe gewesen. Vom 23. bis zum 27. April 1942 hatten die Briten verheerende Bombenangriffe auf die damals 140 000 Einwohner zählende Stadt geflogen und über 100 000 Luftminen und Stabbrandbomben sowie tausende Splitter- und Flüssigkeitsbomben abgeworfen. In die Erinnerung der Bewohner sollten sich die vier Bombennächte als »die Katastrophe« einbrennen: Vierzig Prozent der Stadt wurden zerstört, allein in diesen vier Tagen ließen 216 Rostocker ihr Leben. Insgesamt starben bei den Luftangriffen, die die Stadt und ihre Bewohner bis in den August 1944 ertragen mussten, mehr als 600 Menschen. Im Frühjahr 1945 kam erneutes Unheil über die Stadt. Russische Truppen eroberten Rostock. Doch die sich anschließende Plünderung der Kauf- und Geschäftshäuser ging nicht nur auf das Konto einer entfesselten Soldateska, die von Not getriebenen Rostocker unternahmen sie selbst. So jedenfalls erinnert sich der kommunistische Stadtchronist Willi Bredel an die anarchischen Stunden, nachdem die russischen Panzer die Stadt hinter sich gelassen und weiter in Richtung Wismar gerollt waren:

»Die Einwohner kamen aus Häusern und Kellern und aus den Notwohnungen in den Ruinen wieder hervor, einzeln erst, dann in immer größeren Scharen; mit Handkarren, Kinderwagen, mit leeren Säcken und Gefäßen zogen sie in die Hafengegend. Die letzte deutsche Truppeneinheit hatte die Staatsvorräte zum Plündern freigegeben. ›Besser, ihr nehmt es euch, als dass die Russen es bekommen‹, hatte ein SS-Offizier der Menge zugerufen. Käselaibe, groß wie Mühlräder, wurden johlend über das holprige Kopfsteinpflaster der engen Hafengassen gerollt. Marmeladeneimer, Sirupfässer, Säcke mit Zucker und Mehl wurden weggeschafft. Männer, die vom Kühlhaus kamen, trugen große Stücke gefrorenen Fleisches im Arm. Frauen keuchten unter der Last halber Kälber. In der Hauptverkehrsstraße wurden die großen Kaufhäuser gestürmt; die Menschen rissen an sich, was ihnen in die Hände geriet: Kleider, Schuhe, Strickjacken, Bettzeug. [...] Mit einer maßlosen Gier wurde geräubert, die Russen sollten kein Krümelchen Getreide, kein Gramm Lebensmittel, keinen Fetzen Stoff mehr vorfinden.«[*]

Not und Elend herrschte fast überall. Während sich die übrig gebliebenen Parteifunktionäre gründlich mit Essbarem versorgt hat-

---

* Willi Bredel: Die Russen kommen. In: Diethard H. Klein: Rostock. Ein Lesebuch. Husum 1998, S. 72.

18

ten und mit beschlagnahmten Jachten und kleineren Booten im Schutz der Nacht in die Lübecker Bucht flüchteten, kämpften die vielen meist vaterlosen Familien gegen den Hunger. Der fünfjährige Joachim half tatkräftig, die Ernährung der Gaucks zu sichern. Wie die meisten Kinder ging er zum Ährensammeln auf die abgeernteten Felder. Der Großvater, bei dem die Familie wohnte, hatte sich vom Maurer zum Baumeister hochgearbeitet. In dieser Zeit gab es nichts zu verdienen, mit seiner Kreissäge konnte er aber den Lebensunterhalt der Familie sichern. Tagein, tagaus zerkleinerte er Buchenholz, das die Bauern in großen Mengen aus den umliegenden Wäldern herangeschafft hatten. Man hielt auch Hühner, ein Schwein und Ziegen – es reichte, dass jeder satt wurde.

Den Kindern mangelte es selbst in dieser Zeit nicht an Spaß und Abwechslung. Mit seinen Spielkameraden traf sich Joachim so oft wie möglich im Wald. Sie bauten Höhlen und in späteren Jahren Pisten mit ausgebauten Kurven für ihre Fahrrad-Rennen. In der Nachkriegszeit fanden sie immer wieder gefährliche, aber aufregende Relikte aus den Kriegsjahren wie Patronentaschen und Bajonette, mit denen die Jungs das grausame Gemetzel nachstellten. Sie bastelten sich Schilder und Schwerter und schnitzten Katapulte als Steinschleudern. »Trotz der Not: Auch die Zeit unmittelbar nach Kriegsende war schön«, erinnert sich Joachim Gauck.

Getrübt wurde die unbeschwerte Stimmung dieser Kinderspiele durch das ungewisse Schicksal des Vaters. Das Warten wurde umso schwerer erträglich, je mehr Familien aus der Nachbarschaft vom Tod des Ehemanns, Vaters oder Bruders erfuhren. Ganz abgesehen vom Verlust des geliebten Menschen fehlte diesen Familien nun auch der Ernährer und Beschützer. Viele Frauen, die sich fortan alleine durchschlagen mussten, ließen sich Eisentüren in ihre Häuser einbauen und hielten scharfe Hunde.

Im Sommer 1946 wurde der Vater aus einem englischen Kriegsgefangenenlager in Schleswig-Holstein entlassen und kam endlich nach Hause. Wie in den meisten deutschen Familien sprachen Mutter und Vater nur in wenigen dürren Sätzen über die Ereignisse seit 1933, über die Judenverfolgung, den Krieg, das Elend. Man wollte einfach alles vergessen. Wie viele andere Frauen hatte auch Olga Gauck Adolf Hitler bewundert, den starken Mann, der den Deutschen nach dem als erniedrigend empfundenen Versailler Vertrag ein neues Gefühl der Stärke eingeredet hatte. Doch die Begeisterung hatte sich in Grenzen gehalten. Im Hause Gauck hatte nirgendwo ein Konterfei Hitlers gehangen. »Meine Eltern waren damals wohl so etwas wie ›Mitläufer‹, falls sie Kritik äußerten, habe ich das als kleines Kind jedenfalls nicht mitbekommen«, erinnert sich Joachim Gauck. »Ich neige aber dazu, meinem Vater abzunehmen, dass er von den Auschwitz-Gräueln nichts wusste.« Jedenfalls beschäftigte den Jungen ein unmittelbar bevorstehendes Abenteuer viel mehr als die dunkle Vergangenheit: der Beginn seiner Schulzeit. Freudestrahlend machte er sich im Spätsommer 1946 mit seiner bescheiden gefüllten Schultüte zur Einschulung in eine Behelfsschule im Stadtteil Brinckmansdorf auf.

Als im Winter sein einziges Paar Schuhe endgültig zerschlissen war und er tagelang nicht am Unterricht teilnehmen konnte, war Jochen todunglücklich. Unterm Weihnachtsbaum fand er ein Paket, dessen Inhalt für ihn das »schönste Geschenk überhaupt« war: Aus Amerika hatte ihm eine Verwandte Schuhe geschickt. Er konnte endlich wieder zur Schule gehen.

In den ersten Nachkriegsjahren hielt der Vater seine Familie mit Gelegenheitsarbeiten über Wasser. Im Hafen gab es wegen der Verladung der Reparationen nach Russland viel zu tun. Bei der Masse an verladenen Waren fiel immer mal ein wenig ab, etwas Zucker, Briketts ... Später arbeitete er als Steuermann in einer Werftcrew, die ein neu erbautes Schnellboot für die russische Marine erprobte und danach als Arbeitsschutzinspektor für Seeschifffahrt. Am 27. Juni 1951 besuchte Vater Gauck mit seiner Frau Olga und seiner jüngsten, 1947 geborenen Tochter Sabine seine Mutter zum Geburtstag in Wustrow. Der 44-Jährige saß erst wenige Minuten allein mit einem Buch auf der Veranda, als ein Wagen mit zwei jungen, ihm unbekannten Deutschen vorfuhr.»Bitte steigen Sie ein, Herr Gauck«, sprachen sie ihn an.»Sie müssen uns helfen. Auf der Rostocker Neptunwerft hat es einen schweren Unfall mit einem Verletzten gegeben.« Bei dieser dürren Beschreibung beließen sie es. Nachfragen waren zwecklos: Sie hätten nur die Weisung, Gauck hinzuzuziehen. Ohne zu wissen warum, versuchte Kapitän Gauck Zeit zum Überlegen zu gewinnen. Er bat die beiden wortkargen Männer, vor der Abfahrt die Toilette benutzen zu dürfen.»Warum bin ausgerechnet ich so wichtig bei diesem Unfall?« überlegte er. Für eine Sekunde dachte er an Flucht.»Unsinn, ich bin bald zurück«, beruhigte er schließlich sich und seine Frau. Schnell steckte ihm Olga noch einige Brote zu. Kurz darauf saß er im Fond des Wagens und winkte den Seinen zu. Es sollten viereinhalb Jahre vergehen, bis sie sich wieder sahen.

Wortlos fuhren ihn die beiden Männer nach Rostock. Als sie ihn in der Stefanstraße, inmitten des»Russen-Viertels«, aus dem Wagen zerrten, spürte er ein Gefühl der Angst, das in ihm hochstieg. Seine Ahnung, dass man ihn unter einem Vorwand von seiner Familie weggelockt hatte, wurde zur Gewissheit. Von der Werft oder einem verunglückten Matrosen war nichts zu sehen. Bevor man ihn in den Keller einer Privatvilla sperrte, stellte ihm einer der beiden Deutschen eine einzige Frage:»Kennen Sie Löbau?« Ohne zu zögern, antwortete er wahrheitsgetreu:»Na klar, der war eine ganze Zeit lang mein Chef.« Joachim Gauck sen. ahnte nicht, dass er sich damit selbst das Urteil gesprochen hatte.

Am Tag nach seiner Verhaftung brachten die beiden Deutschen Gauck nach Schwerin. Es ging an einem Aufmarsch der Freien Deutschen Jugend vorbei, bei dessen Anblick sich Joachim Gauck schwor:»Da laufen meine Kinder nie mit.« Die Fahrt endete am Justizgebäude am Demmlerplatz, vor dem gefürchteten Gefängnis der russischen Besatzer, in dem bis Kriegsende die Geheime Staatspolizei der Nazis gehaust hatte. Über der Tür hing für jedermann sichtbar ein Schild:»Recht muß Recht bleiben.«Ein halbes Jahr lang, bis zum 30. Januar 1952, wurde Gauck hier festgehalten. Aus den Verhören erfuhr er allmählich den Grund seiner Verhaftung: Löbau, Gaucks Vorgesetzter auf der Werft in Roßlau, auf der sie 1947 für die Russen Schnellboote erprobt hatten, war geflohen und anschließend als französischer Agent enttarnt worden. Weil ihm dieser Löbau aus Berlin einen Brief geschrieben hatte, in dem er ihm einen neuen Job angeboten und 50 Mark beigelegt hatte, war für die Russen der Beweis erbracht, dass Gauck, wie auch einige seiner Kollegen, die ebenfalls verhaftet waren, für die Westmächte spionierte. Um persönliche Schuld oder Unschuld ging es dabei nicht: Nach stalinistischer Manier sollte um den Verdächtigen Löbau ein Sicherheitskordon gewebt werden, und Joachim Gauck sen. gehörte zufällig zu dessen Umgebung.

Ein Militärtribunal verhängte zweimal 25 Jahre Haft für den Unschuldigen, dem die Richter zusätzlich antisowjetische Hetze zur Last legten. An seine verzweifelte und nichts ahnende Familie durfte er nicht eine Zeile schreiben. Erst 1954, zum Geburtstag seiner Tochter Sabine, wurde ihm erlaubt, aus einem sibirischen Straflager am Baikalsee, wo er schwere Zwangsarbeit verrichten musste, eine Karte nach Rostock zu schicken – drei Jahre nach seinem Verschwinden, als daheim fast der letzte Funken Hoffnung erloschen war.

Sieben Lager durchlitt der verschleppte Familienvater bis 1955, immer wieder plagten ihn Krankheiten wie Wasserbeine und Hungerödeme. Währenddessen setzte seine Ehefrau, viele tausend Kilometer entfernt, alle Hebel in Bewegung, um Informationen über das Schicksal ihres Mannes zu bekommen. Bis zu Staatspräsident Wilhelm Pieck und dem Generalsekretär des ZK der SED, Walter Ulbricht, kämpfte sie sich durch – ohne Erfolg.

Erst als ihr das Ministerium für Staatssicherheit 1952 die Möglichkeit in Aussicht stellte, durch Kooperation mit der noch jungen Behörde»ihrem Mann das Schicksal zu erleichtern«, hatte sie zumindest Gewissheit, dass er lebte. Offenbar, so deutete die

Staatssicherheit an, befand er sich in sowjetischem Gewahrsam. Olga Gauck lehnte jede Zusammenarbeit ab. Selbst eine letzte Drohung konnte sie nicht umstimmen:»Wundern Sie sich nicht, wenn Sie keine Unterstützung mehr bekommen oder wenn Ihre Kinder nicht die Oberschule besuchen dürfen.« Glücklicherweise erwies sich dies nur als Drohung.

Zwischenzeitlich sorgten die Lagerleiter für eine minimale Verbesserung der katastrophalen Lebensbedingungen der Häftlinge. Als Walter Ulbricht am 5. März 1953 das»Dahinscheiden unseres weisen Lehrers, unseres Vaters« Josef Wissarjonowitsch Stalin betrauerte, durften die geschundenen Häftlinge im entlegenen sibirischen Straflager die Gitter von den Fenstern abmontieren und die Urintonnen im Sommer vor die Tür stellen. Sogar die Türen blieben nun nachts unverschlossen. An der harten Arbeit änderte sich nichts. Tausende Kubikmeter Holz mussten die Verschleppten roden und verarbeiten.

Daheim litt die Familie. Der Vater war in der Vergangenheit oft und lange nicht zu Hause gewesen, aber die Kinder begriffen schnell, dass diese Situation eine ganz andere war. Vor allem der Sohn Joachim, von den Lehrern wegen seiner Begabung, seines ausgeprägten Urteilsvermögens und Gerechtigkeitssinns geschätzt, fühlte sich vom Tag der Verschleppung seines Vaters an »elementar politisiert«. Für ihn, den seine Mutter gleich nach dem Verschwinden des Vaters ins Vertrauen gezogen und dem sie die Rolle des Familienoberhauptes übertragen hatte, bedeutete die Abwesenheit des Vaters einen tiefen Einschnitt in die Entwicklung seiner Persönlichkeit.»Jochen wurde ernster und ruhiger«, beobachtete seine Schwester Marianne.»Während meine Mutter mir vieles erklären musste, hatte Jochen die Vorkommnisse bereits perfekt analysiert. Jochen las auch nicht nur, er bewertete gleichzeitig. Er stand meist über den Dingen, während wir noch überlegten. Manchmal hatte ich den Eindruck, dass wir auf unterschiedlichen Sternen lebten.«

Seit seiner Einschulung erlebte er fast täglich die latenten bis offenen Versuche der systemtreuen Lehrer, die Schüler zu indoktrinieren. Der propagierten Gleichsetzung des Kommunismus mit Humanität und Friedensliebe setzte Joachim die eigene Erfahrung entgegen. »Ich war zu allererst sehr traurig, voller Angst und unglücklich. Jeden Abend betete ich an meinem Bett, meinen Vater habe ich dabei nicht ein einziges Mal vergessen. In diesen Monaten entwickelte ich mich zum leidenschaftlichen Antikommunisten.«

Im Spätsommer 1955 schöpften die Gaucks wie viele tausend andere deutsche Familien wieder Hoffnung auf eine baldige Rückkehr der deutschen Kriegsgefangenen. Diese Hoffnung verband sich insbesondere mit dem Namen Konrad Adenauer. Die bundesdeutsche und die sowjetische Regierung bereiteten das erste Treffen nach dem Zweiten Weltkrieg vor. Unmittelbar vor seinem Abflug vom Köln-Bonner Flughafen am 8. September erklärte der Bundeskanzler: »Ich gehe nach Moskau mit dem festen Vorsatz, alles zu tun, was in meinen Kräften steht, um dem Frieden in der Welt zu nutzen, um die Einheit unseres Vaterlandes wiederherzustellen und um zu erreichen, dass unsere Kriegsgefangenen zurückkommen.«

In der von sowjetischen Truppen besetzten Ostzone waren die Erwartungen hoch. Zwar glaubte kaum jemand ernsthaft an die Möglichkeit einer baldigen Wiedervereinigung. Für die vielen Familien, die noch immer nicht wussten, ob der Vater oder Ehemann wirklich gefallen war oder ob er vielleicht doch zu den über 9000 Kriegsgefangenen zählte, über die Adenauer mit Nikolai Bulganin und Nikita Chruschtschow verhandeln wollte, bedeuteten die viertägigen Verhandlungen dagegen eine konkrete Hoffnung. Für den jungen Gauck war Adenauer »unser Held, auf den wir alles setzten«.

Mit Spannung verfolgte die Familie im Rundfunk die Erklärung, die Adenauer zur Eröffnung der Verhandlungen abgab. Nach allgemeinen Aussagen zur künftigen Friedenssicherung sprach der Kanzler schließlich »einen Fragenkomplex« an, den die Bundesregierung, so Adenauer, »als der Erörterung bedürftig bezeichnet«

habe, nämlich die Deutschen,»die sich gegenwärtig noch im Gebiet oder im Einflussbereich der Sowjetunion in Gewahrsam befinden«. Geschickt appellierte Adenauer an die Humanität des Kriegssiegers:»Ich wünsche von Herzen, dass Sie recht verstehen, in welchem Geiste ich dieses Problem behandeln will. Es geht mir ausschließlich um die menschliche Seite der Sache. Der Gedanke ist mir unerträglich, dass mehr als zehn Jahre nach Beendigung der Feindseligkeiten Menschen, die auf die eine oder andere Weise in den Strudel der kriegerischen Ereignisse gezogen worden sind, ihren Familien, ihrer Heimat, ihrer normalen, friedliebenden Arbeit fern gehalten werden. Sie dürfen nichts Provozierendes darin finden, wenn ich sage, es ist nicht denkbar, normale Beziehungen zwischen unseren Staaten herzustellen, solange diese Frage ungelöst bleibt. Es ist keine Vorbedingung, die ich hiermit aufstelle. Es ist die Normalisierung, von der ich spreche. Lassen Sie uns unter eine Angelegenheit, die eine tägliche Quelle der Erinnerung an eine leidvolle und trennende Vergangenheit ist, mit Entschlossenheit einen Strich machen.«

Enttäuschung und Zorn musste in Deutschland die Gegenrede des sowjetischen Ministerpräsidenten Bulganin auslösen, die einen Tag später veröffentlicht wurde. Noch am Vormittag hatte er bei einem Frühstück mit der deutschen Delegation auf»ein langes Leben« des Bundeskanzlers und»gute und freundschaftliche Beziehungen« sein Glas erhoben. Wenige Stunden später schlug die Herzlichkeit in kalten Zynismus um.»Unserer Meinung nach gibt es hier ein Missverständnis«, betonte Bulganin.»In der Sowjetunion gibt es keine deutschen Kriegsgefangenen irgendwelcher Art. Alle ehemaligen deutschen Kriegsgefangenen sind entlassen und in ihre Heimat zurückgekehrt. In der Sowjetunion befinden sich nur Kriegsverbrecher aus der ehemaligen Hitlerarmee. Sie haben schwere Verbrechen gegen die Sowjetunion begangen und sind nach den Gesetzen der Sowjetunion verurteilt worden. Am 1. September 1955 befanden sich 9626 verurteilte Kriegsverbrecher in sowjetischem Gewahrsam.«

25

Am letzten Verhandlungstag, einem Dienstagabend, entschied sich schließlich auch Gaucks weiteres Schicksal. In letzter Minute einigten sich Sowjets und Deutsche: Adenauer stimmte dem Austausch von Botschaftern und damit der Normalisierung der gegenseitigen Beziehungen zu. Im Gegenzug versprach Bulganin, noch während des Rückflugs des Bundeskanzlers die Freilassung der Gefangenen zu verfügen. Zum Thema Wiedervereinigung beließen es die beiden Verhandlungspartner allerdings bei der Erklärung, dass die Normalisierung »zur Lösung der ungeklärten Fragen, die das ganze Deutschland betreffen, beitragen wird und damit auch zur Lösung des nationalen Hautproblems des gesamten deutschen Volkes – der Wiederherstellung der Einheit eines deutschen demokratischen Staates – verhelfen wird«.

Während sich noch Tage nach dem Rückflug Adenauers die von der unvermittelten Wendung überraschten Diplomaten und Kommentatoren in Paris, Washington und London die Köpfe über das Geschehene zerbrachen, öffnete sich für Joachim Gauck sen. das Lagertor. Noch in den Abschiedsworten blieben die Gefangenen vom Hohn der Lagerkommandanten nicht verschont: »Eure Zeit ist zu Ende«, riefen sie den Freigelassenen zu: »Vergesst alles Schlechte und behaltet das Gute in Erinnerung.«

Die Regierung der DDR beschlich nach diesen Ereignissen allerdings ein ungutes Gefühl. Von sowjetischen Gnaden inthronisiert, hatten die deutschen Kommunisten zügig mit dem Aufbau des »deutschen Sozialismus« begonnen. Adenauers Besuch in Moskau schürte Ängste und Befürchtungen: Drohte der Ausverkauf der jungen ostdeutschen Republik? Ließen sich Bulganin und Chruschtschow hinter dem Rücken der DDR-Führung zu Zugeständnissen an den Westen hinreißen?

Schon einmal, im Frühjahr 1953, waren der Ost-Berliner Führung die Grenzen ihrer Macht im Zusammenhang mit Diskussionen um eine mögliche Wiedervereinigung aufgezeigt worden. Wladimir Semjonow, seit 1950 einflussreicher politischer Berater der Sowjetischen Kontrollkommission, schockierte Walter Ulbricht mit der Ankündigung, dass man ihn auf Grund der miserablen Wirtschaftslage und der anhaltenden innerdeutschen Fluchtwelle nur noch kurze Zeit als SED-Generalsekretär akzeptieren werde. Als Englands Premierminister Winston Churchill zeitgleich eine Reise nach Moskau erwog, sprach Semjonow offen über die Chancen für eine demokratische Wiedervereinigung. Der DDR-Volksaufstand am 17. Juni 1953 sorgte jedoch dafür, dass Ulbricht wieder fester im Sattel saß: Den Sowjets schien es nicht ratsam, während der Krise die Regierung auszuwechseln und damit womöglich neue Unruhen zu provozieren. Stattdessen propagierte die DDR-Führung einen »Neuen Kurs« und stellte die Bevölkerung mit vagen Hoffnungen auf Reformen ruhig.

Im Sommer 1955 überließ Ministerpräsident Otto Grotewohl nichts dem Zufall. Er verlegte seinen Urlaub während des Aufenthaltes Adenauers in Moskau kurzerhand an die Moskwa und mietete sich in einem Landhaus am Rande der Hauptstadt ein. Von der sowjetischen Regierung ließ er sich garantieren, dass man ihn laufend über die Verhandlungen unterrichtete. Zu diesem Zweck ordnete er an, die Botschaft der DDR in Moskau mit Beamten des Ost-Berliner Außenministeriums zu verstärken.

Daheim waren währenddessen die Kommentatoren des linientreuen Regierungsblattes *Neues Deutschland* darum bemüht, Adenauers Ziele zu diskreditieren und die Zweistaatlichkeit als historisch unumkehrbare Tatsache darzustellen. Unter der Überschrift »Zur Frage der Freilassung der Kriegsverbrecher« listete das Organ des Zentralkomitees der SED am Tag der Ankunft des Kanzlers in Anspielung auf dessen Verhandlungsziel Beispiele von Kriegsverbrechern auf, die in Westdeutschland nach dem Krieg »auf führende Posten in Staat und Wirtschaft gestellt« worden waren. Diese Vorwürfe entsprachen in nicht wenigen Fällen durchaus der Wahrheit. Der prominenteste Fall war der des Staatssekretärs im Bundeskanzleramt, Hans Globke, der zu Adenauers Delegation in Moskau gehörte. Globke zählte zu den Mitverfassern eines Kommentars zu den Nürnberger Rassegesetzen von 1935. Nach dem

Krieg wurde er verhaftet, später jedoch wieder freigelassen, weil er nur »Mitläufer« gewesen sei. Adenauer akzeptierte Globkes Behauptung, er habe versucht, die von Hitler geforderten gesetzlichen Maßnahmen zu mildern.

Die eigenen Defizite der DDR hinsichtlich der Entnazifizierung unterschlugen die Kommentatoren dabei tunlichst. Nach dem Krieg versuchten die Kommunisten, die ostdeutsche Bevölkerung davon zu überzeugen, dass Hitlers mörderischer Herrschaftsanspruch eine notwendige Folge des kapitalistisch-imperialistischen Systems war. Entgegen einer sowjetischen Weisung plädierte der SED-Vorsitzende Wilhelm Pieck dafür, dass sich auch Mitglieder der ehemaligen Nazi-Jugendorganisationen am Aufbau der Jugendausschüsse beteiligen durften. Die Russen stimmten zu. Sie votierten auch nicht dagegen, dass mit Vincenz Müller ein hochrangiger Nazi-General Stabschef der DDR-Volkspolizei wurde und sogar den vaterländischen Verdienstorden der DDR tragen durfte. Nichtsdestotrotz setze die DDR-Führung den Mythos vom antifaschistischen Schutzwall DDR ins Leben – er diente dem Staat bis zu seinem Untergang als Legitimationsgrundlage.

Drei Tage nach Adenauers Abreise traf eine Delegation der DDR-Regierung unter Führung Otto Grotewohls in Moskau ein. Wie üblich standen die Punkte »Entwicklung und Festigung der freundschaftlichen Beziehungen« ganz oben auf der Tagesordnung. Tatsächlich erwartete Grotewohl klare Worte zum Fortbestand der DDR. In erster Linie diskutierten die Staatsmänner aber über die nach wie vor ungebremste Flüchtlingswelle – von 1953 bis 1957 kehrten über 1,3 Millionen Bürger der DDR den Rücken.

Die entsprechende Kritik belastete Grotewohls Stimmung nur vorübergehend, denn die Sowjets hatten auch gute Nachrichten für ihn. So war die Freilassung der Gefangenen der Bundesrepublik laut amtlich veröffentlichtem Kommuniqué nur »unter Berücksichtigung« einer Intervention seitens der DDR versprochen worden. Der stellvertretende russische Außenminister Sorin hatte zudem dem Außenminister der DDR, Lothar Bolz, garantiert, dass der Regierung Grotewohl die oberste Kontrollbefugnis über die Grenzen der DDR und Ost-Berlins und über die Verkehrswege zwischen der Bundesrepublik und West-Berlin übertragen würden. Die DDR nahm so an internationalem Gewicht zu.

Derweil stieg Joachim Gauck sen. völlig abgemagert in seinen Zug zurück in die Heimat. Die Fahrt ging bis Fürstenwalde, wo man ihn in einem Aufnahmelager mit einer Mahlzeit und Kleidung versorgte und ihm 50 Mark in die Hand drückte. So schnell es ging, griff er zum Telefon und kündigte der überglücklichen Familie seine Rückkehr für den nächsten Tag an.

Als er am 20. Oktober 1955 endlich nach Hause kam, liefen ihm drei seiner vier Kinder, Marianne, Eckart und Sabine, entgegen. Joachim wurde eilig aus der Schule nach Hause geholt. »Diese Sekunden der ersten Begegnung nach Jahren nagten sehr lange an mir«, erinnert sich der Vater. Gespannt auf seinen Bericht, versammelte sich die ganze Familie um den Küchentisch. Vor allem die Kinder waren eher erstaunt als ergriffen. Ihre ganze Aufmerksamkeit galt ohnehin zunächst nicht so sehr dem Heimkehrer als vielmehr etwas ganz Profanem. Statt den fast kahlköpfigen und nach vier leidvollen Jahren völlig veränderten Vater zu beobachten, haftete ihr Blick auf der Bratpfanne, in der die Mutter für ihn eine Mahlzeit zubereitete. Nicht wie üblich nur eins, an diesem Freudentag servierte sie ihm gleich mehrere Spiegeleier! Das alles kam ihnen unwirklich vor; Marianne Gauck gestand: »Vater war fast nicht zu erkennen und doch starrten wir fassungslos auf das Essen. Es sah so toll gelb aus. Es war wie ein Schauspiel, als er da saß und aß. Das Bild habe ich noch heute vor Augen.«

Vier traumatische Jahre waren zu Ende. Vier Jahre der Ungewissheit, in denen die Familie ohne den Vater und Ehemann hatte auskommen müssen. Um Haushalt und Erziehung hatte sich die Mutter allein gekümmert. Frühmorgens war »Ollie« immer die Erste auf den Beinen gewesen, bis ins Detail hatte sie den Tagesablauf geregelt. Ihr Mann schwärmt rückblickend von ihrem »fabelhaften Geschick, die Familie zu regieren und zu organisieren«.

Und doch hatte der Vater der Familie vier wichtige Jahre lang als materielle und seelische Stütze gefehlt. Joachim hatte so gut er konnte versucht, die Rolle des Familienoberhauptes zu übernehmen. Seine Geschwister akzeptierten diese neue Rolle. Nur Marianne litt zeitweise unter der Bevorzugung ihres nur ein Jahr älteren Bruders:»Bei mir rechnete Mutter immer mit einer größeren Portion kindlicher Nachlässigkeit. Jochen vertraute sie dagegen blind. Zu Recht.« Kämpferisch und pflichtbewusst hatte Joachim den Zuwachs an Verantwortung übernommen. An der Ursache für die Leiden seines Vaters und seiner Familie bestand für ihn kein Zweifel. Seine Abneigung gegen seine Lehrer, die doktrinär die staatliche Ideologie verbreiteten, vergrößerte sich von Jahr zu Jahr.»Geradezu angewidert« von der offiziellen Lehre, bemühte er sich um ein enges Verhältnis zu den wenigen liberalen Lehrern seiner Schule. Seiner Deutschlehrerin zeigte der 16-Jährige heimlich Gedichte, die sein Vater während der Gefangenschaft zu Papier gebracht hatte. Dessen Schicksal war im gesamten Kollegium bekannt: Um zu verhindern, dass sein als vorlaut geltender Sohn an der Schule allzu offen über die brutale und ungerechte Verfahrensweise der russischen Besatzer gegenüber seinem Vater plauderte, gestattete man ihm so manches Mal, über die Stränge zu schlagen. Mitschüler Christian Gätjen erinnert sich, dass»Jochen immer einen Tick mutiger und frecher war als wir, ohne dass er dafür stärker bestraft wurde«. In der Tat zählte er nicht zu den unauffälligen Schülern. Nicht selten erhielt Schüler Gauck einen Tadel. Mal trieb ihn der blanke Übermut dazu, während des Unterrichts zwanzig beim Bäcker um die Ecke erstandene»Amerikaner« an die Mitschüler zu verteilen. Ein anderes Mal erwischte ihn ein Lehrer dabei, als er bei einer griechischen Übungsarbeit bei seinem Nachbarn abschrieb. Christian Gätjen kann sich an viele Situationen in der Schule erinnern, die Joachim Gauck längst vergessen hat. Einmal wurde der Unfug so weit getrieben, dass Jochen einen regelrechten Lachkrampf bekam, so

dass ein besorgter Lehrer einen Krankenwagen rief. »Im Krankenhaus kam ich völlig entkräftet an, Hände und Füße waren fast ab-
gestorben. Die Pfleger legten mich zum Abkühlen erst einmal in
einen abgedunkelten Raum.«

Auch politisch fiel Gauck auf. Ab der 7. Klasse veränderte er in
seinen Klassenarbeiten »das eigentlich gebotene Verhältnis zwischen ehrlichen Antworten und den üblichen Phrasen«. Die politische Indoktrination hatte für Gauck ein Maß angenommen, dass
er dagegen, wie er später sagte, »eine bayerische Bekenntnisschule
des vorigen Jahrhunderts als einen Hort der Liberalität feiern
würde: An viele Lehrer, insbesondere Direktoren, denke ich nur
ungern zurück. Man konnte ihre Beschränktheit nur schwer ertragen«.

Am Todestag Stalins am 5. März 1953 waren viele der Mitschüler sichtlich betroffen, einige weinten sogar. Während die Trauern-
den unter dem mit Blumen geschmückten Bild des vergötterten
Diktators Mahnwachen abhielten, stand eine Gruppe von Schülern, darunter Joachim Gauck, abseits und beobachtete die Szenerie fassungslos: »Wir wussten nicht, was schlimmer war, die geheu-
chelte oder die echte Trauer. Fast jeder verhielt sich so, als ob der
Erlöser gestorben war.«

Trotz des latenten politischen Drucks, unter dem der kritische
Schüler Gauck stand, erlebte er in seiner Schulzeit auch heitere, ja
glückliche Momente. In seinen Klassen gab es immer größere Gruppen oppositioneller Schüler, und in all den Jahren gab es auch immer wieder anständige Lehrerinnen mit Respekt vor der Wahrheit.
In seinen Gedanken war Joachim häufig mit ganz anderen Dingen
als dem Unterricht beschäftigt: mit Hansi Radtke beispielsweise,
einer Mitschülerin, die er seit der 9. Klasse aufmerksam beobachtete. Bald verbrachten die beiden auch nach der Schule viel Zeit
miteinander – ein Jahr nach ihrer gemeinsamen Reifeprüfung sollten sie heiraten.

Das Glück einer trotz aller politischen Widrigkeiten unbeschwer-
ten Schulzeit wurde am Ende nachhaltig getrübt. Am 24. Februar

1958 fällte der Direktor der Goethe-Oberschule über den Schüler Joachim Gauck ein Urteil, das darüber entscheiden sollte, ob Gauck nach erfolgreicher Reifeprüfung zum Studium der Germanistik zugelassen werden würde. Der Direktor fand fast ausschließlich lobende Worte über den »höflichen und gewandten« Schüler. »Im Allgemeinen lebhaft und interessiert«, in den meisten Fächern »mit guten Leistungen« (in Turnen und Deutsch erhielt er ein »sehr gut«), charakterlich herausragend, zeichne er sich vor allem durch »gute Urteilskraft« und ein »ausgeprägtes Gerechtigkeitsempfinden« aus. Doch dabei ließ es der Direktor nicht bewenden. Es folgte die politische Bewertung. In dieser Hinsicht, mutmaßte der Pädagoge, dürfte »die Internierung des Vaters dazu beigetragen haben«, dass sich Schüler Gauck »im Stadium kritischer Auseinandersetzung mit der Umwelt befindet«. Zweifellos müsse er »ein besseres Verhältnis zur gesellschaftlich nützlichen Arbeit gewinnen«, selbst wenn der Direktor keineswegs zu erwähnen vergaß, dass Joachim Gauck an diversen Arbeitseinsätzen, wie beispielsweise »der Bergung der Kartoffelernte 1957«, teilgenommen hatte. Er schloss mit einem wohlwollend klingenden Fazit: »Bei richtiger erzieherischer Entwicklung ist er durchaus entwicklungsfähig.«

Dass sich hinter diesen verklausulierten Sätzen nichts Gutes verbarg, machte der Schlusssatz deutlich: »Auf Beschluss der Vorauswahlkommission wird er für das Studium [der Germanistik, d. V.] nicht empfohlen.« Durch die politische Einschätzung wurde die fachliche Qualifikation zur Makulatur.

Joachim Gauck erfuhr erst später von dem negativen Bescheid. Vorläufig genoss er noch das Beisammensein mit den Mitschülern. Wenn er mit seinen Schulfreunden zusammensaß, war oft er es, der als Referent im Mittelpunkt stand und vorzugsweise über Literatur sprach. Viel diskutiertes Thema war auch der Westen. In den Jahren vor 1961 konnte man ja noch Besuche in Westdeutschland machen. So hatte Joachim zusammen mit seinem Klassenkameraden Frank Gepelitz 1956 eine mehrwöchige Radtour im Westen gemacht. Vieles, was man »von drüben« hörte, war beneidenswert und attraktiv. Eine Übersiedlung kam für Joachim Gauck dennoch nicht in Frage. Zwar dachte er »immer mal wieder« über die Vorzüge eines solchen Schrittes nach. Aber für den jungen Mecklenburger war das Ende des DDR-Regimes in seiner Heimat die eigentlich wünschenswerte Perspektive: »Ich dachte immer: Warum sollen wir eigentlich gehen? Schließlich war ich hier doch zu Hause. Die Russen als die unerwünschten Eroberer, davon war ich überzeugt, würden schon irgendwann verschwinden.«

Nicht alle teilten diese Hoffnung. Als eines Morgens, wenige Monate vor dem Abitur, Christian Gätjen ihm kurz vor Schulbeginn davon berichtete, dass ihr Mitschüler Helge Richter fest entschlossen sei, mit dem 8.30-Uhr-Zug nach West-Berlin zu reisen und überzusiedeln, beschloss Joachim Gauck kurzerhand: »Den müssen wir verabschieden.« Die Lehrerin hatte gerade mit dem Unterricht begonnen, als Gauck eine spontane Übelkeit vortäuschte und darum bat, von Gätjen an die frische Luft begleitet werden zu dürfen. Die Lehrerin willigte ein, und die beiden sprinteten zum Rostocker Bahnhof, wo der abfahrbereite Zug nach Berlin bereits wartete. Ein kurzer Gruß, ein letztes Winken. Bereits zwei Tage später übermittelte Helge Richter Grüße aus der noch ungeteilten Hauptstadt: »Bin gut gelandet und war auch schon im Kino: Elvis Presley: *Rhythmus hinter Gittern.*«

Weniger der Gedanke an »Republikflucht« und die Reize des nicht-sozialistischen Auslands, als vielmehr die anstehende Entscheidung über sein künftiges Studium und seinen Berufswunsch lagen Joachim Gauck in diesen Februartagen 1958 auf der Seele. Gauck träumte davon, Dichter zu werden: »Aber ich spürte meine Grenzen.«

Am 1. März schickte Gauck seinen Fragebogen für Studienbewerber an das Staatssekretariat für Hochschulwesen der Deutschen Demokratischen Republik. Als gewünschte Fachrichtungen gab er Germanistik und Geschichte mit dem Wunschberuf des Lehrers an. Mit dieser Wahl wollte er der Literatur möglichst nahe kommen. Im Zusammenhang mit dieser Bewerbung verfasste Gauck auch seinen ersten Lebenslauf. In kurzen Sätzen und lediglich fünfzehn Zeilen schilderte er seinen schulischen Werdegang. Im letzten Absatz versuchte er, den staatsbekannten »Verfehlungen« seiner Familie etwas Positives entgegenzusetzen: »Obwohl ich nicht organisiert bin [z. B. in der FDJ, d. V.], habe ich stets aktiv am gesellschaftlichen Leben, sei es durch Betätigung im Chor der Goethe-Oberschule oder durch Beteiligung an allen sozialistischen Arbeitseinsätzen teilgenommen.« – Ein eher halbherziger Versuch, die Zusage für das Wunschfach an der Hochschule zu erhalten.

Am 20. Juli flatterte ihm die amtlich verfügte Ablehnung ins Haus. Seine Wut hielt sich in Grenzen, er hatte es geahnt. Bereits vor Eintreffen der schriftlichen Absage hatte er sich Gedanken über ein Alternativ-Studium gemacht. Bei diesen Überlegungen waren die vielen »großartigen Erlebnisse des Zusammenstehens«, die er in seiner evangelischen Kirchengemeinde gemacht hatte, von großer Bedeutung. Als Kind hatte er es geliebt, abends mit seinen Geschwistern und den Eltern irgendwo, wie sie es nannten, »im Haus zu lagern«, dem Vater zuzuhören, der Geschichten von Fritz Reuter vorlas, Spiele zu spielen oder später sehr intensiv zu lesen.

Je mehr er sich für geistige Dinge zu interessieren begann, je mehr er Antworten auf Sinnfragen suchte, desto mehr fühlte er sich zur evangelischen Gemeinde hingezogen. Dort traf er »viele ehrliche und gleich gesinnte Menschen«, denen er sich mit seinen Problemen und Fragen anvertraute. Im Raum der Kirche, insbesondere in der »Jungen Gemeinde«, fühlte er sich geborgen und verstanden. Die Entscheidung für das Studium der Theologie lag also nahe, fiel aber dennoch unter das pragmatische Motto: »Erst mal studieren, dann sehen wir weiter.« Wie viele seiner Kommilitonen reizte Joachim Gauck die vergleichsweise große geistige Freiheit einer theologischen Fakultät, die sich wohltuend von den marxistisch geprägten geisteswissenschaftlichen Fachbereichen der Universitäten unterschied. An die Ausübung des Pastorenberufes allerdings dachte er zu diesem Zeitpunkt noch nicht. »Irgendwie war ich nicht der Typ eines Pastors. Schließlich sah ich so schlecht nicht aus, ging gerne aus, war dem weiblichen Geschlecht zugetan und trieb viel Sport.«

Der Vater war wenig begeistert. Im Falle dreier Berufswünsche hatte er seinen Kindern Widerstand angekündigt: Offizier, Schauspieler und Pastor. Seine Begründung lautete: »In diesen drei Berufen fällt Mittelmaß besonders auf.« Letztendlich aber war er froh, dass Joachim überhaupt studieren konnte.

Diesmal stellte die gewünschte Zulassung kein Problem dar – mit der Ablehnung des Germanistik-Studiums glaubte das allmächtige Staatssekretariat für Hochschulwesen eine ausreichende Strafe mit pädagogischer Wirkung ausgesprochen zu haben. Mit salbungsvollen Worten teilte der Rostocker Prorektor am 15. September 1958 dem Antragsteller Gauck mit, dass ihn die Auswahlkommission zum Studium der Theologischen Fakultät zugelassen hatte:

»Sie wurden auf Grund Ihrer guten fachlichen Leistungen und Ihres gesellschaftlichen Einsatzes aus einer Vielzahl von Bewerbern ausgewählt. Ich erwarte deshalb von Ihnen, dass Sie sich auch an der Universität mit gleicher Aktivität für die Entwicklung unseres Arbeiter- und Bauern-Staates einsetzen und damit das in Sie gesetzte Vertrauen durch gute Leistungen, durch eine ausgezeichnete Studiendisziplin und tatkräftige Mitarbeit im gesellschaftlichen Leben der Hochschule rechtfertigen.«

Sehr bald wurde Gauck klar, dass er diese hehren Erwartungen würde enttäuschen müssen. Vom ersten Tag an blätterte der Kandidat »wenig motiviert« im Alten Testament, in den Büchern zur Kirchengeschichte und in den Werken über den dialektischen und historischen Materialismus. Noch ärger war es mit den Hebräischseminaren. »Neben der Unlust unterschätzte ich die Bedeutung dieses Studienabschnitts und glaubte, alles mit links absolvieren zu können. Natürlich ahnte ich nicht, dass dies eine für die späteren

Prüfungen verhängnisvolle Einstellung prägte.« Gauck zog es vor, sich während des Grundstudiums anderen, vergnüglicheren Dingen des Lebens zuzuwenden.

Mit Begeisterung spielte er Handball, womit er schon zu Schulzeiten angefangen hatte. Gern hatte er auch in der Schulauswahl das Fußballtor gehütet. Im Handball reichte es ebenfalls für die Berufung in die Schulauswahl. Die Passion für diese kampfbetonte Mannschaftssportart (»Der Einzelne ist nichts – eine wichtige Erfahrung für die Psyche«) ließ auch zu Studienzeiten nicht nach. Mit einigen befreundeten Kommilitonen gründete er die »HSG Sektion Handball«. Im Anschluss an das Training ging er keineswegs zum Bibelkreis: »Ich habe lieber mit meinen Mitspielern noch ein oder zwei Bier getrunken.«

Im Laufe des Jahres 1959 – die ersten Zwischenprüfungen für das Hebraicum und Kirchengeschichte hatte er mit den Noten 4 beziehungsweise 1 bestanden – rückte die Theologie fast gänzlich in den Hintergrund. Bei einem Besuch in Wustrow informierte Gauck seine Eltern über die bevorstehende Heirat mit seiner Schulliebe Hansi Radtke. Die Mutter war entsetzt, der Vater zunächst »restlos sauer«. »Meine Frau war doch gar nicht schwanger«, erinnerte sich Joachim Gauck, »und nur aus Lust und Dollerei heiraten, das sah niemand ein.« Natürlich ging es den Beiden darum, in eine gemeinsame Wohnung zu ziehen, was als unverheiratetes Paar damals sehr ungewöhnlich war. Der Vater jedenfalls, nachdem er seine anfängliche Sprachlosigkeit überwunden hatte, polterte erst einmal los: »Mit der Deern kann ich wirklich nicht, und außerdem bist du doch erst 19.« »Die Hochzeit könnt ihr alleine feiern«, entschied er und brachte seinen Sohn auf der Stelle zum Bus zurück. Minuten später war der Ärger verflogen, erinnert sich Vater Gauck: »Als er da so traurig am Fenster saß, bin ich über meinen Schatten gesprungen und habe ihm zugerufen, dass ich doch käme. Ich sah ihn strahlend abfahren.« Joachim und Hansi Gauck heirateten am 22. August in der Rostocker Klosterkirche. Gut ein Jahr später, am 13. Oktober 1960, brachte seine Frau in

Rostock den Sohn Christian zur Welt. Fortan kümmerte sich der junge Vater Gauck fast ausschließlich um Frau und Kind. Als dann 1962 der zweite Sohn Martin geboren und damit das familiäre Programm noch fordernder wurde, nahm der Studieneifer noch einmal ab. »Im Laufe weniger Monate spürte ich, dass ich quasi leistungsunfähig geworden war.« Zur chronischen Lern-Verweigerung gesellte sich ein Gefühl der beruflichen Perspektivlosigkeit. Sein inniger Wunsch, als Ergebnis eines erfolgreichen Studiums seine Familie ernähren zu können, rückte in weite Ferne. Auf Joachim Gauck lastete ein psychischer Druck, der ihm erheblich zusetzte: »Ich dachte, ich schaffe nichts mehr. Ich war fast davon überzeugt, dass ich 'ne Macke habe.«

Zudem verschärfte sich die politische Lage. In den 50er-Jahren war die Hoffnung auf Wiedervereinigung in beiden Teilen Deutschlands lebendig gewesen. Nicht zuletzt Konrad Adenauer hatte diesen Optimismus genährt, indem er den Landsleuten jenseits der Elbe immer wieder die Botschaft vermittelt hatte: Haltet durch! Am 13. August 1961, dem Tag des Mauerbaus, starb diese Hoffnung. Student Gauck hatte an diesem Tag Semesterferien. Mit seiner Familie erholte er sich an der Ostsee, an dem Ort, wo zehn Jahre zuvor sein Vater abgeholt worden war.

> »Für mich hatte dieser Tag die Wirkung einer immer währenden Drohgebärde, die jedem nach einer kurzen Phase der Liberalität krass vor Augen führte, wer die Macht hatte und wie er diese nach Belieben einsetzen konnte. Von jetzt an hatten viele Menschen, ich eingeschlossen, ein anderes Verhältnis zu diesem Staat und seinen schamlosen Lügen, die behaupteten, dass mit dem Bau des antifaschistischen Schutzwalls der Friede gerettet worden sei. Mithin war der 13. August 1961 so etwas wie die eigentliche DDR-Werdung der DDR, weil in aller Nacktheit und Brutalität zutage trat, unter welchen Umständen Sozialismus in Deutschland überhaupt nur existieren konnte.«

Die alliierten Schutzmächte schritten nicht ein – ihre Rechte waren schließlich nicht beeinträchtigt worden. Um neun Uhr traten die Kommandanten zusammen, zwei Stunden später stießen die Vertreter des Berliner Senats dazu. Mit am Tisch saß Berlins Regierender Bürgermeister Willy Brandt, den die Nachricht gegen vier Uhr morgens in Hannover erreicht hatte. »Das war einer der traurigsten Tage, die ich erlebt habe«, schrieb Brandt in seinen *Begegnungen mit Kennedy*: »Angst, Verzweiflung und Wut standen in den Gesichtern meiner Mitbürger. War dies nur der erste Schritt, würde es zu Ausbrüchen des Volkszorns und zu Durchbruchsversuchen nach West-Berlin kommen?« Alle Parlamentarier drückten an diesem Tag ihre Sorgen und ihr Unverständnis aus, doch Brandts Forderung, dass »es mit Protesten allein nicht sein Bewenden haben sollte«, blieb unerfüllt. Resigniert stellte er fest: »Das objektive Unvermögen zu schneller, klarer Reaktion, das war die Wirklichkeit dieses Tages, an der alle Fragen vorbeigehen, ob nicht etwas anderes hätte geschehen sollen oder können.«

In diesen Jahren war ihm der Hochschul-Assistent Peter Heidrich, von allen Kommilitonen als »kleines Genie« hoch geschätzt, eine wichtige Stütze. Mit seiner aufgeschlossenen Art und seinem umfassenden Wissen gelang es ihm, Gaucks Ehrgeiz und Studienbegeisterung zumindest vorläufig neu zu wecken. Insgesamt blieb er allerdings bei seiner Einstellung – »nur das Nötigste«.

Finanziell hielt sich die junge Familie mühsam über Wasser. Hansi Gauck, die in der Universitätsbuchhandlung in der Kröpeliner Straße als Buchhändlerin arbeitete, verdiente monatlich 350 Mark brutto. Ihr Mann, der ein monatliches Stipendium von 140 Mark überwiesen bekam, sorgte durch kleinere Jobs für zusätzliche Einnahmen. In den Semesterferien schuftete er als Arbeiter im Rostocker Hafen, »bis sich die Haut von den Händen löste«.

Trotz des universitären Beistands und der finanziellen Minimalsicherung weiteten sich die vielen kleinen Familiensorgen zu einer umfassenden Krise aus. Gegenüber seiner Frau plagte Joachim Gauck ein chronisch schlechtes Gewissen, wenn sie ihn mit einem der Kinder im Arm nach seinen Examens-Fortschritten befragte. Vor allem aber verlor er mehr und mehr den Glauben an seine

Fähigkeiten. Ständig suchte und fand er Entschuldigungen für seine mageren Leistungen. Unbewusst verdrängte er seine eigene Schuld an der Misere. Unter dem Zwang, sich um jeden Preis vor der Umwelt rechtfertigen zu müssen, vergaß er schließlich vollkommen, sich ernsthaft mit sich selbst auseinander zu setzen und minimierte auf diese Weise seine geistigen und psychischen Kräfte.

Mitte 1963 spitzte sich die Situation zu: Das Studium stand auf der Kippe. Joachim Gauck nutzte die Folgen einer leichten Gehirnerschütterung und bat auf Grund der notwendigen Rekonvaleszenz um eine Studienverlängerung. Der Prorektor für Studienangelegenheiten entsprach seinem Anliegen und gestattete eine Sonderprüfung.

Jetzt rächten sich seine Unentschlossenheit, die zeitweilige Lernverweigerung und die Notwendigkeit, parallel zum Studium seinen Pflichten als Familienvater nachzukommen. Im Dezember wandte sich Gauck nach gründlicher Überlegung abermals an das Dekanat der Fakultät. Eindringlich bat er darum, die bereits gewährte Studienverlängerung noch einmal auszudehnen, um mit zwei befreundeten Kommilitonen das Examen im Januar neu zu beginnen. Der Dekan stimmte unter einer Bedingung zu: Cand. theolog. Joachim Gauck musste ein Attest vorlegen, in dem die Verzögerung des Abschlusses und die Notwendigkeit der Verlängerung begründet und befürwortet wurde. Joachim Gauck zögerte. Erst am 1. Juni 1964 ließ sich der unkonzentrierte und psychisch labile Wackelkandidat in der Nervenklinik der Universität umfassend untersuchen.

Der behandelnde Arzt glaubte, über den Fall bald im Klaren zu sein. »Psychisch wirkt er geordnet«, diagnostizierte er in seinem Abschlussbericht vom 9. Oktober. »Aber er neigt offenbar zu einer mangelhaften Willensfestigkeit und bietet einen Hang zum Sichgehen-lassen.« Den ersten Teil seiner Untersuchung beendete der Arzt mit der Feststellung, dass »Wesensmerkmale einer Geisteskrankheit nicht festzustellen seien«.

Anschließend ordnete der Neurologe eine »experimentell-psychologische Diagnostik« an. Deren Ergebnis lautete, dass der stets nervöse Patient, der seit Studienanfang Schwierigkeiten habe, »sich den nötigen Lernzwang aufzuerlegen«, als »abnorme Persönlichkeit« zu betrachten sei. Der Arzt wörtlich:

»Solche Persönlichkeiten haben es erfahrungsgemäß [...] schwerer als ein völlig Gesunder, den gewünschten Anforderungen in Beruf und Gesellschaft zu entsprechen. Andererseits handelt es sich auch nicht um ein Krankheitsbild im engeren Sinne des Wortes, welches den Betreffenden außer Stande setzt, beispielsweise seinen Lernpflichten nachzukommen. Auch von abnormen Charakteren muss man letzten Endes eine willensmäßige Anstrengung in der Erfüllung sozialer und anderer Pflichten fordern. Wir haben bei Herrn G. die gewissen nervösen Begleitsymptome durch Psychopharmaka und psychotherapeutische Bemühungen abzufangen getrachtet und auch einen gewissen Erfolg erzielt. Ganz werden sich Nervositätssymptome bei einer solchen Persönlichkeitsstruktur nicht auf die Dauer beeinflussen lassen.«

Aus einer Lebenskrise, wie sie wohl die meisten Menschen in ihrem Leben einmal erleiden müssen, machte der behandelnde Arzt einen pathologischen Fall. Dennoch schloss er mit einem ermutigenden Fazit: »Wir halten ihn auch gegenwärtig für durchaus in der Lage, den Studienpflichten nachzukommen.«

Zumindest damit sollte der Arzt Recht behalten. Knapp ein Jahr später, im August 1965, händigte ihm ein Vertreter der Theologischen Fakultät sein Abschlusszeugnis aus. Das Gesamtprädikat lautete »genügend«. Mit am besten gefiel den Prüfern eine Predigt Gaucks, die einen Teil des Examens bildete.

Als Pastor im
sozialistischen Deutschland

Lüssow im Jahr 1967, eine 800 Einwohner zählende Gemeinde acht Kilometer nordwestlich von Güstrow. Zehn Dörfer umfasste der seelsorgerische Bereich des Pastors. Sonntags verloren sich höchstens dreißig Gläubige in der rotgeklinkerten Kirche mit dem mächtigen Turm.

Zu Pfingsten stellte sich der neue Pastor vor. Der Oberkirchenrat hatte sich wie bei dessen Vorgänger dazu entschlossen, erneut einen frisch ordinierten Geistlichen nach Lüssow zu entsenden. Am 24. Mai, drei Wochen nach der Geburt von Tochter Gesine, zog Joachim Gauck mit seiner fünfköpfigen Familie in die Provinz. Trotz alltäglicher Hindernisse – die Familie fand weder ein Bad noch fließendes Wasser vor – war die berufliche Ausgangssituation für den jungen Pastor, der im nahen Laage sein Vikariat absolviert hatte, erfreulich: »Wir fanden GEMEINDE vor. Die segensreiche Tätigkeit meines Vorgängers hatte Früchte getragen. Er hatte es verstanden, Menschen zur Mitarbeit heranzuziehen.« Der Neuankömmling, der noch die Last des zweiten Examens vor sich hatte, pendelte »mit großer Freude« von den Gottesdiensten in Lüssow und Sarnstorf zum Konfirmandenunterricht und zur Christenlehre [dem kirchlichen Unterricht, den die Gemeinden anstelle des in der DDR abgeschafften Religionsunterrichts erteilten, d. V.], in eine Schule eines nahe gelegenen Dorfes. Am 17. Dezember 1967 war es so weit: In einem festlichen Gottesdienst führte Landessuperintendent Galley Gauck in sein Amt ein.

41

Sein Sohn Christian, der im Oktober 1960 in Rostock zur Welt gekommen war, hat diese Zeit als die »schönsten Jahre« in Erinnerung. »Wir waren eine allseits akzeptierte Familie. Es war wie im Paradies. Wir wohnten in einem riesigen Pfarrhaus mit großem Garten und einem kleinen Fluss dahinter und alle 14 Tage kam unser Opa zu Besuch, um den Garten zu pflegen.« Die Stasi hatte zu diesem Zeitpunkt andere Sorgen, als dieses Idyll mit zersetzenden Maßnahmen zu stören. Im Jahrzehnt zwischen 1961 und 1971 versuchten die Machthaber in erster Linie, ihre aufgrund der massenhaften Republikflucht von DDR-Bürgern bröckelnde Macht zu festigen. Bis 1965 hatte man in Ost-Berlin die von Künstlern und Intellektuellen öffentlich geführte Diskussion über gesellschaftliche Mängel und stalinistische Praktiken großmütig toleriert. Im Dezember 1965 bezeichnete die SED diese Diskusson als »schädlich« – einer vergleichsweise liberalen Phase folgte eine Periode der rigiden Unterdrückung. Diese Tendenz kulminierte in der neuen Verfassung von 1968, in der die Grundrechte der Bürger nach sowjetischem Vorbild bestimmt und beschränkt wurden. Das Recht auf Meinungs- und Versammlungsfreiheit sowie auf Freizügigkeit jedes einzelnen Bürgers musste mit den Grundsätzen der Verfassung übereinstimmen: Walter Ulbricht strebte dem sozialistischen Idealstaat entgegen. Er träumte von einer sozialistischen Menschengemeinschaft, der das Zentralkomitee die Spielregeln des Miteinanders diktierte.

Von den Zentren der Diskussion über diese gesellschaftlich-politischen Entwicklungen war Lüssow – und Joachim Gauck – weit entfernt. Der neu berufene Pastor mühte sich, Fuß zu fassen. Von Beginn an widmete er sich intensiv der Jugendarbeit. Der engagierte Landpastor, der regelmäßig mit seinem Motorrad über holprige Sand- und Buckelpisten von Lüssow nach Strenz, Groß Schwiesow, Oettelin und Kassow unterwegs war, fand nun Freude am Beruf des Pastors. Die Gottesdienste, Unterrichtsstunden, Beerdigungen, Taufen, die Jugendabende und Gemeindebesuche forderten ihn. Anfang 1970 übernahm er zusätzlich die Leitung des Arbeitskreises »Landjugend« der Landeskirche.

Derweil wuchs Rostock zu einer Großstadt heran. Die planwirtschaftlichen Vorgaben der Partei wurden umgesetzt, tausende Menschen zogen in die Trabantensiedlungen Lütten Klein, Reutershagen und Evershagen. Kirchen fielen in diesen Betonsiedlungen nicht ins Auge: Die wenigen, die es gab, lagen in den älteren Stadtteilen, also eher abseits. Die Christen trafen sich oft in ihren Privatwohnungen. Die Rostocker Südstadtgemeinde beispielsweise hatte sich einen Zirkuswagen zur Kirche ausgebaut, der auf einem naheliegenden Privatgrundstück ›parkte‹ und so vom Staat nicht verboten werden konnte. Der Kirchenkreis Rostock und der Schweriner Oberkirchenrat erkannten bald die Notwendigkeit und vor allem die Chance, mit Hilfe eines hauptamtlichen Pastors, der erstmals direkt in einem Neubaugebiet wohnte, eine Gemeinde zu sammeln. Zu dieser Zeit bekamen die Gaucks nämlich erfreuliche Post: Nach jahrelangem Drängen bot die Arbeitergenossenschaft der jungen Familie eine dreieinhalb Zimmer große Wohnung in Rostock-Evershagen an. Nach Rücksprache mit der Landessuperintendentur sagte Gauck zu. Mit einem Gottesdienst verabschiedete er sich am 12. Dezember 1971 von der Gemeinde Lüssow: »Der Abschied fiel sehr schwer. Ich wusste, dass ich erst am Anfang der Gemeindearbeit stand. Ich war als verunsicherter Anfänger gekommen und durfte Stück für Stück wachsen und sicherer werden. Ich glaube nicht, dass ich ohne die guten Jahre in Lüssow die Kraft zum Gemeindeaufbau im Neubaugebiet aufgebracht hätte.«

Gauck übernahm die Pfarre St. Andreas II im Nachbarstadtteil mit dem in der Berufungsurkunde vom 24. November 1971 formulierten »besonderen Auftrag, die Gemeinde im Neubaugebiet Evershagen zu sammeln«. Ein Jahr darauf, kurz nach Weihnachten, beantragte der neue Pastor, St. Andreas II als selbstständige Kirchengemeinde zu errichten. 600 Mitglieder umfasste die Gemeinde. Die Synode beschloss im März 1973 das Kirchengesetz zur Errichtung der Kirchgemeinde Evershagen zum 1. April 1973. Zur Predigtstelle bestimmte das Gremium die Andreaskirche in Reutershagen.

Die Stasi, die über jeden Schritt der Kirchenleitung informiert war, entschied sich gegen eine penible Überwachung der kleinen Gruppe und ihres geistlichen Vorstehers Gauck. Erst Ende der siebziger Jahre war der Aufbau fester familiärer, gesellschaftlicher und damit auch kontrollierbarer Strukturen im Stadtteil Evershagen abgeschlossen: Dann aber lebten immerhin rund 28 000 Menschen in der DDR-typischen Schlafstadt, die sich wie vielerorts in der DDR vor allem durch fehlende Lebensqualität, Infrastruktur und einen äußerst geringen Freizeitwert auszeichnete.

Mitte 1979 bat Gauck den Kollegen Sybrand Lohmann, von Recknitz nach Rostock zu wechseln und ihn in der wichtigen Phase des Gemeindeaufbaus zu unterstützen. Lohmann sagte zu – Gauck räumte samt Familie die Wohnung im Neubaugebiet für den Neuankömmling, zog in die Rostocker Altstadt an die Nikolaikirche circa 10 km von seiner Gemeinde entfernt. Sein Arbeitsschwerpunkt in der Gemeinde war die Jugendarbeit. 1981 wurde Gauck außerdem nebenamtlich Stadtjugendpastor von Rostock. »Joachim Gauck«, erinnert sich Pastor Lohmann, »war eine Person, die die Menschen respektierten und sogar liebten. Er hatte die Fähigkeit, in sehr kurzer Zeit eine Stimmung, die in der Luft lag, zu erkennen und in Worte zu fassen. Das Gemeindeleben boomte geradezu und ich musste mich sehr anstrengen, auf diesen schnell fahrenden Zug aufzuspringen. Aber Joachim war immer bereit, mir die Hand zu reichen und zu helfen.«

In Gaucks Predigten und Ansprachen zu Beginn der Rostocker Zeit gab es häufig auch politische Kritik. Aber das Wort Gottes und das Bemühen um ein substanzielles Gemeindeleben standen im Vordergrund. Die enge Neubauwohnung war häufig überbelegt, durch Versammlungen des Gemeinderates, durch Gesprächskreise, Christenlehre und natürlich die fünf-, später sechsköpfige Familie.

Auch Gaucks Predigtstil hat Sybrand Lohmann noch gut im Gedächtnis: »Ich habe […] oft gedacht: Was hat er uns jetzt eigentlich gesagt? Er war in der Lage, auch wenig Inhalt attraktiv zu verpacken. […] Wenn er nicht Pastor geworden wäre, hätte er sicher auch einen guten Entertainer [ab]gegeben.« Viele seiner gläubigen Zuhörer erblickten in Gauck einen »begnadeten Prediger«. Winfried Lorenz, Schiffbau-Ingenieur, DDR-Spitzensportler und Mitglied des ersten damaligen Gemeinderates, erinnert sich an Gaucks »verständliche, nicht zu akademische Ansprachen, die von allen Gemeindemitgliedern hoch geschätzt waren.« Gaucks Stärken ließen Lorenz und die anderen engagierten Christen leicht über dessen Schwäche hinwegsehen: »Von Verwaltung hielt er nichts. Unsere Gemeinde war immer die letzte, die ihren Haushalt einreichte.«

Die Veränderung der weltpolitischen Lage und wirtschaftliche Probleme führten in den folgenden Jahren zu einer deutlichen Verschärfung der innenpolitischen Situation in der DDR. Die Wirtschaftslage spitzte sich zu. Am 29. Juni 1983 bürgte die Bundesrepublik für einen durch den bayerischen Ministerpräsidenten Franz Josef Strauß vermittelten Milliardenkredit, den die DDR bei westdeutschen Banken aufnahm. Staatsratsvorsitzender Erich Honecker bemühte sich vergeblich, die immensen Löcher im Staatshaushalt zu stopfen. In den ersten sechs Monaten des Jahres 1984 verließen 31 000 Bürger legal die DDR: Der zweite deutsche Staat sah sich vor dem Hintergrund der Weltwirtschaftskrise, des technologischen Wandels und des kostspieligen Rüstungswettlaufs vor existenzielle Probleme gestellt. Erich Honecker und Erich Mielke forcierten die Repression nach dem Vorbild der berüchtigten Tscheka, dem Vorläufer des KGB, bis in die Provinz.

Jetzt gerieten auch Sybrand Lohmann und Joachim Gauck ins Fadenkreuz der Stasi. Seit Mitte der siebziger Jahre äußerte sich Gauck auch in der Öffentlichkeit immer kritischer über das DDR-Regime, was, wie in der Einleitung bereits geschildert, dazu führte, dass die Stasi 1983 gegen ihn den Operativvorgang »Larve« einleitete. IMB »Nilsson« etwa bemühte sich darum, Beweise für die

45

vermutete staatsgefährdende Taktik des Stadtjugendpastors zu finden. Vor allem im Vorfeld des Rostocker Kirchentages im Juni 1983 suchte »Nilsson« engen Kontakt zu Gauck. Dieser gab sich redselig und verriet auch seine Meinung über die Machtübernahme durch Helmut Kohl 1982. An große Veränderungen glaube er nicht. Der Grund: »Von Kohl gehe zu wenig Ausstrahlungskraft aus.« Weiter notierte der Spitzel Gaucks Worte, dass ihm Norbert Blüm »schon besser« gefalle.

Die entsprechende politisch-operative Wertung der Staatssicherheit vom 2. Mai 1984 fiel noch ungünstiger aus als die erste. Gauck nutze »legale Möglichkeiten wie Stadtjugendabende und Gottesdienste vor allem zur antisozialistisch-feindlichen Inspirierung der kirchlich orientierten Jugendlichen«. Er zeige keine Einsicht, im Gegenteil: »Die feindliche Einstellung verfestigt sich im Bearbeitungszeitraum weiter.« Einen einzigen Lichtblick sahen die Berichterstatter: »Während des Bearbeitungszeitraums wurden im Friedenskreis Rostock-Nordwest mehrere Zersetzungsmaßnahmen wirksam, die zur Verunsicherung und Einschränkung der öffentlichkeitswirksamen Handlungen führten.«

Gauck missachtete die Gefahr. Angesichts der zunehmend restriktiveren Überwachungspolitik der DDR nahm er nun kein Blatt mehr vor den Mund. Lohmann ermunterte er zu energischen Stellungnahmen, schließlich habe man enorme Möglichkeiten der Einflussnahme. Lohmann wurde Angst und Bange:

> »Joachim Gauck spielte gern mit dem Teufel. Er überschritt bewusst Grenzen, um den Zuhörern die Augen zu öffnen. Als wir eines Tages am Strand spazieren gingen, habe ich ihm erklärt: ›Ich halte diesen Druck nicht mehr aus.‹ Die Stasi hätte ihn ohne weiteres verhaften können, aber er setzte auf seine mittlerweile beachtliche Prominenz, durch die er sich vor solch radikalen Maßnahmen geschützt empfand.«

Gauck sollte Recht behalten: Am 18. März 1985 erklärten Major Dorow, Hauptmann Portwich und Oberstleutnant Becker einmütig: »Aus politischen Erwägungen ist die Inhaftierung eines Pastors in der gegenwärtigen Klassenkampfsituation der weiteren Entwicklung des Sozialismus nicht dienlich.«

Gleichwohl setzte die Stasi Gauck fortan verstärkt zu. Schließlich, konstatierten Dorow und Genossen, handele »es sich bei Larve um einen unbelehrbaren Antikommunisten, der den Sozialismus/Kommunismus nur als zeitweilige Erscheinung ansieht und sein Amt im feindlich-negativen Sinne missbraucht, um vorwiegend Jugendliche feindlich zu inspirieren und aufzuwiegeln«. Im Mai untersagten ihm die Behörden eine geplante Dienstreise nach Schweden und verhängten zeitgleich Einreisesperren gegen mehrere Bekannte und Verwandte der Familie aus dem nicht-sozialistischen Ausland. Als Gauck schließlich den Entschluss fasste, zum Ende des Jahres 1985 nach vier erfolgreichen Jahren das Amt des Stadtjugendpastors (»Ich hatte einfach genug Arbeit«) niederzulegen, witterten die Stasi-Offiziere den Sieg. Zufrieden registrierte Major Dorow, dass man dank der eingeleiteten Zersetzungsmaßnahmen »eine wirksame Einschränkung der antisozialistisch-feindlichen Aktivitäten« des Gegners Larve erreicht habe. Trotz aller Euphorie blieben die Beobachter realistisch: Eine Änderung sei kaum zu erwarten – »eine Gewinnung zur inoffiziellen Zusammenarbeit« sei »unter diesen Gesichtspunkten kaum zu erwarten«. Die Autoren der zahlreichen Stasi-Zwischenberichte mussten sogar eingestehen, dass statt einer erhofften Mitarbeit eine weitaus ungünstigere Konstellation eintreten könne. Da der Feind mittlerweile wisse, »dass er im Blickpunkt der Sicherheitsorgane« stehe, müsse »davon ausgegangen werden, dass G. sich aus dem Kontakt zum MfS für ihn wertvolle Informationen erhofft und gleichzeitig von seiner Person ablenken will«.

Davon ging der Betroffene allerdings zu keinem Zeitpunkt aus:

»Ich war relativ sicher, dass man regelmäßig unser Haus durchsuchte und dass sich mehrere Spitzel an meine Fersen geheftet hatten. Aber es war nie ein richtiges Thema. Als wir eines Tages zu einem Besuch bei meinen Eltern aufbrachen, mussten wir nach kurzer Zeit umkehren, weil ich etwas vergessen hatte. Die Haustür stand sperrangelweit auf und meine Frau meinte sofort: Das ist die Stasi, die jetzt sicher über den Boden flüchtet. Ich habe lauthals gelacht, und diese Reaktion war in gewisser Weise typisch. Wir wollten es doch alle nicht so genau wissen. Das hätte uns nur die sichere Erkenntnis gebracht, dass wir zu Sklaven in einer Diktatur degradiert sind. Ich war nie ein Fundamental-Oppositioneller, aber nicht weil es an Mut mangelte, sondern weil ich es für taktisch unklug hielt.«

An Courage mangelte es ihm tatsächlich nicht. Während eines Friedensgottesdienstes in der Heilig-Geist-Kirche setzte Gauck vor rund 250 Jugendlichen denkbar gewagte rhetorische Mittel ein: Er verglich die »gesellschaftlichen Verhältnisse in der DDR mit denen des faschistischen Deutschlands«. Wie zur Nazizeit würde auch in der DDR den Bürgern eine Ideologie vorgeschrieben. Wer andere Anschauungen vertrete, der werde staatlich gemaßregelt. Wie unter Hitler würden bestimmte staatliche Organe autoritär herrschen, ohne dem Bürger gegenüber Rechenschaft ablegen zu müssen. »Heute wie im Dritten Reich sollen die Menschen stolz sein auf ihren Staat«, führte er aus. »Aber ich sehe keinen Grund, warum ich auf unseren Staat stolz sein könnte.«

Heute kennt Gauck viele seiner Spitzel: »Scheler«, »Nilsson«, »Steffen Naumann«, »Citroen« lauteten ihre Decknamen, die längst nichts mehr verdecken. »Allerdings: Mit so viel Aufwand hatte ich nicht gerechnet, da ich nicht in der Kirchenleitung saß.« Ende 1985 allerdings reagierte er »sehr empfindlich« darauf, dass das MfS gezielt Jugendliche aus Gaucks Umgebung mit der Bitte um informative Zuarbeit ansprach. »Ich wandte mich sofort an den damaligen Sektorenleiter für Kirchenfragen beim Rat der Stadt und beschwerte mich. ›Ist das im Sinne der Partei, dass jetzt schon Unmündige spitzeln sollen‹, fragte ich ihn. Der Funktionär wiegelte ab und meinte, das könne nur ein Irrtum sein.« Einige Tage später klingelte bei Joachim Gauck das Telefon. Die MfS-Genossen Portwich und Stegemann stellten sich als die »kompetenten Vertreter« Hartwich und Herzog vor und baten für den nächsten Tag um ein klärendes Gespräch über die an den Genossen

Manteufel (alias IM »Scheler«) herangetragenen Vorwürfe. Gauck sagte zu, nicht jedoch ohne seinen Vikar als Zeugen zu dem Gespräch hinzuzubitten.

Bei diesem Treffen wurde Gauck abermals deutlich. Er könne die »Wühlarbeit« des MfS nicht akzeptieren, da die Jugendlichen, die die Staatssicherheit »unter mysteriösen Umständen und Vorwänden« angesprochen habe, die Forderung nach Bespitzelung »seelisch nicht ertragen könnten und sich an ihn gewandt« hätten. Aus dem Protokoll dieser Besprechung, betont Gauck heute, würde nicht ausreichend klar, wie sehr er seine Position deutlich gemacht habe: »Ich habe mich derart gesteigert, dass ich sie regelrecht beschimpft habe.« Hauptmann Portwich versuchte zu kontern. Das MfS respektiere die Verfassung der DDR, jeder Bürger könne sich auf den Schutz durch das Strafgesetzbuch verlassen, und schließlich habe Gauck es allein in der Hand, ob sich das MfS auch in Zukunft um die Anwerbung von Jugendlichen bemühen müsse. Gegen 13 Uhr, nach einer zweistündigen Diskussion, verließen die beiden Gaucks Wohnung. Portwich zog ein selbstzufriedenes Fazit:

> »Dem Gauck wurde unmissverständlich aufgezeigt, was das MfS von ihm hält. Die Aussprache kann als Belehrung von Seiten des MfS gewertet werden. Er hat die notwendigen Fakten verstanden und zum Abschluss des Gesprächs nichts Wesentliches mehr hinzuzusetzen gehabt.«

Eine einseitige Sicht! Schon der Zwischenbericht der Kreisdienststelle des Referats III vom 26. August 1987 betonte erneut die schonungslose Regimekritik des Pastors und seine politischen Einschätzungen. Als »Anhänger der Wiedervereinigungspolitik« habe sich »Larve« über die Reformbestrebungen des russischen Präsidenten Michail Gorbatschow geäußert. Dessen Bemühungen seien Beleg dafür, dass man »nicht am Anfang, sondern am Ende einer Epoche« stehe. Insbesondere der Kommunismus russischer Prägung habe sich als absolut unfähig erwiesen, die Menschen zufrieden zu stellen und ihnen den erforderlichen Freiraum zu geben. Die schreckliche Tyrannei des Bolschewismus habe nach

Gaucks Überzeugung Angst und Schrecken verbreitet. Auf kurze Sicht seien sowohl in der UdSSR als auch in der DDR grundlegende Änderungen nicht zu erwarten.

Tatsächlich wertete Gauck es als Armutszeugnis, dass die DDR unfähig war, die eigene Bevölkerung im Land zu halten. Er wusste, wovon er sprach. Seit 1984 betrieben seine beiden Söhne Martin und Christian zielstrebig ihre Ausreise aus der DDR. In seinem Erstantrag schrieb Christian Gauck am 26. März:

> »Wir möchten unser Grundrecht gemäß der für die DDR am 23. 3. 1976 in Kraft getretenen internationalen Konventionen über zivile und politische Rechte in Anspruch nehmen und stellen hiermit einen Antrag auf die Ausreise. Da für uns diese Entscheidung feststeht, möchten wir Sie bitten, diesen Antrag zu bearbeiten.«

Christian Gauck hatte diesen Text betont sachlich und unangreifbar verfasst, weil sie sonst »sofort verhaftet worden wären«. Diese Sachlichkeit stand allerdings in Kontrast zu den eigentlichen, auch in der Familie umstrittenen Motiven.

Christian Gauck, dem der Staat wie fast allen Pastorenkindern den Zugang zur Erweiterten Oberschule verweigerte, konnte nach einer zweieinhalbjährigen Ausbildung als Orthopädietechniker sein Abitur ab 1980 in Abendkursen nachholen. Erwartungsgemäß lehnten die Machthaber seinen Wunsch nach einem Medizinstudium ab und boten ihm stattdessen einen Platz in einer theologischen Fakultät an. Zwei Jahre zuvor war Christian Gauck von zu Hause ausgezogen. 1980 heiratete er. Bei der kirchlichen Trauung im Oktober wurde zugleich die Tochter Antonia getauft. Die folgenden Jahren verliefen in Christian Gaucks Erinnerung »sehr harmonisch«. Man traf sich gerne bei seinen Eltern; schließlich war Joachim Gaucks jüngste Tochter Katharina nur eineinhalb Jahre älter als Antonia.

Es war gerade die Sorge um die Zukunft der eigenen Kinder – die zweite Tochter Josephine kam im Januar 1986 zur Welt –, die in Christian Gauck die Entscheidung zur Ausreise reifen ließ:

»Meine Kinder sollten nie eine solche Schulzeit erleben wie ich, mit all den Zwängen und Lügen.« Joachim Gauck hat diese Entscheidung sehr kritisch gesehen, auch wenn er sich ihr nicht in den Weg stellte. Die Mutter dagegen bestärkte Christian und Martin Gauck in ihrem Vorhaben. Überzeugt, dass die Ausreise das Beste für die Kinder sei, und dennoch voll Kummer über die bevorstehende Trennung, traf es sie schwer, dass sie in dieser Angelegenheit in ihrem Ehemann keinen richtigen Rückhalt hatte. An den Abschied erinnert sich Christian Gauck nur ungern: »Als wir am 12. Dezember 1987 in den Zug nach Lübeck stiegen und meine Mutter bitter weinte, sagte mein Vater allen Ernstes: ›Freu dich doch, jetzt hast du, was die Kinder wollten.‹ Als ich daran zurückdachte, bin ich im Zug fast heulend zusammengebrochen.«

In ihrem Bericht zeigte die Staatssicherheit, wie genau sie über die familiäre Situation der Gaucks informiert war:

»Zu dem Stellen von ÜSE [Übersiedlungs-Ersuchen] durch die zwei Söhne des Larve mit Familie vertritt er [Joachim Gauck, d. V.] die Meinung, dass diese sich bereits innerlich von diesem Staat distanziert hätten, sodass es kein Zurück mehr geben könnte. Seine Söhne könnten sich in der DDR nicht frei entfalten, lebten sozusagen in einer inneren Emigration […]. Er selbst hat seinen kirchlichen Auftrag in der DDR zu erfüllen, was er auch weiterhin mit ganzer Kraft tun will.«

An anderer Stelle notiert Major Dorow: »Im Zusammenhang mit der Übersiedlung der Söhne von Larve in die BRD wird deutlich, dass er derartige Absichten völlig toleriert und keinerlei kritische Haltung zu diesem Problem bezieht.«

Mit dieser Einschätzung lagen die Mitarbeiter des Geheimdienstes nicht ganz falsch. Joachim Gauck erkannte die Nöte seiner Söhne. Er hatte selbst ähnliche Erfahrungen zu Schul- und Studienzeiten gemacht. Aber zu einer so schwer wiegenden Entscheidung, wie seine Söhne sie getroffen hatten, war er nicht bereit: IM »Scheler« erinnerte sich in einem Bericht im Juli 1988 an sein erstes offizielles Gespräch, das er am 8. Januar 1985 mit Gauck geführt hatte. Gauck habe seinerzeit betont, dass er zu diesem Staat stehe, wenngleich er in kritischer Distanz zu ihm lebe. Wörtlich habe Gauck geäußert: »Ich werde unser Nest nicht beschmutzen.« Heute meint Gauck, dass er damals wohl ähnlich empfunden habe, dass aber die Distanz mit den Jahren immer größer geworden sei: »Ich sah meine Aufgabe in der DDR, und ich sah auch die Möglichkeiten einer Veränderung von innen heraus.«

Zu dieser grundsätzlichen Haltung kamen taktische Erwägungen hinzu. 1988 sollte Gauck als Vorsitzender des Kirchentagsauschusses seinen zweiten Rostocker Kirchentag organisieren. Als »Fundi«, so Gaucks Überzeugung, hätte er das nie zustande gebracht:

> »An Mut mangelte es nicht. Aber ich brauchte eine Halle, ich brauchte Sonderzüge und vieles andere mehr. Mit radikalen Parolen hätte ich mir selbst die Gelegenheit verbaut, vor 40 000 Zuhörern laut sagen zu können: ›Die Raketen sollen aus unseren Wäldern verschwinden.‹ Oder: ›Wir werden bleiben wollen, wenn wir gehen dürfen.‹ Das wollten die Leute hören. Und das kam an, sogar im Westfernsehen.«

Gauck gelang der Spagat, seine Taktik ging auf. Den Offiziellen gegenüber vermittelte er sein »ehrliches Bemühen, den Kirchentag im Einvernehmen mit den staatlichen Gegebenheiten durchzuführen«. Dabei stand er die ganze Zeit unter Beobachtung der Inoffiziellen Stasimitarbeiter »Scheler«, »Moses«, »Konrad«, »Hiller«, »Titus«, »Nilsson« und »Robert Müller«, die versuchten, Einblick in seine wahren Absichten zu nehmen. Mitte Oktober 1987 resümierte IM »Robert Müller«, dass er aus den Aktivitäten und Plänen Gaucks »keine vorhersehbaren negativen Absichten« erkennen könne. Gleichwohl vermied Gauck ideologische Zugeständnisse. Am 30. Mai 1988, unmittelbar vor der Eröffnung des Kirchentags, notierten die aufmerksamen Zuträger, dass »Larve« die staatlichen Forderungen als übertrieben bezeichne und sie als Einmischung in kirchliche Angelegenheiten darstelle. Seine Wortwahl sei unmissverständlich: »Wörtlich spricht er von stalinistischen Tendenzen im Staatsapparat.«

Langsam dämmerte es den Majoren, Leutnants und Kreisdienststellenleitern, welches Spiel Gauck mit ihnen spielte. Eine wirksame Gegenstrategie fiel ihnen nicht ein. »Insbesondere die Informationen der Abteilung XX lassen einen krassen Gegensatz zwischen den Äußerungen von Larve gegenüber staatlichen Vertretern und seiner Meinung im Rahmen des Kirchentagsausschusses erkennen.« Wie ein Stück Seife entglitt Gauck seinen Häschern, für die es mit fortschreitender Zeit und wachsender Prominenz des Rostocker Pastors zunehmend schwerer wurde, gegen Gauck wirksam vorzugehen. Die Autoren des gleichen Dossiers, in dem er »von seiner ideologischen Position her« als eindeutig »politisch-negativ« eingeschätzt wurde, kamen in einer Mischung aus Nichtwissen und herbeigeredetem Erfolgsfazit der jahrelangen Bemühungen zu folgendem Ergebnis: »Seine Einstellung zu bestimmten Einzelproblemen trägt jedoch vielfach bereits realistische Züge. Er ist sich bewusst, dass er den Rahmen der Freiräume der Kirche nicht erweitern kann.« Die Stasi war sich allerdings kaum darüber im Klaren, dass der angesprochene Freiraum für Joachim Gauck bereits ein gewünschtes Ausmaß erreicht hatte, den er gut zu nutzen verstand.

Im Sommer 1988 erreichte die Konfrontation mit der Staatssicherheit allmählich ihren Höhepunkt. Im Juli drang Stasi-Hauptmann Terpe auf eine ausführliche Aussprache. Gauck griff erneut die »Willkürakte« der Staatsorgane an und geißelte das MfS als »Staat im Staate«. Dennoch hielt Terpe nach dem anderthalbstündigen Zwiegespräch unverständlicherweise fest, dass Gauck von seinem Besuch »angenehm überrascht« gewesen sei. Er war davon überzeugt, dass »der Inhalt des Gesprächs Gauck dazu veranlassen wird, seine Haltung zum MfS zu überdenken«. Gauck glaube mittlerweile daran, dass das MfS einen »positiven Beitrag zur Entwicklung der sozialistischen Gesellschaft einbringen« werde. Die deutliche und aus heutiger Sicht fast visionäre Aussage, mit der Gauck die Unterredung beschlossen hatte, durchschaute der Offizier nicht: »Irgendwann wird jeder durch das Volk zur Verantwor-

53

tung gezogen. Jeder muss vor dem Volk Rechenschaft ablegen, wie er die ihm übertragene Verantwortung im Interesse des Volkes wahrgenommen hat.«

Gauck bestand darauf, die Ergebnisse des Gesprächs an seinen Landesbischof weiterzugeben. Hauptmann Terpe erhob keine Einwände und glaubte stattdessen, in ihm einen Mann für eine gemeinsame Zukunft erkannt zu haben:

> »Gauck ist gewillt, einen positiven Beitrag für die Lösung der von ihm angesprochenen und erkennbaren Probleme zu leisten. [...] Es wird vorgeschlagen, den OV Larve zu archivieren und einen IM-Vorlauf anzulegen. Weiterhin erscheint es sinnvoll, den Kontakt zu Gauck langfristig aufrechtzuerhalten und zumindest 1988 ein weiteres Kontaktgespräch durchzuführen.«

Dies geschah nicht. Am 21. November 1988 entschieden Leutnant Lange, Oberst Becker und Oberst Amthor, die operative Bearbeitung von Larve einzustellen und die Akte zu archivieren. In seiner Person verkörpere sich zwar nach wie vor ein »kirchlicher Amtsträger, welcher von seiner ideologischen Position als politisch negativ einzuschätzen ist«. Seine Einstellung zu bestimmten Einzelproblemen hätte jedoch bereits »realistische Züge«. Der erfolgreiche Verlauf des Kirchentags 1988 in Rostock, der ausgebliebene Konfrontationskurs mit dem Staat und die »erkennbare Dialogbereitschaft mit staatlichen Vertretern« veranlassten die drei Offiziere zu einem wohlwollenden Fazit:

> »Im Rahmen der Vorgangsbearbeitung wurde ein maßgeblicher Beitrag zur Disziplinierung von Larve erreicht. Aufgrund des Bearbeitungsstandes kann eingeschätzt werden, dass von ihm derzeit keine Aktivitäten ausgehen werden, die eine weitere Bearbeitung im OV erforderlich machen.«

Am gleichen Tag verplombte Leutnant Lange die unter der Nummer I/533/83 registrierte Akte mit der Plombe 2571.

Von einem »Fall Gauck«, wie ihn Sven Dorlach oder Peter-Michael Diestel später konstruieren sollten, kann also nicht die Rede sein. Das Fazit des MfS verkörperte reines Wunschdenken. Knapp ein Jahr später wird Joachim Gauck erneut im Visier der Stasi stehen. Deutlicher als jemals zuvor wird er in Opposition treten und dabei eine führende Rolle in seiner Region übernehmen. Der angebliche »Fall Gauck« ist eine Mischung aus Wunschdenken und politisch motivierter Verleumdung.

Die Wende:
Der Pastor als Politiker

Im Verlauf der siebziger Jahre etablierte sich die DDR als zweiter deutscher Staat. Internationale Kontakte und insbesondere der deutsch-deutsche Grundlagenvertrag vom 21. Dezember 1972 hatten das Selbstbewusstsein und die Reputation des ostdeutschen Staates gehoben. Im September 1974 nahmen die USA und die DDR diplomatische Beziehungen auf, viele andere Staaten folgten. Im April 1979 folgte der vorläufige Höhepunkt: UN-Generalsekretär Kurt Waldheim besuchte die DDR, drei Monate darauf der französische Außenminister.

Mit dem »geregelten Nebeneinander« der beiden deutschen Staaten ging ein Stimmungswandel in der Bundesrepublik einher. Namhafte Publizisten und Intellektuelle forderten das Ende der Träume von der Wiedervereinigung. Während die einen den Deutschen die grundsätzliche Friedensfähigkeit absprachen, sahen andere wie Günter Grass die Teilung als gerechte Strafe für die nationalsozialistischen Gräueltaten an. Die 1961 errichtete Mauer wurde geradezu als Voraussetzung für Stabilität in Europa erachtet. Mehr und mehr wich das scharfe Urteil über das Unrechtsregime einer gleichgültigen bis wohlwollenden Akzeptanz der Zweistaatlichkeit. Viele Experten, oder solche, die sich dafür hielten, schätzten die Situation in der DDR auf diese Weise völlig falsch ein. Ein West-Berliner Politologe beschrieb die Mauer als »bunte Touristenattraktion«, der damalige Chefredakteur und spätere Herausgeber des Hamburger Wochenmagazins *Die Zeit*,

Theo Sommer, beglückte seine Leser mit der Botschaft, dass im Osten »das Grau überall freundlicheren Farben« weiche. Noch heute darf man darüber rätseln, welche Orte Sommer im Hinterkopf gehabt haben mag, als er sich zu dieser beschönigenden Wertung durchrang.

Während bei CDU und CSU Pragmatismus und markiges Beharren auf dem Wiedervereinigungsgebot des Grundgesetzes oft verblüffend nahe beieinander lagen, setzte sich in der durch die Erfolge der Entspannungspolitik euphorisierten SPD eine nachgiebige Linie durch. 1984 übernahmen die Sozialdemokraten eine Forderung Honeckers und plädierten für eine Schließung der so genannten zentralen Erfassungsstelle zu Gewalttaten in der DDR in Salzgitter. Tatsächlich froren nur wenige Monate vor der Wende sechs sozialdemokratisch regierte Länder ihre Zahlungen an die Registrierungsbehörde ein, die den Regierenden der DDR stets ein Stachel im Fleisch gewesen war. 1987 setzten sich Genossen aus Ost und West an einen Tisch und erarbeiteten ein Thesenpapier, in dem beide Seiten die Existenzberechtigung der DDR betonten. »Die Frage der Nation hat sich nicht erledigt, aber sie ist den Erfordernissen des Friedens untergeordnet«, lautete der Kernsatz in einem Programmentwurf von 1989.

Viele DDR-Bewohner empfanden dagegen gerade die achtziger Jahre als eine bleierne Zeit. Massive Versorgungsschwierigkeiten und der rigide Umgang mit der Opposition im eigenen Lande ließen immer mehr Bürger an der trügerischen Vision eines menschlichen Sozialismus zweifeln. Die Folgen waren dramatisch. Im Sommer 1989 setzte ein Massenexodus von DDR-Bürgern in den Westen ein. Ungarn hatte mit dem Abriss eines Teils des Stacheldrahts an der Grenze zu Österreich ab dem 2. Mai 1989 den Eisernen Vorhang einen Spalt breit aufgerissen. Die 1969 mit der DDR getroffene Vereinbarung, die Ungarn zur Rücksendung von Flüchtlingen verpflichtete, setzte das sozialistische Bruder-Land aus. Bis Ende September flüchteten fast 30 000 DDR-Bürger via Ungarn in die Bundesrepublik, wo sie automatisch als Bundesbürger galten. Der

Damm war gebrochen, die schockierte DDR-Führung ließ schließlich am 30. September, wohl auf Drängen der Sowjetunion, Tausende Bürger in Sonderzügen ausreisen, die sich in die bundesdeutschen Botschaften in Prag und Warschau geflüchtet hatten.

Andere hatten weniger Glück. Zwei junge Mädchen aus Joachim Gaucks Kirchengemeinde, die im September 1989 versucht hatten, die DDR zu verlassen und festgenommen worden waren, saßen zu derselben Zeit in Untersuchungshaft, in der bereits die Sonderzüge mit Ausreisewilligen in Richtung Westdeutschland unterwegs waren. In einem Brief, den Joachim Gauck zusammen mit Sybrand Lohmann am 11. Oktober an den »sehr geehrten Herrn Staatsratsvorsitzenden« Erich Honecker richtete, setzten sich die beiden Pastoren für die Mädchen ein. Doch Erich Honecker blieb keine Zeit mehr, den Brief zu beantworten und seinen gewünschten Einfluss geltend zu machen.

Knapp eine Woche später, am 17. Oktober, kam es zur Palastrevolution: Willi Stoph, der Vorsitzende des Ministerrats, stellte, als handelte es sich um eine Routineangelegenheit, den Antrag auf Absetzung des Staatsratsvorsitzenden, und in bewährter sozialistischer Einmütigkeit votierten die Mitglieder des Politbüros – Honecker eingeschlossen – für die Demission. Das Zentralkomitee schloss sich tags darauf der Empfehlung an. Offiziell durfte Honecker seinen Abschied von der Macht mit gesundheitlichen Problemen begründen.

Doch die Unzufriedenheit machte sich nicht nur durch den Willen zur Ausreise Luft. Auch innerhalb der DDR war es zu massiven Spannungen gekommen. Bei der traditionellen Rosa-Luxemburg-Demonstration am 17. Januar 1988 in Berlin hatten sich einige Dutzend Oppositionelle, unter ihnen die populären Bürgerrechtler Bärbel Bohley und Wolfgang Templin, unter die Teilnehmer gemischt und Transparente mit dem Luxemburg-Zitat »Freiheit ist immer die Freiheit des Andersdenkenden« hoch gehalten, woraufhin viele Demonstranten zeitweise inhaftiert oder sogar ausgebürgert wurden. Hatten diese Vorkommnisse eher die reformerischen und revolutionären Kräfte als die breite Öffentlichkeit bewegt, so weckte die Politik Michail Gorbatschows in weiten Kreisen der Bevölkerung enorme Erwartungen in die Reformierbarkeit des sozialistischen Systems. Doch obwohl die DDR-Führung um ihre Abhängigkeit von Moskau wusste, wollte sie dem eigenen Volk, der Welt und sich selbst suggerieren, dass sie in ihren Entscheidungen vollkommen autonom sei. Um ihre reformfeindliche Haltung zu rechtfertigen, bedienten sich die Politbüro-Funktionäre mitunter kurioser Argumentationen. »Würden Sie, wenn Ihr Nachbar seine Wohnung neu tapeziert, sich verpflichtet fühlen, Ihre Wohnung ebenfalls neu zu tapezieren?«, fragte zum Beispiel Kurt Hager, Chefideologe der DDR, geradezu dummdreist. Noch am 7. Oktober 1989, zum Jubelfest der DDR-Staatsgründung, sollten Tausende an den mit greisen Funktionären und Politikern gefüllten Tribünen vorbeiziehen. Die Macht war längst ergraut, aber noch stand sie dem Volk bedrohlich gegenüber.

Während sich der Unmut über die bestehenden Verhältnisse im Laufe des Jahres 1989 vielerorts öffentlich zu manifestieren begann, blieb er in Rostock noch weitgehend auf den privaten Bereich beschränkt. Selbst als sich im September 1989 in Berlin und Leipzig die politische Situation zuspitzte und der Staat durch sein brutales Einschreiten bei staatskritischen Demonstrationen seinen repressiven Charakter offenbarte, verlief das Leben, auch das politische, in Rostock noch weitgehend normal. »Normal« bedeutete dabei zumindest für die Menschen, die auf politische Veränderungen oder geistige Öffnung hofften, ein Leben in einem von Resignation geprägten Wartezustand. Viele Bürger, die nicht mehr warten wollten, darunter viele Künstler oder Intellektuelle, setzten sich in den Westen ab, dorthin, wo mehr Freiheit und Perspektiven lockten. »Natürlich erfüllte uns das mit Trauer, aber wir hatten kein Recht, es ihnen auszureden«, urteilt Gauck über die damalige Situation. »Es war ihre Art des Protestes. Wir, die wir dablieben, wollten eine andere Art. Uns ging es um eine Veränderung in Richtung Freiheit und Menschenrechte.« Erstes Anzeichen öffentlich geäußerten Unmuts in Rostock waren die Fürbittandachten, zu denen sich regimekritische Bürger in einigen Kirchen als Reaktion auf die Eskalation bei der Berliner Rosa-Luxemburg-Demonstration am 17. Januar 1988 versammelten. Zwei Monate lang trafen sich bei diesen Gottesdiensten teilweise über hundert Menschen, um für die verhafteten Bürgerrechtler zu beten.

Bereits hier begann sich die Rolle abzuzeichnen, die die Kirche als Institution später bei den politischen Umwälzungen des Jahres 1989 gespielt hat. Tatsächlich hatten die Kirchen einen wesentlichen Anteil an der friedlichen Revolution. Sie verfügten über ein funktionierendes soziales und kommunikatives Netzwerk und über ein bescheidenes, aber äußerst zweckdienliches Angebot an Räumen und Technik. Vor allem gab es in der Kirche eine Tradition des Engagements und des eigenständigen, kritischen Denkens, dem sich viele Menschen verpflichtet fühlten. In einer Atmosphäre gegenseitigen Vertrauens wurden innerhalb der kirchlichen Gemeinschaften Werte wie Solidarität und Mitmenschlichkeit praktiziert. Nicht selten mussten Christen, die ihren Glauben offen lebten und sich in der Kirche engagierten, erhebliche Nachteile in Kauf nehmen, etwa wenn es um die Studien- und Berufswahl ging. Obwohl ihnen das Praktizieren ihres Glaubens nicht prinzipiell untersagt wurde, waren die Mitglieder von Religionsgemeinschaften in einem Staat, zu dessen Grundfesten der Atheismus gehörte, geradezu prädestiniert, eine systemkritische Haltung einzunehmen. So war es auch die Erfahrung geistiger Unterdrückung, die die Mitglieder der Kirchen in der Überzeugung einte, dass dieser Staat dringend tief greifender Reformen bedurfte. Gerade die Ortskirchen, die kleinen Gemeinden, waren in ihrer Mehrzahl Kristallisationspunkte des Widerstands. Daran änderten auch die vielfach dokumentierten Fälle nichts, in denen kirchliche Führungskräfte mit dem politischen System verstrickt waren oder sich zumindest mit ihm arrangiert hatten.

Es handelte sich bei den Menschen, die sich innerhalb der Kirche engagierten, um eine zwar kleine, jedoch äußerst qualifizierte Gruppe, die das demokratische Handwerk in den Kirchenparlamenten, den Synoden, erlernt hatte. So war es kein Zufall, dass später an allen Runden Tischen des Landes evangelische, gelegentlich auch katholische Christen die dominierenden Teilnehmer waren. Sie schätzten Demokratie nicht nur als Idee, sie hatten sie auch im Umkreis der Kirche tatsächlich praktiziert.

Dies war natürlich auch der Staatssicherheit bekannt. Als einzige nicht-staatliche Organisationen galten die Kirchen als latent systemkritisch, weil sie das Machtmonopol der Partei in Frage stellten. Alle relevanten Informationen aus den beiden großen Kirchen – vor allem der evangelischen –, den Freikirchen, anderen Religionsgemeinschaften und Sekten trugen die zugeteilten Spitzel aus der Hauptabteilung XX (Staatsapparat, Kunst, Kultur, Kirche und Untergrund) zusammen. Die für diesen wichtigen Einsatz vorgesehenen Mitarbeiter wählte die Stasi sorgfältig aus. Das Anforderungsprofil für einen IM, der beispielsweise in der »oppositionellen Studiengruppe Christliche Verantwortung« eingesetzt werden sollte, umfasste folgende Kriterien: Der Kandidat sollte nicht älter als 45 Jahre sein, »über genügend Freizeit verfügen«, auf die er »künftig im Interesse der Lösung der Aufgaben des MfS in einem bestimmten Umfang« verzichten sollte, und er durfte keine »öffentlichkeitswirksame leitende staatliche oder gesellschaftliche Funktion ausüben«. Der geeignete Mitarbeiter sollte »intelligent sein und über eine gute Allgemeinbildung verfügen« sowie sich durch »Redegewandtheit sowie Kontakt- und Diskussionsfreude« auszeichnen. Offensichtlich fanden sich genügend Spitzel, die die genannten Kriterien erfüllten.

Ende Oktober 1989 konnte sich die Stasi aufgrund der Spitzelberichte ein exaktes Bild von der quantitativen und qualitativen Zusammensetzung der Rostocker Opposition machen:

»Gegenwärtig sind 43 Initiatoren/Führungskräfte des Neuen Forums im Bezirk Rostock bekannt. 24 Personen sind Pastoren oder andere Mitarbeiter der evangelischen Kirche. Der Einfluss bekannter feindlich-oppositioneller Kräfte aus anderen Bezirken der DDR auf die inhaltliche Gestaltung von Zusammenkünften in kirchlichen Räumen und die Organisierung von Demonstrationen des Neuen Forums ist beweismäßig gesichert. [...] Kirchliche Einrichtungen in Rostock, Stralsund und Greifswald haben sich zu regelrechten Koordinations- und Informationszentren für das Neue Forum und andere oppositionelle Bestrebungen entwickelt. Insgesamt sind ca. 40 Personen im Bezirk bekannt, die für die SDP [Sozialdemokratische Partei der DDR, die am 7. Oktober 1989 gegründet worden war, d. V.] wirksam wurden. Darunter befinden sich vor allem Pastoren und Mitarbeiter der Evangelischen Landeskirche Greifswald sowie Ärzte und Studenten. [...] Vergleichbar dem Vorgehen der Sammlungsbewegung Neues Forum werden von der SDP kirchliche Räume und Veranstaltungen missbraucht, um ihr Gedankengut zu verbreiten.«

Ein solch präzise arbeitender Nachrichtenapparat verschlang enorme Summen. Trotz der jährlich fortschreitenden Finanzmisere des Landes stieg der Etat der Staatssicherheit beständig an. Nach Angaben von Thomas Ammer und Hans-Joachim Memmler gab alleine die Bezirksverwaltung Rostock 1986 rund 112 Millionen Mark aus.[*] Drei Jahre später, im letzten Jahr des MfS, summierte sich der Finanzbedarf bereits auf 123 Millionen Mark. Den größten Anteil machten Gehälter, Zuschläge und Operativgehälter (Prämien für Inoffizielle Mitarbeiter) aus, die 1989 im Bezirk Rostock mit knapp 74 Millionen Mark zu Buche schlugen.

Im Laufe des Jahres 1989 wagten in vielen der größeren Städte die Bürger vermehrt, ihre Unzufriedenheit mit dem System offen zum Ausdruck zu bringen. Besonders in Sachsen begann es zu brodeln. In Sprechchören und mit immer herausfordernderen Transparenten wurde ein politischer Wandel gefordert. Die Ereignisse brachten die reformorientierten Kräfte innerhalb der Rostocker Kirche in Zugzwang, standen sie doch in der vordersten Reihe derer, die nach Veränderung riefen. Eine erste Reaktion auf die Ereignisse

---

[*] Thomas Ammer und Hans-Joachim Memmler (Hg.): Staatssicherheit in Rostock. Zielgruppen, Methoden, Auflösung. Köln 1991, S. 194.

war der Entschluss, in der Petrikirche einen Fürbittgottesdienst für die Verhafteten abzuhalten und diesen wöchentlich, jeweils am Donnerstag, zu wiederholen. Beim ersten Gottesdienst am 5. Oktober 1989 versammelten sich 600 Menschen in der Petrikirche. Eine Woche später mussten die Organisatoren wegen des großen Andrangs in die Marienkirche umziehen. Der Rat der Stadt reagierte äußerst nervös auf diese Versammlungen. Als den Machthabern das Gerücht zu Ohren kam, es sei vor der Andacht eine Demonstration Ausreisewilliger vom »Brunnen der Lebensfreude« in Richtung Petrikirche geplant, ließen sie rund um die Kirche Dutzende Bereitschaftspolizisten und Mitarbeiter der Staatssicherheit aufmarschieren. Die Lage blieb jedoch entspannt, nicht zuletzt, weil die Rostocker (noch) auf eine Demonstration verzichteten.

Am 19. Oktober 1989 fuhr der damalige Pastor der Rostocker St.-Petri-Nikolai-Gemeinde, Henry Lohse, auf Drängen vieler Kollegen zu seinen Freunden nach Berlin, um sich über die dortige Situation zu informieren und die Konsequenzen, die sich aus ihr ergaben, zu diskutieren. In Berlin war die Lage beängstigend. Am 7. Oktober waren Polizei und Stasi bei der bislang größten Demonstration brutal gegen die Protestierenden vorgegangen. Hunderte von Teilnehmern wurden inhaftiert, viele von ihnen misshandelt. Am Vorabend seiner Reise bat Lohse Joachim Gauck, die für den Donnerstag geplante Andacht für die Inhaftierten von Leipzig vorzubereiten. Gauck erklärte sich sofort dazu bereit, ohne zu ahnen, welch schwierige Aufgabe ihn erwarten würde. Schon zuvor hatte Dietlind Glüer, kirchliche Mitarbeiterin und die ›Mutter‹ des Rostocker Neuen Formus, Gauck gebeten, eine führende Rolle bei den geplanten wöchentlichen Großveranstaltungen zu übernehmen. »Jochen, du musst jetzt reden.«

Der 19. Oktober war jener Tag, an dem Rostock seine erste Demonstration erlebte. »Endlich«, erinnert sich Gauck, »verabschiedeten auch wir uns von unserer Angst.« An diesem Tag, dem Tag eins nach Erich Honeckers Rücktritt, reichte der Platz in beiden Kirchen (die Marien- und die Petrikirche waren 1974 zusammengelegt worden) nicht mehr aus. Fast 7000 Menschen hatten sich in und um die Marien-, rund 2000 in der Petrikirche versammelt. Eng aneinander gepresst stand man um die Kanzeln herum und schwitzte, obwohl es an diesem Tag sehr kalt war. Diejenigen, die in den Kirchen keinen Platz fanden, konnten dank einiger Lautsprecher auf dem Platz vor der Kirche stehend an den Gebeten teilnehmen. Die Spannung war spürbar.

Gauck war seit den Rostocker Kirchentagen 1983 und 1988 mit der Situation vertraut, vor vielen Zuhörern sprechen zu müssen. Die Lage, wie sie sich am 19. Oktober darbot, war allerdings neu für ihn. Zwar hatten auch die Reden auf den Rostocker Kirchentagen eine politische Dimension gehabt, es hatte damals aber kaum Anlass gegeben, auf konkrete Veränderungen oder gar Reformen zu hoffen. Diesmal, vor dem Hintergrund weltpolitischer Umwälzungen und zunehmender Proteste im eigenen Land, galt es, ganz explizit der Unzufriedenheit der Menschen und der Hoffnung auf konkrete Reformen Ausdruck zu verleihen. Zudem hatte Gauck sich erst in den letzten Wochen vor dem Gottesdienst für ein intensiveres politisches Engagement entschieden, ohne zu ahnen, dass ihn dieses Engagement schon bald in eine sehr exponierte Stellung führen würde.

Ihm wurde jedoch sehr schnell klar, was die Stunde von ihm als Redner forderte: »Meine Worte mussten klar und motivierend wirken«, so Gauck, »damit das Ganze eine Richtung bekam.« In dieser Situation war es wichtig, Sehnsüchte in Worte zu fassen, das auszusprechen, was das Volk fühlte. »Erst als ich und viele andere dazu in der Lage waren, konnten wir auch mobilisieren und den Kampf anleiten. Dort, wo wir Redenden ein Teil der Träumenden, Suchenden und Leidenden waren, gelang es uns, ein Miteinander von Kirche und Volk zu erreichen.« Studentenpfarrer Christoph Kleemann, einer der Teilnehmer des Gottesdienstes und später Präsident der Rostocker Bürgerschaft, erinnert sich an seinen damaligen Eindruck, dass mit Gauck der Richtige aus ihren Reihen ans Mikrofon getreten war. »Er ist nicht der«, so Kleemann, »der sich ein Konzept baut und sich die Leute dazu sucht, sondern der sich an die Spitze stellt, wenn etwas da ist. Dann ist er in der Lage, sich das Anliegen zu Eigen zu machen, stärker als es bei ihm vorhanden war. Joachim Gauck ergriff das Wort und wurde – ehe er sich versah – zu einer Integrationsfigur der Basis. Die Gefühle der Beteiligten waren schwer zu beschreiben. Ein Gefühl der Verschworenheit, vage Hoffnung, aber auch Angst und manchmal auch ein glückliches Flackern in den Augen.« Gisela Jacobs, ein ehemaliges Mitglied der Rostocker Bürgerbewegung, erinnert sich an das »Hochgefühl« und die »Kraft«, mit der sie nach einer Predigt Gaucks die Kirche verließ: »Er hat eine besondere Wirkung auf Menschen. Er ist ein ungeheuer emotionaler Mensch.« Gaucks Schwester Marianne empfindet es rückblickend als »phänomenal«, mit welch »feinem Hintersinn für die politische Aktualität« ihr Bruder die biblischen Texte für seine Predigten ausgesucht hatte. »Man ging hin, nicht um irgendeine Predigt zu hören, sondern um ihm zuzuhören. Da stimmte jeder Satz, jedes Wort traf die Herzen der Teilnehmer. In diesen Momenten spürte Jochen, wo seine wirklichen Fähigkeiten liegen.«

Für seine Predigt am 19. Oktober hatte Gauck den alttestamentarischen, 2700 Jahre alten Text des Propheten Amos (Kap. 5, 21–24) ausgesucht, dem er das Motto »Selbstgerechtigkeit tötet – Gerechtigkeit rettet« voranstellte. Als er die Geschichte vorlas, erzählte Gauck später, habe er gespürt, dass er die passende Stelle gewählt hatte: »Dieser Amos war einer wie viele von uns. Viele der Zuhörer fanden sich in diesem normalen, durchschnittlichen und berufstätigen Menschen wieder.«

Gauck erzählt von Amos, den Gott hellsichtig macht und der daraufhin furchtbare Dinge sieht: Götzendienst und soziales Unrecht, Stolz und Egoismus. Er beschreibt die Zeitgenossen des Propheten, die in einer geordneten Scheinwelt leben und zur Umkehr nicht bereit sind. Und er beschreibt Amos' Kampf gegen seine Zeit. Diesem Amos stellt Gauck in seiner Predigt Kassandra, Jan

Hus, Karl Marx, Martin Luther King und Andrej Sacharow zur Seite. Persönlichkeiten, die dem kollektiven Unrechtsempfinden und der Sehnsucht der Menschen nach Wahrheit und Recht ihre Stimme gaben, auch wenn sie verfolgt wurden und für ihren Mut oft mit ihrem Leben zahlen mussten: Vorbilder für Zeiten der Krise. Aber Gauck sprach auch ein Problem an, das alle in der Kirche ganz konkret beschäftigte: den Gedanken an eine Ausreise in den Westen. Er plädierte für ein Dableiben und das Eintreten für Veränderungen:»Die, die uns verlassen, hoffen nicht mehr.« Mehr als dieses bewegte ihn jedoch ein anderes Thema:

>»Gibt es denn zwei Welten, frage ich mich: die Welt der herrschenden Parteischicht und die des Volkes? Wir wollen nicht mehr unser Leben in Schizophrenie verbringen, wir wollen nicht mehr hätscheln und entschuldigen, was uns krank macht. Wir wollen Recht Recht und Unrecht Unrecht nennen.«

Nach der Predigt machte sich unter den Zuhörern eine gespannte Stille breit. Alle wussten, dass unter ihnen auch einige saßen, die dem Gottesdienst nur zu gern ein Ende bereitet hätten. Niemand konnte vorhersehen, wie diese reagieren würden. Hatten sie bereits ihre Kameraden zu den Waffen gerufen? Ein Mitgestalter des Gottesdienstes stellte sich an Gaucks Seite und trug einen Text von Rosa Luxemburg vor, in dem die von vielen verehrte, 1919 ermordete Revolutionärin die Schwachpunkte eines undemokratischen Systems benennt. Die Anwendbarkeit auf den real existierenden Sozialismus der DDR lag für alle Zuhörer auf der Hand. In wenigen Sätzen fasste der Text auch die politischen Missstände in der DDR zusammen:

>»Das öffentliche Leben der Staaten mit beschränkter Freiheit ist eben deshalb so dürftig, so armselig, so schematisch, so unfruchtbar, weil es sich durch Ausschließung der Demokratie die lebendigen Quellen allen geistigen Reichtums und Fortschritts absperrt: wie dort politisch, so auch ökonomisch und sozial. Die ganze Volksmasse muß daran teilnehmen. Sonst wird der Sozialismus vom grünen Tisch eines Dutzends In-

tellektueller dekretiert, oktroyiert. Öffentliche Kontrolle ist unbedingt notwendig. Sonst bleibt der Austausch der Erfahrungen nur in dem geschlossenen Kreise der Beamten der neuen Regierung. Korruption ist unvermeidlich. Die Praxis des Sozialismus erfordert eine ganze geistige Umwälzung. Ohne allgemeine Wahlen, ungehemmte Presse- und Versammlungsfreiheit, freien Meinungskampf erstirbt das Leben in jeder öffentlichen Institution, wird zum Scheinleben, in der die Bürokratie allein das tätige Element bleibt. Das öffentliche Leben schläft allmählich ein, einige Dutzend Parteiführer von unerschöpflicher Energie und grenzenlosem Idealismus dirigieren und regieren, unter ihnen leitet in Wirklichkeit ein Dutzend hervorragender Köpfe, und eine Elite der Arbeiterschaft wird von Zeit zu Zeit zu Versammlungen aufgeboten, um den Reden der Führer Beifall zu klatschen, vorgelegten Resolutionen einstimmig zuzustimmen, im Grunde also eine Cliquenwirtschaft – eine Diktatur allerdings, aber nicht die Diktatur des Proletariats, sondern die Diktatur einer Hand voll Politiker.«

Auf die Zuhörer hatte das Verlesen des Textes eine geradezu befreiende Wirkung. Für die meisten Anwesenden wurde spätestens in diesem Moment klar, dass man sich diesmal nicht einfach versammelt hatte, um einer Predigt voller geheimer Anspielungen zu lauschen und sich dann mit dem Gedanken »Es ist ja so wahr, aber ändern tut sich doch nichts« wieder dem deprimierenden Alltag zuzuwenden. Es waren, in einer Kirche und ausgehend von christlichen Werten wie Gerechtigkeit und Wahrhaftigkeit, endlich offene Worte der Systemkritik ausgesprochen worden. »Der Funke«, empfand Gauck, »war übergesprungen. Sehnsucht, Glaube und politisches Engagement wurden eins.«

Der Beifall hielt lange an. Die Angst wich, und für einen Moment hatte die Stasi ihre Bedrohlichkeit verloren. In beiden Kirchen traten Vertreter des Rates der Stadt an die Mikrofone und betonten ihre Bereitschaft zum Dialog. Manche der Zuhörer klatschten Beifall, andere pfiffen und buhten sie aus. Ruhig, fast andächtig, verließen schließlich alle Teilnehmer die Kirchen und formierten sich zur ersten Rostocker Demonstration. Die kleine Gruppe der Organisatoren war derweil damit beschäftigt, die Kollekte zu zählen und die weitere Strategie abzusprechen. Viele von ihnen erfuhren erst am nächsten Tag von dem historischen Protestmarsch, der ebenso friedlich verlief wie die zweite Kundgebung zwei Tage später. Am Anfang blickten viele noch ängstlich in die Seitenstraßen, weil man von dort die Polizei erwartete. Immer wieder klatschten die Demonstranten rhythmisch in die Hände, zu Hunderten, zu Tausenden. In Höhe der »Windmühle«, einem stadtbekannten Hochhaus, in dem viele Stasimitarbeiter wohnten und das nur wenige Schritte von der Rostocker Stasizentrale entfernt lag, setzte ein lautes Pfeifkonzert ein. Das Tor der Stasizentrale blieb verschlossen. Viele Demonstranten stellten ihre Kerzen auf den Vorplatz, und die Menschen riefen »Demokratie – jetzt oder nie!«

Jetzt trauten sich auch die Rostocker, für ihre Rechte und Interessen auf die Straße zu gehen. In Sachsen hatten sich die Bürger schon früher aus ihren Wohnungen getraut, die Norddeutschen gingen mit einiger Verspätung auf die Straße. »Meine Landsleute neigen dazu, die Dinge nicht zu überstürzen«, kommentiert Gauck diesen Umstand nicht ohne einen ironischen Unterton. »Wir wissen dies ebenso wie die Tatsache, dass die Ergebnisse der Umwälzungsprozesse in Mecklenburg und Vorpommern mindestens genauso drastisch und revolutionär waren wie in anderen Teilen der DDR.«

Der Schuss Selbstironie war nicht zu überhören, als bei der ersten Demonstration einige Bürger riefen: »Der Norden wacht auf.« Auf Transparenten formulierten sie ihre Forderungen und attackierten die Führungsriege: »SED werd' endlich wach, für die Führung doch zu schwach«, »Für eine Wende ohne Wände«, »Rechtssicherheit spart Staatssicherheit«.

Doch der Protest stand erst am Anfang. Die Rostocker beschlossen, eine Woche später wieder zur Andacht in die Marien-, die Petri-, die Michaelis- und in die Heiligengeistkirche einzuladen. Kirsten Leefhelm, Thomas Heldt und Joachim Gauck waren für die Vorbereitung verantwortlich. Nachdem die ganze Woche über Parteisekretäre telefonisch angekündigt hatten, dass sie die SED-Mitglieder aus den Betrieben zur Teilnahme und möglicherweise auch zur Störung der Messen verpflichtet hätten, verlangten die drei Verantwortlichen wenige Stunden vor der Veranstaltung Klarheit. Entschlossen betraten sie gegen Mittag das Rathaus der Stadt. Es bedurfte nur weniger Worte, bis die Vertreter des Rates versprachen, dass es keine Gegendemonstration und auch keine Anwendung von Gewalt geben würde. Joachim Gauck war verblüfft: »Wir mochten es noch gar nicht so recht glauben: Wir waren es gewesen, die Bedingungen gestellt hatten und nicht umgekehrt!«

Am Abend waren erneut alle Kirchen überfüllt. In der Art einer improvisierten Theateraufführung sprachen Leefhelm, Heldt und Gauck von Träumen, vom Kämpfen und von Veränderungen. Ihr gemeinsamer Traum begann in der Berliner U-Bahn, kurz vor der Endstation, mitten in der Stadt:

> »Schnell noch die *B. Z.* zusammenfalten und dann im Strom der Menschen raus aus dem Waggon. Plötzlich ist alles anders, laut, bunt, alles ist Westen. Ich will losrennen, etwas erleben. Da wache ich auf, es war nur ein Traum, ich bin noch immer in meinem Mauerland. […] Als die Kommunisten noch ihren Träumen und Hoffnungen verpflichtet waren, waren sie mit ihren Herzen beim Volk: Volkspolizei, Volksmacht, Volkseigentum, Volkskammer. Aber irgendwann stellten sie ihre Panzer, ihre Justiz, die Stasi davor.«

Durch den Missbrauch der politischen Utopie im real existierenden Sozialismus aber sei der Traum von einer besseren Welt nicht erledigt. Die französische Revolution und die Deklaration der Menschenrechte in Amerika seien Beispiele dafür, wie ein ganzes Volk seine politische Sehnsucht ausdrückt. Auch Martin Luther King, so Joachim Gauck, hatte einen solchen Traum. Er wies den Hoffnungsfrohen den Weg der Gewaltlosigkeit und der Liebe. Um dies zu verdeutlichen, las Gauck ein Zitat des amerikanischen Bürgerrechtlers vor:

»Ich will nicht den Eindruck erwecken, die Gewaltlosigkeit könne über Nacht Wunder vollbringen. Die Menschen lassen sich nicht leicht aus ihren ausgefahrenen Gleisen schieben oder von ihren mit Vorurteilen behafteten, unvernünftigen Gefühlen befreien [...]. Aber die Gewaltlosigkeit bewirkt etwas in den Herzen derer, die sich ihr verschreiben. Sie gibt ihnen eine neue Selbstachtung. Sie legt bisher ungeahnte Quellen der Kraft und des Mutes frei. Und endlich rührt sie auch an das Gewissen des Gegners so sehr, dass die Aussöhnung Wirklichkeit wird.«

In einem Rede-Antwort-Spiel nahmen Gauck und seine Mitstreiter daraufhin Martin Luther Kings Gedanken auf. Ihre Botschaft lautete: »Hass ist eine reale Macht, aber wir werden sie nicht hinnehmen. Wir wollen Menschen bleiben: sensibel und entwicklungsfähig. Wer unter dem Hass lebt, ist nicht mehr frei.«

Indem sie ihre Träume aufzählten, zogen sie Bilanz über fünfzig Jahre Sozialismus, über fünfzig Jahre Knechtschaft und Unfreiheit:

– »Wir träumten davon, zur Arbeit und zur Schule zu gehen und ohne Angst vor Schikane oder Strafe sagen zu können, was wahr ist.«
– »Wir träumten davon, eine Zeitung aufzuschlagen, umfassend informiert und als denkender Mensch ernst genommen zu werden.«
– »Wir träumten davon, Dienststellen und Chefetagen zu betreten und wie ein mündiger Bürger behandelt zu werden.«
– »Wir träumten davon, in der Kneipe zu sitzen, zu schimpfen, zu lachen und sich nicht mehr ängstlich nach der ›Firma‹ umgucken zu müssen.«
– »Wir träumten davon, für das, was wir leisteten, geachtet und geehrt zu werden.«
– »Wir träumten davon, dass die Männer, die gestern der Lüge dienten, heute zurücktreten. Sie wussten, was wir wussten: Neue Männer und Frauen brauchte das Land!«

Während der Predigt schaute sich Joachim Gauck in den Reihen der Zuhörer um: »Hier überall um uns herum standen sie: friedliebende Menschen, die bereit waren, für ihre Träume zu handeln.«

Doch unter den Menschen, die sich zum politischen Handeln entschlossen hatten, befanden sich nicht nur politische Idealisten. Zwar gründeten sich, während sich die Staatssicherheit von Rügen bis Eisenach hinter ihre Mauern zurückzog, vielerorts spontan Bürgerkomitees. Diese Gremien setzten sich jedoch aus Revolutionären ebenso zusammen wie aus Vertretern der alten Ordnung. Alle betonten den Willen zu Demokratie und Gewaltlosigkeit. Doch für einige war die demokratische Gesinnung nur Fassade. Zur gleichen Zeit durchsetzten MfS-Mitarbeiter die Komitees, wodurch deren Arbeit erheblich behindert wurde.

Am 4. November 1989 gründete sich auch in Rostock offiziell ein Bürgerkomitee, das den Verlauf der mittlerweile regelmäßigen Demonstrationen festlegen und als Ansprechpartner für den Rat der Stadt und die Polizei dienen sollte.

Der nun 49-jährige Gauck war innerhalb der Opposition in eine führende Rolle gelangt, obwohl er in den zurückliegenden Jahren seinen Widerstand gegen den Staat dem kirchlichen Amt untergeordnet hatte. Nun sah er mit der Mehrheit der kirchlichen Mitarbeiter die Zeit für reif an, auch außerhalb der Kirche politisch aktiv zu werden. Sein Weg dahin führte vom frühen Antikommunismus der Jugendzeit zu einer Phase des verstärkten Interesses an westlichem Denken. Bis 1961 konnte der Schüler und Student noch regelmäßig in den Westen reisen. Dort traf er sich mit anderen Studenten und las Sartre und Camus, Böll, Grass, Johnson und Ingeborg Bachmann. Die DDR ertrug er Jahre später – die 68er hatten den Westen geprägt, hinter der 1961 errichteten Mauer konnte man fast nur noch innerhalb der Kirche freie Luft atmen – war Gauck vom Antikommunismus weit entfernt. Seine Freunde und Besucher aus dem Westen, unter ihnen viele Theologen, waren von linkem Denken geprägt, und auch er selbst betrachtete die Verhältnisse in der DDR zwar kritisch, dennoch aber von einer linken Perspektive aus – wie Robert Havemann, Wolf Biermann und viele andere es damals ebenfalls taten. Mit der DDR als Staat hatte er nichts am Hut, erst recht nicht, als das Land im Verlauf der siebziger Jahre immer militaristischer wurde. Aber lange Zeit ist ihm Ernst Blochs *Prinzip Hoffnung* als eine Art geläuterter Sozialismus sein romantisches Politikideal – in engem Kontakt mit dem westlichen Denken. In den achtziger Jahren entwickelte er sich zwar zum entschiedenen Prediger gegen das DDR-System, aber erst 1989 wandelt sich seine moralisch-romantische Opposition zu einer realistischen und fundamentalen. Im Nachhinein, so scheint es, war der kindlich-jugendliche Antikommunist der Realität näher als der westlich geprägte linksliberale Erwachsene.

Der ehemalige Pastor der Güstrower Domgemeinde, Heiko Lietz, ging einen anderen Weg. Er hatte den kirchlichen Dienst verlassen, um deutlicher Opposition machen zu können. Gemeinsam mit Dietlind Glüer bereitete er 1989 die Gründung des Neuen Forums vor. Lietz hatte den »ausgeglichenen Kumpel« Gauck als »harmlos und gediegen« in Erinnerung. Beide kannten sich von der Schule und der Uni her, wo sie gemeinsam Handball spielten. Während der Rostocker Kirchentage 1983 und 1988 fiel Lietz auf, dass sich Gauck an »politisch brisante Themen wie beispielsweise Fragen der Ausreise heranwagte«. Nach Lietz' Einschätzung sah Gauck damals allerdings seinen Part »nur im Rahmen der Institution Kirche«: »Dieser eingeschränkte Spielraum reichte ihm. An den Grundfesten des Kirche-Staat-Verhältnisses wollte er nicht rütteln.« Ab Mitte der achtziger Jahre trafen sich in Mecklenburg und Vorpommern zwölf bis fünfzehn Gruppen mit jeweils rund zwanzig Mitgliedern und betrieben ernsthafte und entsprechend gefährliche Oppositionsarbeit – Joachim Gauck zählte zu keinem Zeitpunkt zu diesem engeren Zirkel. Auf sein Verhältnis zur Fundamentalopposition angesprochen, betont Gauck, dass er es in keiner Weise bereue, nicht zu ihr gehört zu haben. Sein Amt und seine Arbeitsformen in der Gemeinde hätten ihm genug Spielraum für eigene Formen der Opposition geboten. Letztlich seien aus seiner Gemeinde und seinen Jugendgruppen vermutlich nicht weniger Oppositionelle hervorgegangen, als aus den Gruppen und Milieus, aus denen sich die Fundamentalopposition konstituierte.

Im Kreis der Bürgerrechtler um das Neue Forum hatte Gauck endlich seine Rolle gefunden. Wochenlang hatten die Aktivisten um Heiko Lietz und Dietlind Glüer Strategien, Ideen und Politentwürfe »vom Urschleim an diskutiert und organisiert«. Auch für sie völlig unerwartet, ergriff mit Gauck ein Vertreter aus der zweiten Reihe das Wort und »formulierte exakt, was viele dachten«. »Jochen«, erinnert sich Glüer, »traf auf den Punkt genau unsere Emotionen und ermutigte uns mit jeder Minute seiner Reden.« Auch Heiko Lietz bewunderte den Verbündeten, der »auf eine besonders zutreffende Weise die politische Dimension des Evangeliums erkannte und beschrieb«. Für alle überraschend, entwickelte sich aus dem innerkirchlichen Protest eine außerkirchliche, revolutionäre Bewegung – mit Joachim Gauck in der vordersten Reihe.

Aber nicht in Rostock, sondern in Berlin wurden jetzt die wegweisenden Debatten geführt. Im September hatten dreißig Männer und Frauen, darunter Bärbel Bohley, Katja Havemann, Rolf Henrich und Jens Reich den Aufruf zur Gründung der Initiativgruppe Neues Forum unterzeichnet:

»Wir wollen Spielraum für wirtschaftliche Initiative, aber keine Entartung in eine Ellbogengesellschaft. Wir wollen das Bewährte erhalten und doch Platz für Erneuerung schaffen, um sparsamer und weniger naturfeindlich zu leben. Wir wollen geordnete Verhältnisse, aber keine Bevormundung. Wir wollen freie, selbstbewusste Menschen, die doch gemeinschaftsbewusst handeln. Wir wollen vor Gewalt geschützt sein und dabei nicht einen Staat von Bütteln und Spitzeln ertragen müssen. Faulpelze und Maulhelden sollen aus ihren Druckstellen vertrieben werden, aber wir wollen dabei keine Nachteile für sozial Schwache und Wehrlose […]. Über diese Fragen müssen wir in aller Öffentlichkeit gemeinsam und im ganzen Land nachdenken und miteinander sprechen […]. Wir bilden deshalb eine politische Plattform für die ganze DDR, die es Menschen aus allen Berufen, Lebenskreisen, Parteien und Gruppen möglich macht, sich an der Diskussion und Bearbeitung lebenswichtiger Gesellschaftsprobleme in diesem Land zu beteiligen.«

In ihrem Aufruf an alle Bürgerinnen und Bürger der DDR stellten sie vorweg klar, dass sie beabsichtigten, die Tätigkeit des Neuen Forums auf eine gesetzliche Grundlage zu stellen. Dabei beriefen sie sich auf das in Artikel 29 der DDR-Verfassung formulierte Grundrecht, ihr politisches Interesse durch gemeinsames Handeln in einer Vereinigung zu verwirklichen: »Allen Bestrebungen, denen das Neue Forum Stimme und Ausdruck verleihen will, liegt der Wunsch nach Gerechtigkeit, Demokratie, Frieden sowie Schutz und Bewahrung der Natur zugrunde.«

In Rostock trafen sich am 6. Oktober eine Gruppe um Dietlind Glüer, Heiko Lietz und Johann-Georg Jaeger in der Methodistenkirche, um eine erste Informationsveranstaltung über das Neue Forum durchzuführen. Fünf Tage später kamen 500 Interessierte am gleichen Ort zur ersten öffentlichen Veranstaltung zusammen. Da es zu dieser Zeit in der DDR bereits viele verschiedene Bewegungen gab, die alle auf Erneuerung und Veränderung drangen, plädierte insbesondere Heiko Lietz dafür, die Oppositionskräfte zu bündeln und im Neuen Forum zusammenzufassen. Dieser Vorschlag wurde allgemein akzeptiert, und so war es anfangs in erster Linie das Neue Forum, das in Rostock die Bürgeropposition repräsentierte. Erst später bildeten sich andere oppositionelle Gruppen. Zur ersten freien Wahl seit 1933 im März 1990 – die Wahlbeteiligung betrug 93,39 %! – traten dann Neues Forum, Initiative Freiheit und Menschenrechte und Demokratie Jetzt als Bündnis 90 an. Dass das Forum die dominierende Bürgerbewegungsgruppe innerhalb von Bündnis 90 war, lag nicht zuletzt daran, dass die Mitglieder Kontakt zu den unterschiedlichsten Bevölkerungsgruppen und damit die breiteste und populärste Basis hatten. In Rostock bestand durch Dietlind Glüer, Christoph Kleemann und Joachim Gauck die Anbindung an die kritische protestantische Kirchenszene. Später gesellten sich auch Aktivisten aus der katholischen Kirche hinzu. »Zu uns kamen Leute aus den Betrieben, aus den Universitäten und Künstler«, berichtet Dietlind Glüer. Zu Letzteren gehörte unter anderem der Bildhauer Axel Peters, der von Anfang an zum Kern der Bewegung zählte. »Das Neue Forum entwickelte sich automatisch zum Sammelbecken für viele Reformwillige«, so Glüer. Es »war basisnah, es war eine wirkliche Bewegung der Bürger für Demokratie und Menschenrechte«. Seinem Selbstverständnis nach war es eine parteiübergreifende Sammlungsbewegung, deren Programm sich aus christlichem, liberalem, sozialdemokratischem und alternativem Gedankengut zusammensetzte. Die Bewegung wollte nicht elitär und belehrend sein, sondern versuchen, die wirklichen Probleme zu lösen.

Dass am 18. März nur 336 074 Menschen für das Bündnis 90 stimmten, also gerade einmal 2,9 Prozent der Wahlberechtigten – im Bezirk Rostock/Land 3,2 Prozent – lag daran, dass sich für die Wähler und Wählerinnen die Situation im Frühjahr 1990 anders darstellte als noch im Jahr zuvor. Waren noch um die Jahreswende die Fronten zumindest einigermaßen klar – Betonköpfe hier, Reformer da – bot sich den DDR-Bürgern nun eine schwer zu überschauende Fülle an Optionen. Bekanntlich gewann die an den politischen Zielen ihrer westdeutschen Schwesterpartei orientierte ehemalige Blockpartei CDU mit ihrer »Allianz für Deutschland« die Wahl. Sie legte ein Programm vor, das für viele Ostdeutsche attraktiv und einleuchtend war. Die Mehrheit der Bürger entschied sich mit den Christdemokraten für die Partei, die sich ohne jedes Zögern für die Wiedervereinigung und damit für den Anschluss an das bundesdeutsche Währungs- und Wirtschaftssystem aussprach. Das Versprechen materiellen Wohlstands und sozialer Sicherheit war für die DDR-Bürger, die nicht unberechtigterweise den wirtschaftlichen Zusammenbruch eines weiter vom Westen getrennten Staates fürchteten, das entscheidende Argument. Von Ideologien, die ihnen an Stelle gefüllter Ladenregale und auf Kosten von Reise- und Meinungsfreiheit angeboten wurden, hatten die Menschen nach über sechzig diktatorisch geprägten Mangeljahren genug. Sie lehnten sowohl das grün-alternative Konzept eines »dritten Weges« als auch die Vorstellungen der SED von einer »antiimperialistischen Solidarität« ab.

Die Mehrzahl der Bürger hatte sich innerlich längst für die Einheit entschieden, als kritische DDR-Intellektuelle noch versuchten, ein von sozialistischem Gedankengut ausgehendes eigenes Gesellschaftsbild zu entwickeln. Waren sich Volk und Bürgerrechtler 1989/90 in ihrer Ablehnung der Unterdrückung noch weitgehend einig, traten hinsichtlich der Frage der Wiedervereinigung Differenzen auf. Die starke Skepsis in der Frage der deutschen Einheit, artikuliert innerhalb des Neuen Forums insbesondere von Mitgliedern aus dem Berliner Raum, führte zu einer starken Verunsicherung der Wähler. Die Wähler zweifelten, ob das Neue Forum tatsächlich für den schnellen Übergang zum Parlamentarismus und die schnelle Einführung der westdeutschen Währung stand, was das Forum beziehungsweise Bündnis 90 reichlich Stimmen kostete.

Die Mehrzahl der Rostocker Oppositionellen setzte sich sehr früh gegen Ideen ab, die man als Utopismus und linkes Gesellschaftsexperiment mit ungewissem Ausgang empfand. Joachim Gauck attackierte diese reformsozialistischen Ansätze scharf:

»Eifrig schwadronierten die Phantasten über die Ideen des Sozialismus. Für mich bestand und besteht weder ökonomisch noch politisch eine realistische Chance für einen dritten Weg zwischen dem gescheiterten Sozialismus und dem düster beschworenen Kapitalimus. Ich hatte großes Verständnis für die Verunsicherung, denn das Volk war längst dessen überdrüssig, Versuchsobjekt eines ideologischen Wahns zu sein. Sie wollten raus aus dem Mief, raus aus dem Keller der Unterwürfigkeit und des Selbstzweifels. Zu ihren konkreten Wünschen nach der D-Mark und dem westlichen politischen System paßten einfach nicht die oft komplizierten Visionen von unseren Mitgliedern, die mit ihrer Nähe zu den Medien Stimmung gegen die Beschlüsse der eigenen politischen Gruppierung machten. Damals waren die Massen wesentlich klüger als viele so genannte Intellektuelle und DDR-Verklärer, von denen keiner in der Lage war, ein Konzept für eine wirtschaftliche Konsolidierung zu entwerfen. Die Politik- und Gedankenspiele einer Bärbel Bohley oder eines Klaus Wolfram entbehrten jeder wirtschaftlichen Grundlage. Solche Positionen waren im Rostocker Neuen Forum nicht konsensfähig.«

Im Wunsch nach der Einheit Deutschlands schwang nur bei wenigen Demonstranten eine nationale Überzeugung oder gar Nationalismus mit. Bestimmend war der Wunsch, eigene emanzipatorische Ansätze in eine bereits bewährte Staatsform umzusetzen. Zur parlamentarischen Demokratie gab es auch für Joachim Gauck keine Alternative:

»Natürlich ist auch die Demokratie, das haben viele meiner Landsleute mittlerweile schmerzvoll erfahren, keine vollkommene Gesellschaft. Jede Gesellschaft, die dies behauptet, ist dem Untergang geweiht. Die Demokratie ist aber gerade deshalb so wertvoll, weil sie sich nicht als vollkommen begreift. Anders als in der DDR, deren Potentaten uns immer wieder klar vor Augen hielten: Ihr mögt zwar Recht haben, aber wir haben die Macht. Die Tugend eines Demokraten besteht nun darin zu sagen: Ich akzeptiere die demokratische Variante, obwohl sie unvollkommen ist. Eine Gesellschaft, die nicht an ihre positiven Elemente glaubt, wird degenerieren. Der Mensch ist zur Freiheit berufen, er kann und muss Verantwortung übernehmen und lieben. Diktatoren, die aus ihrem Machtwillen heraus Partizipation verhindern müssen, reduzieren den Menschen dagegen auf seine Schwächen. Als Folge verliert er seine Fähigkeiten, er glaubt nicht mehr an sich.«

In diesem Sinne begab sich Joachim Gauck an die politische Arbeit. Anfang Dezember hatte sein Vorschlag, die Forderung nach der deutschen Einheit in das Programm aufzunehmen, in einer Vollversammlung des Neuen Forums breite Zustimmung erhalten. Im Januar 1990, auf der ersten republikweiten Konferenz des Neuen Forums in Berlin, brachte er zusammen mit Heiko Lietz und Harald Terpe den Vorschlag ein, die bisherige Favorisierung des Zwei-Staaten-Modells aus dem Programmentwurf zu streichen und stattdessen auf die deutsche Einheit zu setzen. Mit großer Mehrheit änderten die Delegierten den Programmentwurf in diesem Sinne. Die für den Bereich der Ökonomie zuständigen Vertreter setzten sich bei der Bejahung der sozialen Marktwirtschaft ebenfalls mit großer Mehrheit durch. Begleitet wurden diese Entscheidungen durch heftige Debatten zwischen den »Fundis« und den »Realos« im Neuen Forum.

Im Norden der Republik wurde Gaucks Namen allmählich bekannt. Seine Gabe, die Erwartungen seiner Zuhörer aufzunehmen und ihre Sorgen präzise zu artikulieren, fand großen Anklang und blieb in Erinnerung. Gauck, der sein politisches Engagement noch als vorübergehende Episode auffasste, wollte zwar von sich aus in die erste Reihe, gleichzeitig waren die Verantwortlichen im Neuen Forum aber auch froh, in ihm einen Repräsentanten mit so großer Ausstrahlung gefunden zu haben. Bereits am 28. Dezember 1989 trat Gauck als Vertreter des Neuen Forums beim *Donnerstagsgespräch* im DDR-Fernsehen auf. »Ein gutes Gespann« nannte die *Mecklenburgische Volks-Zeitung* die »Stimme der neuen Demokratie in Mecklenburg-Vorpommern« – gemeint waren die populären Aktivisten um Dietlind Glüer, den Bildhauer Axel Peters und Joachim Gauck, dem »Revolutionspastor«, »geliebt von den Veränderern, gehasst von den Stalinisten«.

Mitglieder des Neuen Forums forderten Gauck zur Kandidatur für die Volkskammerwahl auf. »Jochen, du bist durch die Predigten bekannt geworden. Du hast die besten Chancen«, machte ihm Dietlind Glüer Mut. Auch Pastor Henry Lohse appellierte an den seit Oktober 1989 vom Kirchendienst freigestellten Gauck: »Wenn einer von uns eine Chance hat, in die Volkskammer gewählt zu werden, dann bist du es.« Gauck, der kurz zuvor seinen 50. Geburtstag gefeiert hatte, reagierte zunächst zurückhaltend: »Wenn ich zehn Jahre jünger wäre, würde es mir leichter fallen.« Doch das Werben und ein »Gefühl der Verpflichtung« zeigten Wirkung. Während einer der Routine-Sitzungen des Neuen Forums stand Gauck plötzlich auf und erklärte: »Also gut, ich kandidiere.« Dietlind Glüer erinnert sich, dass damals alle sehr glücklich waren und »total überzeugt von ihm«. Am 6. Februar versammelte sich dann der Republiksprecherrat des Neuen Forums unter der Leitung von Bärbel Bohley in Berlin. Auf ihm wurde das Leitziel für die kommende Wahl formuliert: »Wir sind für einen Übergang zur sozialen Marktwirtschaft, der unsere sozialen Verhältnisse nicht weiter abbaut.« Zum Tagesordnungspunkt 2, der Frage nach einem möglichen Wahlbündnis, meldete sich der Vertreter aus Rostock zu Wort: »Joachim Gauck ist unser Spitzenmann.«

Gaucks Zuhörern imponierte, dass er sich im Gegensatz zu vielen Mitstreitern auf theoretische Gedankenspiele über Wege zur Erneuerung des gescheiterten Sozialismus nicht einließ. Von Beginn an trat er als radikaler Realist vehement für die Wiedervereinigung ein – ein Weg, der in seiner Konsequenz polarisierte. Die Mehrheit aber stand hinter ihm. Nach Meinung des Beobachters der *Mecklenburgischen Volks-Zeitung*, der zum Wahlauftakt des Neuen Forums am 23. Februar in die Sport- und Kongresshalle nach Schwerin gekommen war, markierte Gauck mit seiner programmatischen Rede »den Meilenstein der Wahlvorbereitung«. Der Kommentator lobte Gaucks konkretes Ansprechen der aktuellen Probleme und Missstände. Insbesondere auf die Gefahren, die der neugestalteten Republik durch die alten und nur oberflächlich gewendeten Kader drohten, machte Gauck aufmerksam:

»Alle kennen wir den Betriebsleiter, den Direktor, den Generaldirektor oder auch den Institutsdirektor, der noch vor kurzem aktiver Verfechter der SED-PDS-Politik war. Die Beispiele sind ohne Zahl. Nachdem sie das Parteibuch abgegeben haben oder es klammheimlich vernichteten und den Bonbon nicht mehr tragen, gehen sie auf die andere Seite, nehmen Kontakte auf und bringen uns die freie Marktwirtschaft als ihre Erfindung, die sie schon lange vertreten haben. Man hat sie nur daran gehindert, sie auch durchzusetzen. Sie reden von Rationalisierungsmaßnahmen, damit der Betrieb endlich Gewinn erwirtschaftet. Sie meinen aber damit den Rauswurf der Unbequemen, die den Mund aufgemacht haben und auf die Straße gegangen sind. Denn die werden jetzt wieder im Wege stehen! Da gibt es doch noch was zu tun für das Bündnis 90. […] Die Räte der Bezirke haben am 15. Februar 1990 angewiesen, dass alle Mitarbeiter in den Betrieben, vom Abteilungsleiter aufwärts, ihre Kaderakte ausgehändigt bekommen und neue Personalfragebögen auszufüllen haben. Die sind dann ohne Angaben zur Mitgliedschaft in Parteien und Massenorganisationen. Das ist der Persilschein des Jahres 1990. Da gibt es doch noch was zu tun für das Bündnis 90. [...] In der Volksbildung werden Lehrer eingestellt. Mitten im Schuljahr. Woher kommen diese? Natürlich aus den Reihen der ehemaligen Stasi oder von der Parteischule und ähnlichen Einrichtungen. Lehrer, die wegen ihrer bekannt ablehnenden Haltung zur SED gefeuert wurden oder von selbst gingen, werden nicht wieder eingestellt. Da gibt es doch noch was zu tun für das Bündnis 90. [...] Auf die Frage aus der Nachbarschaft: Ich weiß gar nicht, was ich wählen soll, kann man nur antworten, nicht die Herren von gestern und ihre ehemaligen Handlanger der Blockparteien, die sich nun gewandelt haben wollen. Man kann nur die wählen, die die gewaltlose Revolution bewerkstelligt haben. Nur sie geben Gewähr für eine wahre Demokratie. Weder Bundeskanzler Kohl noch Premier Modrow werden uns Hilfestellung geben. Packen müssen wir es selbst. Da gibt es doch noch was zu tun für das Bündnis 90. [...] Wir gehen mit offenem Gesicht und befreiten Händen in das gemeinsame Haus. Unser Herz schlägt für die Freiheit des Einzelnen in einer Demokratie, die wir alle noch gestalten müssen.«

Nach dieser Rede fragte sich der Korrespondent der *Mecklenburgischen Volks-Zeitung* erstaunt, warum die Organisationsleitung Joachim Gauck erst am Ende der Veranstaltung habe sprechen lassen:

»Ist man sich nicht bewusst, dass Jochen Gauck einer der wenigen Redner des Neuen Forums ist, der es versteht, die jahrzehntelang mundtot gemachten Menschen unseres Landes anzusprechen? Der es versteht, die Probleme der Zeit auszudrücken. Der es versteht, die Menschen unserer Stunde für ein demokratisches Deutschland zu begeistern. Das alles in der Depression, wo niemand den Weg kennt und viele bereits wieder zu verzagen beginnen. [...] Die Bürger brauchen Menschen wie Jochen Gauck, der ihnen Mut macht und ihnen sagt, wo es lang geht und wie es gemacht werden muss.«

Vier Wochen später stand fest: Gauck war in die Volkskammer gewählt worden. Bündnis 90 gewann 2,9 % der Stimmen und damit zwölf Mandate: Gauck stand auf Platz 12 der Liste. Hatten die umtriebigen Bürgerrechtler nach all den Anstrengungen und Wagnissen nicht einen deutlicheren Zuspruch verdient? Tatsächlich machte sich Enttäuschung breit, das Wahlergebnis fiel für viele zu dürftig aus. Marianne Birthler, die Gauck 2000 als Leiterin der Stasi-Unterlagenbehörde folgen sollte, fand die Ausbeute »äußerst mickrig«. Gauck dagegen war zufrieden:

> »Eigentlich waren nur unsere Freunde aus dem Westen traurig, als sie die Zahlen studierten. Sie hatten uns sicher ein besseres Ergebnis gewünscht. Ich war dennoch glücklich und stolz. Schließlich hatte ich in der ersten demokratischen Wahl in der Geschichte der DDR ein Mandat meines Volkes errungen. Wichtig war, dass die Demokratie gewonnen hatte. Die PDS und ihre verbohrten DDR-Verklärer hatten verloren. Diese Gewissheit, Veränderungen gegen den erklärten Willen von SED und PDS durchsetzen zu können, blieb ein einendes Element, auch nachdem sich das Neue Forum ausdifferenziert hatte. Wir Bürgerbewegten sahen nicht die Grenzen zwischen denen, die mittlerweile zur SPD oder zu den Grünen gegangen waren. Wir sahen nur die Gemeinsamkeiten.«

Sieben Fraktionen saßen in der ersten freigewählten Volkskammer. Mit 40,8 Prozent, das entsprach 163 Sitzen, stellten die Christdemokraten unter ihrem Vorsitzenden und späteren Ministerpräsidenten Lothar de Maizière das stärkste Kontingent. CDU, Deutsche Soziale Union (DSU, 6,3 % = 25 Sitze) und die vier Abgeordneten des Demokratischen Aufbruchs (DA, 0,92 %) willigten in eine »Allianz für Deutschland« mit den Sozialdemokraten (21,8 % = 88 Sitze) und den Liberalen Parteien (DFP, LDP, FDP, 5,28 % = 21 Sitze) ein. Die Sozialdemokraten hatten die Quittung für die historische Fehleinschätzung ihres designierten Kanzlerkandidaten Oskar Lafontaine erhalten, der zu erkennen gegeben hatte, dass er nicht gerade ein Freund einer schnellen Verwirklichung der deutschen Einheit war.

Als die Mitglieder von Bündnis 90 am ersten Sitzungstag das Parlament betraten und sich umschauten, blickten viele von ihnen sorgenvoll zu der 66 Personen starken PDS-Gruppe hinüber, die immerhin 16,4 % der Wählerstimmen auf sich hatten vereinigen können. »Es beunruhigte mich aber nicht mehr«, empfand Gauck diesen Moment, »als ich gegenüber die demokratischen Parteien, darunter die Vertreter meiner Fraktion sah. Wir zusammen hatten die klare Mehrheit. Nur das zählte.«

Die frisch gewählten Parlamentarier hatten kaum Zeit, sich auf die erste Parlamentssitzung vorzubereiten. Der Berg an Arbeit, der vor ihnen lag, aber auch die Erwartungen der Öffentlichkeit bereiteten einigen Abgeordneten Kopfschmerzen. Bei vielen machte sich Unsicherheit breit. Joachim Gauck fühlte sich dadurch belastet, dass er »von so vielem wusste, was er nicht wusste«. Niemand war mit den für jeden westdeutschen Parlamentarier selbstverständlichen Regularien und Spielregeln vertraut. Niemand konnte sich auf sein demokratie-theoretisches oder juristisches Wissen verlassen. Alles war fremd: Wie war man versichert? Wo war das Büro? Wie viel verdiente man überhaupt? Gauck: »Es war unendlicher Stress, viele Dinge rauschten nur so vorbei.«

Seine Familie und Freunde in Rostock sah der Rostocker Neu-Parlamentarier jetzt nur noch selten. Zur politischen Wende kam der private Neubeginn: Gauck zog nach Berlin, im Laufe der nächsten Monate löste er sich von seiner Frau.

>»Diesen Verlust von Bekannten und meiner Familie spürte ich sehr wohl und heute tut es mir zum Teil leid darum. Die Geschwindigkeit, in der alles an mir vorbeilief, war enorm, aber ich war immer Teil der Bewegung, für die ich mich engagiert hatte. Auch zu DDR-Zeiten mangelte es mir oft an der Intensität menschlicher Beziehungen: Darunter litt meine Ehe und die Beziehung zu meinen vier Kindern. Jetzt, unmittelbar nach der Wende, als ich meine Freunde in Rostock verließ, avancierte ich erneut zum Einzelkämpfer, der vieles Private und Freundschaftliche unter der Last der politischen Aufgaben vernachlässigte.«

Gauck versuchte, diesen Verlust an menschlicher Nähe durch Verweis auf seine typisch »männliche« Persönlichkeitsstruktur zu rechtfertigen:

»In dieser Hinsicht bin ich ein durch und durch männlicher Mann: Ich habe zeitlebens dazu geneigt, der puren Rationalität zu folgen, mich dem Druck einer Aufgabe voll und ganz zu ergeben. Mögliche Verluste reflektiere ich dadurch erst weit später oder gar nicht. Meine weiblichen Elemente, beispielsweise intuitiv zu handeln, sind dagegen stiefmütterlich ausgeprägt. Jeder Mensch verwirklicht sich am besten in einem Bereich, der der eigenen Psyche am Erfolg versprechendsten ist oder am wenigsten Angst machend erscheint. Bei Männern meines Musters ist es der Versuch, über eine Einmischung in die Politik erfolgreich zu sein.«

Dieser zwar durchaus selbstkritische, dennoch aber recht stilisierte Versuch, den Zerfall der Familie vor sich selbst als gleichsam notwendig erscheinen zu lassen, überzeugt wenig.

Auch von seiner Evershagener Gemeinde löst sich Joachim Gauck. Am 3. April informierte er den Oberkirchenrat in Schwerin darüber, dass er ein politisches Mandat erhalten habe. Er müsse deswegen um eine »unbezahlte Freistellung bzw. Beurlaubung« bitten. Die Dauer dieser Freistellung konnte er damals noch nicht absehen. So ließ der Pastor in seinem Schreiben an den Oberkirchenrat keinen Zweifel daran, dass er die Arbeit im Parlament als Intermezzo betrachtete:

»Ich erkläre ausdrücklich, dass ich nicht beabsichtige, endgültig aus dem kirchlichen Dienst auszuscheiden, um auf Dauer Politiker zu werden. Möglicherweise kann ich bereits im kommenden Jahr (falls die Volkskammer dann ihre Arbeit beendet hat) wieder in den kirchlichen Dienst zurückkehren. […] Nach meinen Möglichkeiten würde ich gern in der Gemeinde gelegentlich predigen.«

Doch die kommenden Ereignisse sollten dafür sorgen, dass die vorübergehende »Beurlaubung« vom kirchlichen Dienst zu einem definitiven Abschied wurde. Sybrand Lohmann erklärte sich mit seinem Kollegen solidarisch: »›Mein Beitrag zur Wende‹, sagte ich ihm, ›ist, dass ich dir den Rücken freihalte‹. Joachim Gauck, das war mittlerweile klar, wollte losziehen und an die vorderste Front.«

Von April bis September 1990 berieten und beschlossen die Mitglieder der neugewählten Volkskammer mehr als 400 neue Gesetze und Verordnungen. Das bedeutete für die Parlamentarier, die mit Ausnahme einiger PDS-Funktionäre fast ausschließlich politische Laien waren, eine hohe physische wie intellektuelle Belastung. Die anfängliche Euphorie wich schnell einem Gefühl angestrengter Routine. In der 37. Sitzung vom 28. September 1990, als der Einigungsvertrag bereits ratifiziert war, verlas Volkskammer-Präsidentin Sabine Bergmann-Pohl den Tagesordnungspunkt 2 und stellte ihn zur Abstimmung: »Antrag des Ministerrates – Vorschlag für den Sonderbeauftragten der Bundesregierung für die Verwahrung der Akten und Dateien des ehemaligen MfS/AfNS«. Der Beschluss lautete:

> »Die Volkskammer stimmt entsprechend dem Einigungsvertrag (Anlage 1 Kapitel II) dem Vorschlag des Ministerrats der DDR zu, den Abgeordneten der Volkskammer, Herrn Joachim Gauck, als Sonderbeauftragten der Bundesregierung für die Verwahrung der Akten und Dateien des ehemaligen Ministeriums für Staatssicherheit/Amtes für Nationale Sicherheit der Bundesregierung für die Berufung vorzuschlagen. Lothar de Maizière, Ministerpräsident.«

Mit geschäftsmäßiger Routine registrierte Bergmann-Pohl »wenige Gegenstimmen und einige Stimmenthaltungen« und wandte sich nach kurzem Beifall bereits dem nächsten Tagesordnungspunkt, der künftigen Regelung offener Vermögensfragen zu, als Gauck nachträglich ums Wort bat. Er wollte diesen Moment, in dem eine in seinen Augen historische Entscheidung getroffen worden war, nicht ohne eine entsprechende Würdigung vorübergehen lassen. Schließlich hatten die gewählten Volksvertreter der Deutschen Demokratischen Republik mit der soeben vollzogenen Abstimmung endgültig und mit demokratischer Legitimation bestimmt, dass eines der Herrschaftsinstrumente der ehemaligen Machthaber, die Stasi-Akten, in die Verfügungsgewalt des Volkes übergehen sollte. Die meisten Abgeordneten empfanden Genugtuung und Freude angesichts einer Entscheidung, die wie keine andere die endgültige Befreiung von staatlicher Unterdrückung dokumentierte. Bei Joachim Gauck stellte sich »ein Gefühl der Ehre« ein: »Ausgerechnet ich, den Erich Mielkes Vasallen wie viele andere Landsleute auch möglichst klein halten wollten, sollte in Zukunft deren papierne Hinterlassenschaft verwalten.« Joachim Gauck begann seine kurze Ansprache mit den Worten:

> »Mir liegt daran, mich nicht nur pflichtschuldig für das Vertrauen zu bedanken, sondern öffentlich zu bekunden, dass ich das Votum gleichzeitig als Referenz für die Parlamentarier werte, die sich bereit erklärt haben, eines der trübsten Kapitel der deutschen Geschichte aufzuarbeiten. [...] Insbesondere aber sehe ich in der Wahl eine Würdigung derjenigen Kräfte unseres Volkes, die im Herbst und Winter unter Einsatz ihrer Person und unter Bereitschaft, zu kämpfen und zu leiden, das angefangen haben, was wir bereit sind zu vollenden.«

Die Rührung, die hier und dort in den Reihen der Parlamentarier aufkam, wich rasch der üblichen Atmosphäre nüchterner Betriebsamkeit, als man zum nächsten Tagesordnungspunkt überging und gewahr wurde, welcher Berg von Verordnungen noch zu verabschieden war.

Mit seinem Versuch, auf die grundsätzliche Bedeutung der parlamentarischen Entscheidung über den Umgang mit den Stasi-Unterlagen hinzuweisen, hatte Gauck zugleich implizit klargestellt, worin für ihn und eine große Zahl der Abgeordneten die eigentliche Bedeutung der »Wende« lag. Tatsächlich war es weniger die Wiedervereinigung der beiden deutschen Staaten als die wiedergewonnene Freiheit an sich, die die Menschen in Ostdeutschland bewegte. Als sich das Volk im Oktober und November 1989 gegen das Regime erhob, war das Thema Wiedervereinigung für die Mehrheit zunächst völlig nebensächlich. Und auch für die Diskussion eines Teils der Intellektuellen über einen »dritten Weg« zwischen real existierendem Sozialismus und Kapitalismus interessierte sich nur eine verschwindend kleine Minorität – die Masse drängte auf eine Aufhebung konkreter Beschränkungen und Ungerechtigkeiten. »Das Volk verabschiedete sich von seiner Angst«: Auf diese Formel bringt Joachim Gauck die damaligen Ereignisse. Vor allem ging es den Menschen darum, sich ihrer ständigen Furcht vor staatlicher Überwachung zu entledigen und die Stasi und ihre vielen tausend haupt- und nebenamtlichen Mitarbeiter endgültig in ihre Schranken zu weisen. Oft wurde in diesen Tagen das Wort vom »aufrechten Gang« zitiert, um den Akt der Selbstbefreiung in eine passende Metapher zu kleiden. Am 28. September 1990 fand dieser Prozess mit der Ernennung Gaucks zum Bundesbeauftragten für die Verwahrung der Stasi-Akten schließlich seinen formalen Abschluss.

Seit diesem Tag stand fest, dass Joachim Gauck in Zukunft, statt sich als Pastor den Seelen der Menschen zu widmen, als Bundesbeauftragter die Akten der ehemaligen Staatssicherheit betreuen sollte. Dass er sich endgültig von seinem »wunderschönen Beruf« verabschieden würde, hätte sich der mecklenburgische Geistliche noch einige Monate zuvor nicht träumen lassen. Gauck hatte in den dreiundzwanzig Jahren seiner Arbeit als Pastor oft genug erfahren, wie stark der DDR-Geheimdienst und seine Auftraggeber das Innerste vieler Menschen durch ihre verbrecherischen Aktivitäten beschädigt hatte. Im Fadenkreuz der Stasi zu stehen, bedeutete für viele Opfer, jahrelang ein gleichsam gläsernes Leben ohne private Rückzugsmöglichkeit zu führen und unter ständigem psychischen Druck zu leben. Die Erfahrung, dem oft unsichtbaren Gegner wehrlos ausgeliefert zu sein, zermürbte viele der Überwachten. Joachim Gauck war davon überzeugt, dass sein neues Amt in erster Linie den Opfern helfen sollte, ihre Selbstachtung wiederzugewinnen: »Ich wollte helfen, den Menschen ihre Würde zurückgeben und zugleich die Gewissheit und die Fähigkeit, dass sie ihr Leben selbst bestimmen und bestehen können.« In diesen Worten klang der Pastor aus Rostock noch mit. Aus dem Vorsteher einer kleinen Kirchengemeinde war der »Seelsorger« eines revutionären Volkes geworden.

Mit ihrem Beschluss vom 28. September 1990 eröffneten die Parlamentarier den vielen tausend Opfern staatlicher Überwachung eine Möglichkeit, wenigstens symbolisch ihre Würde wiederzuerlangen. Welche konkreten juristischen Folgen für jeden einzelnen Bürger die Entscheidung der Volkskammer haben würde, war zu diesem Zeitpunkt nicht abzusehen. Trotz des hohen Symbolwertes der an diesem Tag getroffenen Entscheidung war Gauck am Abend nach der Sitzung nicht nach einer Feier zumute. Zu aufreibend war für den ungelernten Politiker in den Monaten der Wende das, was man gemeinhin das politische Tagesgeschäft nennt. Wie jeden Abend fiel er übermüdet in einer ehemaligen Stasi-Anlage im Ostteil Berlins ins Bett. Die politische Tätigkeit verlangte ihm nicht nur viel Kraft ab, sie ließ auch sein Privatleben nicht unberührt. Seine Frau, die die Entscheidung im Fernsehen verfolgt hatte, reagierte auf seine Ernennung nicht mit Stolz, sondern vielmehr mit Sorge und Angst. Während der Wendemonate hatte Gauck zahlreiche Morddrohungen bekommen. Unter den Urhebern waren später auch Vertreter rechter Gruppierungen, deren platte Stammtischparolen in seinen Predigten und Reden aufzugreifen Gauck sich beharrlich weigerte. Hansi Gauck fürchtete seit dieser Zeit ständig, ihr Mann könnte Opfer eines Anschlags werden. Ihn selbst beschäftigten solche Ängste nicht. Von Beschimpfungen politischer Gegner abgesehen, gab es keinen ernsthaften Zwischenfall. Für Gauck machte das Gefühl, an historischen Entscheidungen mitzuwirken, die mit dem politischen Amt verbundenen Unannehmlichkeiten vielfach wett.

Das Ende eines Geheimdienstes

Die Geschichte des Ministeriums für Staatssicherheit ist ein wesentlicher Teil der Geschichte des sozialistischen Deutschlands. Die Deutsche Demokratische Republik war noch jung, als die provisorische Regierung im Januar 1950 über Maßnahmen zum »Schutz der eigenen Bevölkerung«, in Wirklichkeit in erster Linie zur Sicherung der gerade gewonnenen Macht beriet. Fritz Lange, Chef der Zentralen Kommission für staatliche Kontrolle, malte auf der Kabinettsitzung am 26. Januar ein dramatisches Bild der Sicherheitslage. »Ich spreche es hier offen aus«, so Lange, »dass es wohl kaum ein Staatswesen gibt, das noch so schwach geschützt und so gefährdet ist wie unsere Deutsche Demokratische Republik.«

Ein »Schild und Schwert«, so jedenfalls die Metaphorik der Partei, sollten den jungen Staat verteidigen. Am 8. Februar 1950 beschloss die Regierung das Gesetz zur Gründung des Ministeriums für Staatssicherheit, dessen Aufgabe offiziell im Schutz des Staates vor angeblich im Zunehmen begriffenen Sabotageakten und neonazistischen Umtrieben bestehen sollte. Sicherlich haben diese Motive auch eine gewisse Rolle gespielt. In erster Linie aber schuf sich der Staat einen Überwachungsapparat, der systemkritisches Gedankengut und abweichende Meinungen rechtzeitig erkennen und bekämpfen sollte. Die Überwachungstätigkeit der Stasi richtete sich primär gegen die eigene Bevölkerung. In dem Maße, wie sich Unruhe und Oppositionsgeist regten, wuchs auch der staatliche Sicherheitsapparat. Spionierten 1952 unter der Führung Wilhelm Zaissers 4000 hauptamtliche Spitzel hinter Nachbarn, Freunden und Oppositionellen her, so waren es gegen Ende des Regimes rund 100 000. Dieser Aufwand spiegelt die geradezu paranoide Angst des Staatsapparates vor einem Verlust der Macht wider. Über Jahrzehnte schien die Staatssicherheit genau den Zweck zu erfüllen, für den sie geschaffen worden war, und Honecker, Mielke und ihre Genossen waren noch in den letzten Tagen der DDR von der Allmacht dieses weltweit einzigartigen Unterdrückungsapparates überzeugt. Aber gerade diese totale Kontrolle führte entscheidend mit zur aufgestauten Unzufriedenheit, die die Bevölkerung Ende 1989 dazu brachte, sich dem MfS und seinen Befehlsgebern auf den Straßen entgegenzustellen.

Dass der über Jahrzehnte andauernde »Erfolg« der Stasi im Kampf gegen die Opposition von Anfang an äußerst zwiespältig war, hatten die Machthaber offenbar bis zuletzt nicht bemerkt. Was sich in den Augen des Regimes als Zustand innerer Sicherheit und Ruhe manifestierte, empfanden mehr und mehr Menschen als bedrückenden Mangel an Freiheit und Meinungsvielfalt. Viele DDR-Bürger reagierten darauf mit äußerer Anpassung und suchten Zuflucht im Privaten oder im Traum von einem zukünftigen, besseren Sozialismus. Unter der Oberfläche privaten Glücks und politischer Angepasstheit gärte es jedoch. Was die DDR-Führung in ihrem übersteigerten Sicherheitsbedürfnis konsequent übersah und erst viel zu spät zu ahnen begann, war die Tatsache, dass sie mit dem exzessiven Ausbau ihres Überwachungssystems letztlich den Unmut der Bevölkerung geschürt und damit die Macht der Opposition gestärkt hatte.

Am 17. Oktober 1989 erreichte der Prozess der schleichenden inneren Erosion seinen vorläufigen Höhepunkt. Das Politbüro entmachtete Erich Honecker, der die Empfehlung Michail Gorbatschows, möglichst schnell radikale Reformen einzuleiten, in den Wind geschlagen hatte. Nicht anders erging es Erich Mielke, der sich zuvor noch in opportunistischer Weise an Honeckers Demontage beteiligte hatte. Am 13. November erlebten Millionen von DDR-Bürgern den tragikomischen Abgang des »hochdekorierten« Armee-Generals mit. In einem denkwürdigen Auftritt vor der Volkskammer, der live vom DDR-Fernsehen übertragen wurde, schwadronierte der damals 81-Jährige von den vermeintlichen Erfolgen der inneren Sicherheitspolitik der DDR. Diese letzte Rede Mielkes gipfelte in dem legendären, von Gelächter begleiteten Satz: »Ich liebe doch alle, alle Menschen.« Es ist kaum anzunehmen, dass die Mehrzahl der DDR-Bürger mehr als bitteren Hohn für diese Bemerkung übrig hatte. Am 7. November verlor mit dem kollektiven Rücktritt der Regierung Stoph sein Ministeramt, einen Tag später legte der selbst ernannte Philantrop sein Amt als Mitglied des Politbüros der SED nieder.

Mielke ist nie für seine Handlungen als oberster Leiter der Staatssicherheitsbehörde zur Rechenschaft gezogen worden. Vier Jahre nach seiner Entlassung wurde er wegen zweier in den dreißiger Jahren begangenen Polizistenmorde zu einer sechsjährigen Gefängnisstrafe verurteilt. Das zeigt, mit welchen Schwierigkeiten die Aufarbeitung der DDR-Vergangenheit auf der juristischen Ebene verbunden war und wie weit Recht und Gerechtigkeit auseinander klaffen können.

Unmittelbar vor dem Verlust seiner Ämter aber hatte Mielke noch einen folgenschweren Befehl an alle Leiter der Kreis- und Objektdienststellen der Staatssicherheit gegeben. Er ordnete an, aufgrund der »sich zuspitzenden Bedingungen« innerhalb der DDR, »den Bestand an operativen Dokumenten auf den unbedingt notwendigen Umfang zu reduzieren«. Die Befehlsempfänger verstanden sofort, was der General von ihnen verlangte. Sie reagierten prompt. An dem Tag, an dem der Befehl ausgegeben wurde, setzte eine Vernichtungswelle ein, von der man bis heute nicht weiß, wie umfangreich sie war und wie viel Aktenmaterial verbrannt und geschreddert worden ist. Möglicherweise hat den Stasimitarbeitern ein Blick aus den Fenstern ihrer Zentralen, vor denen sich im ganzen Land nach und nach immer mehr Demonstranten versammelten, die Notwendigkeit dieser Aktion noch verdeutlicht. Es schien geboten, für den Fall eines Umsturzes vorzusorgen und möglichst viele Beweise für den Betrug und die Verbrechen am eigenen Volk zu vernichten. Nur das Notwendigste sollte erhalten bleiben – noch war nicht sicher, ob am Ende nicht doch das alte Regime siegen würde.

Dass Egon Krenz wirkliche Reformen einleiten würde, glaubte kaum jemand. Der neue erste Mann empfahl sich mit einer Politik der »Kontinuität und Erneuerung«, was alles und nichts heißen konnte. Weil die Menschen ahnten, dass Krenz am Machtmonopol der SED nicht rütteln würde, antworteten sie auf seine Versprechungen mit eindrucksvollen Demonstrationen in Leipzig und Berlin, bei denen fast 1,5 Millionen Bürger freie Wahlen forderten. Auf Krenz lastete nicht nur der Druck der unzufriedenen Bevölkerung und der Opposition. Ein eilig vorgenommener Kassensturz brachte die niederschmetternde Erkenntnis, dass der Staat vor dem Bankrott stand. Um zumindest nach außen Reformwillen zu dokumentieren und für Ruhe zu sorgen, beschloss das Zentralkomitee eine Verkleinerung des Politbüros und bestimmte Hans Modrow zum neuen Ministerpräsidenten. Der ehemalige Dresdener SED-Bezirkschef genoss anfangs viel Vertrauen bei der Bevölkerung. Den kritischen Geistern galt der asketisch wirkende Funktionär als reformorientiert. Gleichzeitig konnten sich die alten Kader sicher sein, dass sie von dem neuen Ministerpräsidenten nichts Nachteiliges zu befürchten haben würden. Modrow versprach freie Wahlen und einen wirtschaftlichen Neuanfang. Gleichzeitig aber gab er – gewissermaßen zwischen den Zeilen – zu erkennen, dass er keineswegs daran dachte, das flächendeckende Überwachungssystem der Staatssicherheit preiszugeben. Modrows Taktik erinnert fatal an Walter Ulbrichts Leitlinie für den Staatsaufbau nach Kriegsende, die lautete: »Es ist doch ganz klar: Es muss demokratisch aussehen, aber wir müssen alles in der Hand haben.« Abgesehen von einigen Hellhörigen nahm kaum jemand wirklich Notiz von Modrows Plänen. Selbst wenn zu diesem

Zeitpunkt niemand mehr ernsthaft mit dem langfristigen Fortbestand der DDR rechnete, hätte man doch wachsam bleiben müssen. Denn noch funktionierte der Sicherheitsapparat zumindest intern, und niemand wusste, welches Unheil er noch anrichten würde, bis die DDR sich mit oder ohne Hilfe der BRD zu einem demokratischen Staat gewandelt haben würde.

Während ganz Deutschland einen baldigen Zusammenbruch der DDR und ihrer Institutionen erwartete, erklärte Modrow seine Absicht, das Ministerium für Staatssicherheit in Amt für Nationale Sicherheit (AfNS) umzubenennen. Zum Leiter ernannte er Generalleutnant Wolfgang Schwanitz, dessen juristische Promotion von 1973 den bemerkenswerten Titel trägt: Die Qualifizierung der politisch-operativen Arbeit zur Bekämpfung feindlicher Erscheinungen unter Jugendlichen in der DDR. Mit dieser Personalentscheidung erwies sich Modrow endgültig als Vertreter eines restaurativen Kurses, dem daran gelegen war, nicht nur die Idee des Sozialismus, sondern auch den sozialistischen Staat mitsamt seinem Sicherheitsapparat zu bewahren. Parallel zur Konzeption von Strategien zum Erhalt des Sozialismus wollte er mit der »Aktion Reißwolf«, die eine Ausweitung der unter Mielke initiierten Datenvernichtung bedeutete, auch das zukünftige Geschichtsbild des DDR-Systems beeinflussen. Mochte der DDR-Staat auch untergehen, seine Vergangenheit sollte wenigstens ihren Glorienschein behalten. Außerdem galt es, die Spuren der Stasimitarbeiter zu verwischen und den Boden für deren unbelastetes Leben »nach der Wende« und das ungestörte Walten ihrer Seilschaften zu bereiten. So beauftragte Schwanitz am 21. November die ihm unterstellten Bezirksstellenleiter mit der forcierten Vernichtung der Stasi-Akten unter der Maßgabe, dabei »sehr klug und sehr unauffällig« vorzugehen.

Die heimliche Aktenvernichtung blieb wachsamen Beobachtern trotz der Mahnung zur Vorsicht nicht lange verborgen. Nachdem die Bürgerkomitees im ganzen Land die rauchenden Schlote der Stasi-Dienststellen beobachtet hatten, gingen beherzte Bürger seit

Anfang Dezember daran, zahlreiche Stasi-Objekte zu besetzen. Die Situation drohte vielerorts zu eskalieren, da sich die Mitarbeiter der Staatssicherheit in die Enge getrieben fühlten. Keiner von ihnen wusste, ob er nicht von heute auf morgen einer unkontrollierten Lynchjustiz ausgesetzt sein würde. Bis auf das Verbot, von der Schusswaffe Gebrauch zu machen, war die Befehlslage für die Stasileute unklar. Die Taktik der Nachgiebigkeit seitens der Stasimitarbeiter einerseits und die Besonnenheit der Protestierenden andererseits verhinderten jedoch eine Eskalation.

Die Bürgerkomitees, die sich während der Stasi-Besetzung Anfang Dezember spontan gebildet hatten, drängten auf ein rasches Ende der Aktenvernichtungen. Sie wussten, dass mit jeder Stunde Material verloren gehen würde, das für eine spätere Aufarbeitung der Aktivitäten der Staatssicherheit und für die Enttarnung von Spitzeln unverzichtbar war. Modrow machte vordergründig Zugeständnisse, indem er die Akten in den Ämtern der Nationalen Sicherheit von Volkspolizisten schützen ließ. Hinter den Türen aber trieben die Papiervernichter weiter ihr Unwesen.

Das Wissen um die Strategie Modrows, scheinbare Zugeständnisse zu machen und zugleich die Aktenvernichtung voranzutreiben, prägte in den folgenden Wochen auch die Atmosphäre der Verhandlungen zwischen der Regierung und den Vertretern der Runden Tische und Bürgerinitiativen. Im Verlauf dieser Verhandlungen entstand die Konstruktion der »Sicherheitspartnerschaft«, die offiziell ein Zusammenwirken der staatlichen Kräfte mit der Bürgeropposition zum Schutz der Stasi-Akten zum Ziel hatte. Tatsächlich diente diese Konstruktion Modrow und seinen AfNS-Strategen lediglich dazu, die Unwissenheit und Naivität der Bürgerrechtler auszunutzen und ihr »Doppelspiel« (Gauck) ungestört weiterzuführen. Allerdings war die Opposition wachsam, und es dauerte nicht lange, bis sie der Regierung Modrow auf die Schliche kam.

Auf Initiative der Kirche versammelten sich ab dem 7. Dezember Repräsentanten etablierter und neuer Parteien insgesamt sechzehnmal, um unter Vorsitz des Oberkirchenrates Martin Ziegler, Monsignore Karl-Heinz Duckes und Pastor Martin Langes Wege aus der Staatskrise zu suchen. Das neue politische Gremium, der sogenannte Runde Tisch, der sich aus über 180 Teilnehmern zusammensetzte und ausdrücklich »keine verbindlichen Entscheidungen« treffen wollte und den seine Kritiker daher gelegentlich auch »Palaver-Club« nannten, hatte sich nach dem Vorbild gleichnamiger Foren in Ungarn und Polen gebildet. Sein Ziel definierte das Gremium folgendermaßen:

> »Die Teilnehmer des Runden Tisches treffen sich aus tiefer Sorge um unser in eine Krise geratenes Land, seine Eigenständigkeit und seine dauerhafte Entwicklung [...]. Obwohl der Rundtisch keine parlamentarische oder Regierungsfunktion ausüben kann, will er sich mit Vorschlägen zur Überwindung der Krise an die Öffentlichkeit wenden. [...] Er versteht sich als Bestandteil der öffentlichen Kontrolle in unserem Land. Geplant ist, seine Tätigkeit bis zur Durchführung freier, demokratischer und geheimer Wahlen fortzusetzen.«

Wie sich später herausstellte, saß eine ganze Reihe von hochbelasteten Stasispitzeln mit am Runden Tisch. Das schmälert dennoch nicht den Verdienst, den sich der Runde Tisch vor allem im Zusammenhang mit der Rettung der Stasi-Akten erworben hat. In der ersten Sitzung formulierten die Mitglieder: »Die Regierung wird aufgefordert, das Amt für Nationale Sicherheit unter ziviler Kontrolle aufzulösen und die berufliche Eingliederung der ausscheidenden Mitarbeiter zu gewährleisten.«

Die Regierung Modrow reagierte auf diese Forderung mit einer Fortsetzung ihrer bewährten Taktik. Am 14. Dezember verkündete der Ministerpräsident die Absicht der Regierung, das MfS-Nachfolgeamt aufzulösen, ließ die Öffentlichkeit aber im selben Atemzug wissen, dass der Aufbau neuer Dienste, eines Nachrichtendienstes und eines Verfassungsschutzes, geplant sei. Diesmal durchschaute der Runde Tisch jedoch das allzu durchsichtige Doppelspiel Modrows und überraschte den Ministerpräsidenten während einer Sitzung am 27. Dezember mit der Forderung nach Zurückstellung »der Weisung zur Bildung eines selbstständigen Verfassungsschutzes bis zum 6. Mai [1990]«, dem Termin, den der Runde Tisch für die Wahl der Volkskammer vorgeschlagen hatte. Ferner verlangten die Vertreter der siebzehn Parteien und Organisationen eine »schriftliche Information durch einen Regierungsvertreter über Strukturen des MfS und Wirkungsweisen der Kontrollkommissionen zur Auflösung des MfS«. Zum Schluss richteten sie an die Regierung die Anfrage, ob die Information des Neuen Forums zuträfe, nach der »die Regierung Hans Modrow am 7. Dezember die Vernichtung von Unterlagen angeordnet [habe]«. Tatsächlich hatte Generalleutnant Rudolf Mittag an diesem Tag ein Telex an alle Kreis- und Bezirksämter des AfNS geschickt, das die Leiter der Ämter über einen Regierungsbeschluss betreffs sofortiger Vernichtung von belastendem Aktenmaterial informierte:

> »Der Ministerrat der DDR hat in seiner Sitzung am 7. Dezember besondere Maßnahmen zur Gewährleistung des Schutzes von Staatsgeheimnissen festgelegt: […] Die Regierung hat den Leiter des Amtes für Nationale Sicherheit [Wolfgang Schwanitz, d. V.] beauftragt, die unberechtigt angelegten Dokumente unverzüglich zu vernichten.«

Wie dem Schreiben zu entnehmen ist, versuchte man der Aktenvernichtung dadurch einen legitimen Anstrich zu geben, dass auf die »illegale« Form ihrer Beschaffung hingewiesen wurde, was immer das vor dem Hintergrund des DDR-Rechts genau heißen mochte. Es war nur allzu offensichtlich, dass das alte System daranging, stillschweigend und systematisch seine belastende Vergangenheit zu entsorgen.

Spätestens die letzte Anfrage hatte der Regierung deutlich signalisiert, dass man ihre Strategie der Scheinkonzessionen durchschaut hatte und auch über die von ihr im Stillen betriebene Aktenvernichtung im Bilde war. Die Regierungsvertreter traf diese Wendung der Dinge offenbar völlig unvorbereitet. Staatssekretär Werner Halbritter verlas einige Zahlen über das aktuelle Spitzelkontingent (85 000 Mitarbeiter, davon 25 000 entlassen), sah sich aber im Laufe der Diskussion außerstande, auf konkrete Nachfragen erschöpfend zu antworten. Vor allem vermied es der Staatssekretär, die Frage nach dem Befehl zur Vernichtung der Stasi-Dokumente zu beantworten. Verärgert über die unbefriedigenden Antworten Halbritters setzten die Vertreter der oppositionellen Parteien (Vereinigte Linke, SDP, Demokratie Jetzt, Neues Forum, Initiative für Frieden und Menschenrechte, Grüne Liga, Demokratischer Aufbruch, Unabhängiger Frauenverband) ihre Teilnahme am Runden Tisch für einige Stunden spontan aus. Sie forderten Ministerpräsident Hans Modrow, der gerade auf dem Weg nach Sofia war, auf, bis 16 Uhr desselben Tages unter Beteiligung des Generalstaatsanwalts und des Innenministers einen Bericht über die Innere Sicherheit vorzulegen.

Die Opposition war nicht allein über die Winkelzüge der Regierung verärgert. Die Sorge um das Schicksal der Stasi-Akten und die Angst vor einer flächendeckenden Unterwanderung der staatlichen Institutionen durch Stasi-Seilschaften hatten noch andere Gründe. So gab ein Fernschreiben vom 9. Dezember, das vom »Kollektiv des Bezirksamtes für Nationale Sicherheit Gera und die Kreisämter« unterzeichnet war, Anlass zur Besorgnis. Die bis heute unbekannten Autoren des mit »Aufruf zum Handeln« überschriebenen Dokuments, das an den Ministerpräsidenten, diverse Minister und die Leiter aller Sicherheitsorgane gerichtet war, forderten das Ende des Demokratisierungsprozesses:

»Von tiefer Besorgnis getragen [...] wenden wir uns an Euch und an die, für die auch Ihr Verantwortung tragt, mit einem Aufruf zum noch möglichen gemeinsamen Handeln für die Erhaltung der Rechtsstaatlichkeit und damit der Existenzgrundlage für den weiteren Bestand der DDR. [...] Das Ziel muss und soll ein neuer, wahrer Sozialismus sein, mit dem wir uns eindeutig identifizieren. Diesen können wir jedoch nicht erreichen, wenn wir zulassen, dass unserem Staat Stück für Stück alle Machtinstrumente aus der Hand genommen werden. [...] Genossen, Bürger und Patrioten der unsichtbaren Front im In- und Ausland, wer mit der Macht spielt, sie sich aus der Hand nehmen lässt – besonders während einer Revolution – in der wir uns zurzeit befinden, der wird scheitern […]. Genossen, Bürger, heute richtet sich der Hass eines Teiles unserer Bevölkerung […] gegen das ehemalige MfS und jetzige Amt für Nationale Sicherheit. […] Sollte es uns allen gemeinsam nicht kurzfristig gelingen, die Anstifter, Anschürer und Organisatoren dieser hasserfüllten Machenschaften gegen die Machtorgane des Staates zu entlarven und zu paralysieren, werden diese Kräfte durch ihre Aktivitäten einen weiteren Teil der Bevölkerung gegen den Staat, die Regierung und alle gesellschaftlichen Kräfte aufbringen. […] Täglich erhalten wir zahlreiche Anrufe aus dem In- und Ausland, die zum Ausdruck bringen, dass wir alles in unseren Kräften stehende tun müssen, um unseren sozialistischen Staat im Interesse aller zu schützen und zu erhalten. Diese berechtigte Forderung kann jedoch nur erfüllt werden, wenn die bewaffneten Organe unserer gemeinsamen Heimat, DDR, weiter bestehen und aktiv handeln können. Dies schließt nach unserem Verständnis und den Praktiken und Notwendigkeiten aller entwickelten Staaten dieser Welt die Existenz eines Organs, welches mit spezifischen Mitteln und Methoden arbeitet, ein.«

Modrow erklärte den Vertretern der Opposition, dass er sich nicht unter Druck setzen lassen werde. Gleichwohl verkannte er nicht, dass seine Position durch die Offenlegung seiner Stasi-freundlichen Politik entscheidend geschwächt war. Hinzu kam, dass nicht nur die Vertreter der Bürgeropposition, sondern auch jene der am Runden Tisch und an Modrows Regierung beteiligten Blockparteien, verärgert waren. »Trotz unterschiedlicher Auffassungen in bestimmten Fragen« erklärten Letztere ihre grundsätzliche Übereinstimmung mit der Ansicht der Opposition, dass die Antworten der Regierung auf die am Runden Tisch gestellten Fragen »völlig unzureichend« seien. Insofern teile man »die Unzufriedenheit der anderen Parteien und Bewegungen«. Auch in der Frage des von Modrow forcierten Aufbaus eines Verfassungsschutzes mahnten sie zur Zurückhaltung: »Es ist vor allem die große Furcht von großen Teilen der Bevölkerung über das Wiederaufleben von alten Strukturen und Praktiken des ehemaligen MfS, aber auch die

Sorge über ein entstehendes Sicherheitsvakuum zu berücksichtigen.« Der Umstand, dass zu den Unterzeichnern der Erklärung der Blockparteien vom 8. Januar sogar die SED-PDS (auf ihrem Parteitag am 8. Dezember hatte sich die SED den Zusatz »Partei des Demokratischen Sozialismus« gegeben) gehörte, zeigt, in welchem Maße Modrow und seine wenigen Getreuen innerhalb der Regierung inzwischen isoliert waren.

Hatte Modrow sich bisher zumindest auf die Unterstützung der alten Nomenklatur und der ehemaligen Stasimitarbeiter verlassen können, so geriet er nun zwischen die Fronten. Denn den Forderungen des Runden Tisches und der Opposition nachzugeben bedeutete, dem Sicherheitsapparat, dem Rückgrat des alten Systems, die Existenzgrundlage zu entziehen. Es war abzusehen, dass eine freie Volkskammerwahl der Firma »Horch und Guck« den Garaus machen würde, wenn nicht vorher noch vollendete Tatsachen geschaffen wären, die den Fortbestand dieses Apparates sicherten. Für eine solche Option blieb dem Ministerpräsidenten jedoch kaum Spielraum, denn außer dem Druck, den Bürgergremien und Opposition auf ihn ausübten, verstärkte sich der Protest auf der Straße. Als Modrow am 8. und 11. Januar die Forderungen der Opposition nach Auflösung des AfNS ignorierte, brach landesweit eine Streik- und Demonstrationswelle aus, in der ganze Belegschaften volkseigener Betriebe ihrem Unmut Luft machten. Außerdem drohten die oppositionellen Kräfte am Runden Tisch und die Bürgerkomitees damit, ihre Kooperation zu beenden. Modrow blieb schließlich nichts anderes übrig, als dem Druck nachzugeben. Am 12. Januar erklärte er vor der Volkskammer, keine neuen Geheimdienste vor den nächsten Wahlen schaffen zu wollen. Gleichzeitig sagte er zu, die AfNS-Auflösung »mit größerer Konsequenz« voranzutreiben, »als es bisher der Fall« gewesen sei.

Drei Tage später erschien Modrow vor dem Runden Tisch, um auch hier durch Zugeständnisse für bessere Stimmung zu sorgen. Es sei ihm »schwer gefallen«, leitete er seine Erklärung ein, »der

Einladung nachzukommen«, aber sein Besuch solle als »Zeichen des guten Willens gewertet werden« und sei ausschließlich aus »Sorge um die innenpolitische Situation« zustande gekommen.

»Die Regierung braucht und sucht den Rat der am Runden Tisch beteiligten Parteien und Gruppierungen«, fuhr Modrow fort in dem Bemühen, zu einem Konsens zu gelangen: »Die Demokratisierung ebenso wie die Stabilisierung und Reform der Wirtschaft erfordern den Konsens aller verantwortungsbewussten Kräfte.« Eindringlich bat der Vorsitzende des DDR-Ministerrates um Loyalität, damit »es noch in diesem Jahr zu einer Stabilisierung von materieller Produktion und Versorgung« komme. »Es lohnt sich, in der DDR zu bleiben«, versicherte er.

Zum strittigsten Punkt, der Auflösung des AfNS und der möglichen Einrichtung zweier Nachfolgeämter, nahm Modrow nur kurz Stellung. Erneut garantierte er, dass bis zur Volkskammerwahl keine Fakten geschaffen würden und dass die Regierung »über die weitere Auflösung öffentlich informieren« werde. Zur Beruhigung der Opposition hatte er bereits unmittelbar nach der Sitzung des Runden Tisches am 8. Januar ein Bauernopfer veranlasst, indem er den Regierungsbeauftragen für die AfNS-Auflösung, Peter Koch, von seiner Funktion entband. Seine Glaubwürdigkeit aber erhöhte Modrow weniger durch diese Personalentscheidung als vielmehr durch eine konkrete Offerte: »Es steht das Angebot an die Teilnehmer des Runden Tisches«, betonte er, »ab sofort durch zivile Kontrolle an der Arbeit der Regierung zur Auflösung des Amtes für Nationale Sicherheit mitzuwirken.«

Nach Modrows Ausführungen verlasen Innenminister Lothar Ahrendt und Manfred Sauer, stellvertretender Leiter des Sekretariats des Ministerrates, einen Bericht zum Stand der AfNS-Auflösung. Nach diesem Bericht gehörten dem MfS/AfNS ursprünglich 85 000 Mitarbeiter an, von denen bis Mitte Januar 30 000 entlassen worden waren. Die Zahl der Inoffiziellen Mitarbeiter (IM) bezifferte Sauer mit 109 000. Eine letzte Zahl dokumentierte die Kosten der flächendeckenden Bespitzelung: Der letzte DDR-weite

Jahresetat des MfS/AfNS belief sich auf rund 3,5 Milliarden DDR-Mark. Der Runde Tisch war durch die Zugeständnisse der Regierung und durch das Angebot zur Kooperation schlagartig aufgewertet worden. Sowohl die Opposition als auch die außerparlamentarischen Bürgergremien gewannen deutlich an Macht und Reputation. Inzwischen drohten jedoch diejenigen, als deren Vertreter Opposition und Runder Tisch sich sahen, das politische Geschehen selbst in die Hand zu nehmen. Meldungen über dutzende Demonstrationen mit DDR-weit mehr als einer Million Teilnehmern sorgten bei allen verhandelnden Parteien und Gremien gleichermaßen für Unruhe. Spätestens jetzt war klar: Die Bevölkerung erwartete gerade hinsichtlich der MfS-Auflösung konkrete Schritte. Immer noch fühlte man sich von der Stasi bedroht, und nach wie vor war ungeklärt, ob die von Modrow angeordnete Aktenvernichtung tatsächlich gestoppt war. So verwundert es nicht, dass gerade Stasi-Einrichtungen zum bevorzugten Ziel von Demonstrationen und Protestaktionen wurden.

Zu den spektakulärsten Aktionen zählt jene vom 15. Januar, als mehrere zehntausend Menschen die Berliner Stasizentrale in der Normannenstraße besetzten. Ursprünglich hatten Vertreter des Neuen Forums geplant, die zahlreichen Eingänge des Gebäudekomplexes zuzumauern, um durch diesen symbolischen Akt die Forderung nach dem Ende der Tätigkeit des MfS zu bekräftigen. Kurz bevor Demonstranten mit dem Zumauern beginnen wollten, wurde plötzlich das Tor in der Ruschestraße von innen geöffnet und Tausende überraschter Demonstranten drangen in die Gebäude ein. Die Aktion verlief weitgehend friedlich, wenngleich einige Türen zu Bruch gingen, Akten durchwühlt und entwendet wurden.

Bis heute ist nicht geklärt, ob es sich beim Sturm auf die Stasizentrale im Bezirk Lichtenberg um eine von der Stasi selbst geschickt vorbereitete Aktion handelte, die die Aktivisten des Neuen Forums während einer Fernseh-Liveübertragung als gewaltbereite Gruppe von Chaoten diskreditieren sollte. Was für die Annahme spricht, dass die Stasi bei der Türöffnungsaktion Regie geführt hat, ist die Tatsache, dass die Demonstranten fast ausschließlich in Trakte gelangten, in denen mehr oder weniger unbedeutendes Material lagerte. Möglicherweise waren die Männer, die sich an die Spitze der Aktivisten gesetzt und die Ahnungs- und Orientierungslosen in den Versorgungstrakt, den Frisörsalon oder die Lagerräume geführt hatten, MfS-Mitglieder.

Sollte eine Stasi-Strategie hinter der Aktion gestanden haben, so bewirkte diese jedenfalls genau das Gegenteil von dem, was sie bezweckt haben mochte. Denn letztlich bedeutete diese Aktion das endgültige Aus für das einstige Ministerium für Staatssicherheit. Die Stasi hatte sich als Papiertiger erwiesen, der Mythos einer schwer bewaffneten Untergrundtruppe, die jederzeit bereit war, für die entscheidende Schlacht gegen die Bürgerrevolution auszurücken, war gebrochen. Die Bürgerbewegten hatten ihr Ziel erreicht, Druck auf die Regierung auszuüben und den Runden Tisch von der Dringlichkeit konkreter Schritte hinsichtlich der MfS-Auflösung und der Aktenvernichtung zu überzeugen.

Allen Verhandlungspartnern war nun klar, dass nur radikale Zugeständnisse an die Demonstranten ein Abkühlen der aufgeheizten Stimmung ermöglichen konnten. Modrow und sein Innenminister Ahrendt eilten an den Tatort und forderten die Demonstranten auf, in »dieser schweren Stunde« an der bisher praktizierten Gewaltlosigkeit festzuhalten. Noch in der gleichen Nacht formierte sich das »Bürgerkomitee Normannenstraße« mit dem Theologiestudenten David Gill an der Spitze, der später Joachim Gauck als Pressesprecher zur Seite stehen sollte.

Auf Grund der besonderen Bedeutung des Gebäudes und der Menschenmassen zählte der Sturm auf die Normannenstraße zu jenen Protestaktionen, die ein großes Medienecho erzeugten. Die erste Besetzung einer AfNS-Einrichtung fand jedoch bereits am 4. Dezember in der Erfurter Andreasstraße statt. Nachdem Anwohner tagelang beobachtet hatten, wie dichter Qualm aus den Schornsteinen der Stasizentrale emporstieg, marschierten mehrere hundert Erfurter auf das Gebäude zu und ließen erst von ihrem Protest ab, nachdem herbeigeeilte Staatsanwälte Aktenschränke und ganze Räume versiegelt hatten. Diese Aktion löste geradezu einen Flächenbrand an weiteren Demonstrationen aus.

Ähnliches spielte sich am gleichen Tag im Rostocker Stasi-Bezirksamt ab. Rund 3700 hauptamtliche und 9200 inoffizielle Mitarbeiter versahen dort, bis dahin unbehelligt, ihren Dienst, der in der Hauptsache darin bestand, 900 000 Personen zu »betreuen«, rund 400 000 von ihnen intensiv. Genau wie ihre Kollegen in den anderen Teilen des Landes waren sie in diesen Tagen jedoch vorrangig damit beschäftigt, die Reißwölfe und Kesselhäuser ihrer Behörde mit Akten zu füttern. Am 4. Dezember versammelte sich gegen 15 Uhr eine Hand voll Rostocker an den Ausgängen des in der August-Bebel-Straße gelegenen Gebäudes zu einer »Mahnwache gegen die Vernichtung von Beweismitteln«. Als ihrer Forderung nach Einlass nicht entsprochen wurde, traten sie in Verhandlungen mit dem Leiter des Komplexes, Generalleutnant Rudolf Mittag. Gegen 20 Uhr war die Anzahl der Protestierenden auf rund achtzig Personen angewachsen. Die Teilnehmer genossen eine »fast heitere« Stimmung: Brote wurden gereicht und Lieder angestimmt, die in dem Refrain endeten: »Stasi-Schergen, was habt ihr zu verbergen«. Auf Plakaten machten die Demonstranten auf ihre Forderungen aufmerksam wie etwa »Sicherheit für alle Akten«. Schließlich verlangten die führenden Köpfe des Neuen Forums ultimativ, eingelassen zu werden. Gegen 22 Uhr öffneten sich den Wartenden die Türen. Spontan und ohne Konzept, jedoch mit aller Entschlossenheit gingen die Bürger daran, das vorhandene Material zu sichern.

Charakteristisch für diese ersten Aktionen gegen den verhassten Geheimdienst war die Besonnenheit der Protestierenden, die doch allen Grund gehabt hätten, ihrem Zorn Luft zu machen. Niemand schlug eine Fensterscheibe ein oder zerstörte Mobiliar. Auch kam niemand auf die Idee, die bewaffneten Mitarbeiter des MfS, die sich zum Teil im Kampfanzug und mit Stahlhelm aufgestellt hatten, tätlich anzugreifen. Auf beiden Seiten herrschte große Verunsicherung, vor allem was die Gewaltbereitschaft des jeweiligen Gegners anbelangte. Da sie kein Blutbad riskieren wollten, blieb den Stasimitarbeitern nichts anderes übrig, als die Besetzer gewähren zu lassen.

Am folgenden Tag gründete sich mit dem Rostocker Unabhängigen Untersuchungsausschuss (UUA) ein den Bürgerkomitees anderer Städte vergleichbares Gremium, das die Sicherung der Akten in die Hand nahm. Die dreizehn Unterzeichner der Erklärung, in der die Ziele des Ausschusses formuliert waren, versprachen dafür Sorge zu tragen, dass in der Stasizentrale »keinerlei Tätigkeit außerhalb [der] Kontrolle« des Ausschusses erfolgen werde. Der UUA bat zudem alle Bürger, »dazu beizutragen, dass die Arbeit des Ausschusses in Fortsetzung« des bisher gemeinsam beschrittenen »gewaltlosen und friedlichen Weges durch Besonnenheit und Sicherheitspartnerschaft unterstützt« werde.

Etwa gegen sechs Uhr morgens, also fast zwölf Stunden nachdem sie in das Rostocker Stasi-Bezirksamt eingedrungen waren, verließen die Bürger das Gebäude in der stolzen Gewissheit, die einstige Hochburg des Schreckens erobert und die Vernichtung der Akten verhindert zu haben. Bis auf zwei Mitarbeiter der Nachrichtenzentrale hatten alle Mitarbeiter des Amtes das Haus verlassen und die Aktenräume versiegelt. Vor den Eingängen standen Volkspolizisten, die sich nach Beschluss der Regierung neuerdings »Sicherheitspartner des Volkes« nannten.

Trotz aller Bemühungen, die Verwahrung der Akten zu kontrollieren, erwies sich der UUA in Rostock wie die meisten ähnlichen Gremien in anderen Städten den ehemaligen Stasimitarbeitern und deren krimineller Energie hoffnungslos unterlegen. Dass es sich in vielen Fällen bei der »Sicherheitspartnerschaft« doch nur um ein Feigenblatt handelte, das die heimlich weiter betriebene Aktenvernichtung verdecken sollte, argwöhnten nur die kritischeren Geister. Vielen war klar, dass eine absolut verlässliche und lückenlose Kontrolle der Stasimachenschaften erst nach dem Ende der Regierung Modrow möglich sein würde. Aber Ereignisse wie die von Rostock, in denen die Unterdrückten ihre Angst gegen die Unterdrücker überwanden und das Gesetz des Handelns in die eigenen Hände nahmen, machten den Menschen in der DDR Mut. Für Joachim Gauck waren diese Menschen »keine Helden im Sinne eines Drachentöters. Aber sie fanden sich in einer Situation wieder, in der es nur noch vorwärts ging, eine Situation, in der sie ihre Angst beflügelte statt sie zu lähmen«.

Obwohl der Runde Tisch nicht weniger als die Regierung beunruhigt über eine mögliche Eskalation der Lage war, gaben die Proteste den Forderungen der Bürgergremien doch auch einen starken Rückhalt. So bekundeten die Mitglieder des Runden Tisches in Berlin ihre Entschlossenheit, »keinen Aufschub, keine Halbheiten mehr zuzulassen«. Das AfNS, dessen Vorhandensein »in höchstem Maße als Gefahr für die gesellschaftliche Entwicklung sowie den inneren und äußeren Frieden eingeschätzt« wurde, sei, so forderte das überparteiliche Gremium in seiner Sitzung vom 18. Januar, »ersatzlos aufzulösen«. Auch müsse gewährleistet werden, dass alle Mitglieder des Runden Tisches durch Erhalt eines Dienstausweises in die Lage versetzt würden, die Arbeit der Regierungskommission »zu beobachten und zu kontrollieren«. Modrow gab nach und wies den früheren Leiter der MfS-Bezirksstelle Frankfurt/Oder, Heinz Engelhardt, an, das AfNS endgültig und vollständig aufzulösen.

Auch um die Zukunft der zu entlassenden Stasimitarbeiter machte sich der Runde Tisch Sorgen, weniger allerdings aus sozialen Erwägungen als vielmehr im Hinblick auf die innere Sicherheit. So lautete eine der Forderungen, die Regierung müsse sich um ein »Programm zur Resozialisierung« bemühen, um zu verhindern, dass »eine massenhafte Abdrängung« der ehemaligen MfS-Mitarbeiter »an den Rand der Gesellschaft zu einer Radikalisierung« führe.

War der Wille zu einer »zivilen« Kontrolle der Auflösung des AfNS jetzt auf beiden Seiten also tatsächlich vorhanden, so zeigten die organisatorischen Strukturen der Bürgerkomitees und ihre technischen Mittel, die ein solches Unterfangen erforderte, erhebliche Defizite. Wie ein Krebsgeschwür hatte sich die Stasi in knapp vier Jahrzehnten in weite Bereiche der sozialistischen Gesellschaft ausgebreitet, und es erwies sich als eine illusorische Vorstellung, das gut funktionierende und weitgehend im Verborgenen arbeitende Befehlsnetz der Stasi durch eine kleine Truppe mutiger und idealistischer, aber weitgehend ahnungsloser Revolutionäre wirksam zu kontrollieren. Daher begrüßten die Vertreter der Bürgerkomitees und Untersuchungsausschüsse die vom zentralen Runden Tisch und der Regierung beschlossene Bildung eines »Komitees zur Auflösung des ehemaligen AfNS«. Die Hoffnung allerdings, dass ein solcher Schritt der Institutionalisierung alle Problem lösen würde, war trügerisch, betrachtet man die Zusammensetzung des Komitees. Von den über 250 Mitgliedern, die den Bürgern in allen Bezirken als Ansprechpartner dienten, waren rund die Hälfte ehemalige Geheimdienstler: Es entstand also die absurde Situation, dass die Auflöser sich selbst auflösen sollten. Die Bürgerrechtler waren keineswegs so naiv, nicht um die durch diese Konstellation entstandenen Probleme zu wissen. Letztere ließen nicht lange auf sich warten, sodass die Mitglieder der Bürgerorganisationen oft gezwungen waren, sich etwa wegen gebrochener Absprachen zu beschweren. Und doch hatte man keine andere Wahl, als die Beteiligung von »Insidern« zu akzeptieren, denn schon bald stellte sich heraus, dass sowohl eine Sichtung der Akten als auch die Entwirrung der personellen und organisatorischen Strukturen des Staatssicherheitsdienstes ohne die Mitarbeit von ehemaligen »Fachleuten« kaum zu bewältigen war. Diese wiederum nutzten diese Notlage weidlich aus, um im Staats- und Verwaltungsdienst neue Seilschaften zu bilden. Auch innerhalb der Wirtschaft entwickelten sie egoistische Aktivitäten: Hemmungslos schanzten sie sich Grundstücke, Immobilien und Fahrzeuge zu Vorzugspreisen zu. Diese sich zunehmend ins Ökonomische verlagernden Aktivitäten machten deutlich, dass selbst die härtesten

Vertreter des alten Systems den Glauben an ein Weiterbestehen des real existierenden Sozialismus allmählich verloren hatten.

Am 12. März 1990, wenige Tage vor den ersten freien Wahlen in der DDR, trafen sich die Teilnehmer des zentralen Runden Tisches zu ihrer 16. und letzten Sitzung im Pankower Staatlichen Konferenzzentrum beim Schloss Schönhausen, dem ehemaligen Amtssitz des ersten und einzigen Präsidenten der DDR, Wilhelm Pieck. Das Thema Staatssicherheit, das im Abschlussbericht mit keiner Silbe erwähnt wurde, dominierte nicht länger die Diskussionen. Längst war der Weg zur deutschen Einheit beschritten. Priorität hatten nun gesamteuropäische Politikentwürfe und Fragen zu den Grundzügen einer neuen Gesellschaft und des Übergangs in einen Rechtsstaat. Die ehemalige Stasi blieb zwar ein wichtiges Thema – aber nur eines unter vielen. Dieser Umstand mag erklären, warum die Schlussansprache, die Oberkirchenrat Martin Ziegler stellvertretend für alle Mitglieder des Runden Tisches hielt, die Konflikte um die Auflösung des AfNS in einem recht versöhnlichen Licht zeichnete: »Der Runde Tisch war eine Schule der Demokratie. Es galt, gemeinsam politisch zu denken, gegensätzliche Meinungen zu tolerieren und nach Konsens zu suchen.« Dabei erinnerte Ziegler zwar auch an das drohende Scheitern der Gespräche in der Anfangsphase der Kooperation mit der Regierung, als es Meinungsverschiedenheiten bezüglich des AfNS gegeben hatte. Gleich darauf lobte er jedoch ausdrücklich Ministerpräsident Modrow, dessen Erscheinen vor dem Runden Tisch am 15. Januar den »Weg zur Übernahme unmittelbarer Mitverantwortung eröffnet« habe. Welch dornenreicher Weg bis zu diesem Zugeständnis geführt hatte, und dass Modrow erst mit dem Rücken zur Wand stehend eingelenkt hatte, vergaß Ziegler – bewusst oder unbewusst – zu erwähnen. Auch die nach wie vor im Raum stehende Frage, ob nicht immer noch heimlich Akten vernichtet wurden, schien in diesem Moment niemanden zu interessieren. Mit der Einsetzung des »Komitees zur Auflösung des ehemaligen AfNS« war, trotz aller offenen Fragen, ein erster wichtiger Schritt in Richtung einer transparenten und kontrollierbaren Aufarbeitung der Stasiaktivitäten getan. Der Weg für eine gesetzliche Regelung, die durch ein demokratisches Verfahren zustande kam und nicht in einem politischen Katz-und-Maus-Spiel erstritten werden musste, war nun geebnet. Einen erheblichen Anteil an diesem Stand der Dinge hatten diejenigen Menschen, die durch ihre spontanen Protestaktionen gezeigt hatten, wie stark der Wunsch in der Bevölkerung nach einer endgültigen Entmachtung der Stasi und nach einer sicheren Verwahrung ihrer Akten war. Durch die Besetzung der Stasi-Einrichtungen waren Tatsachen geschaffen worden, hinter die die Vertreter von Regierung und Rundem Tisch nicht zurückgehen konnten. Auch kann man erst von jenem Moment an von einer Entmachtung der Stasi sprechen, in dem die Bürger es wagten, Besitz von dem in Tausenden von Akten gesammelten Wissen zu ergreifen, das zu einem großen Teil die Macht der Sicherheitsorgane begründet hatte. Im Rückblick tut man gut daran, so viel Zivilcourage und oppositionellen Wagemut, Tugenden, die im Lande der von oben verordneten Demonstrationen konsequent bekämpft worden waren, zu würdigen.

Oft kamen sich die Menschen geradezu überwältigt und überfordert vor, wenn sie sich mehr oder weniger spontan zu einer Protestaktion entschlossen hatten und plötzlich gewahr wurden, dass sie die Autorität in ihren Händen hielten. »Die Macht lag auf der Straße, aber wir sehnten uns überhaupt nicht danach«, charakterisierte Joachim Gauck die damalige Situation. Die Mehrzahl der DDR-Bürger hatte, historisch betrachtet, Macht als ein undemokratisches Instrument der Unterdrückung kennen gelernt, und bis heute haben viele von ihnen zur Macht und zu denjenigen, die sie ausüben, ein gespanntes Verhältnis, unabhängig davon, ob das in einem demokratischen System geschieht oder nicht. Macht kritisch zu betrachten, galt in dem Staat, in dem sie Jahrzehnte lang missbraucht worden war, als Tugend. Nach Gaucks Meinung leiden viele Ostdeutsche unter dieser Hinterlassenschaft bis heute:

»Sie weigern sich, Macht als demokratisch legitimiert und damit positiv zu akzeptieren. Diese bewusste Distanzierung von ihr ist nichts anderes als ein noch nicht abgeschlossener Lernprozess und Ausdruck von politischer Unreife: Krankheitssymptome, die nach fast sechs Diktatur-Dekaden im Ostteil Deutschlands – die zwölf Hitler-Jahre eingerechnet – noch immer nicht verheilt sind.«

Immerhin, in dieser historischen Situation ergriffen die Bürger der DDR schließlich doch, trotz aller Vorbehalte, die Macht – um sie alsbald erst einmal wieder aus den Händen zu geben und sich in den vertrauten Zwiespalt zu fügen. In einem Augenblick, wie er bis dahin in der Geschichte eines Staatswesens nur selten vorkam, nahmen die Bürger der DDR die Verantwortung für sich selbst in die eigenen Hände und nutzten die sich ihnen bietende Stärke, um die Verhandlungen über einen der heikelsten Punkte des Systemwechsels in der DDR in die richtige Richtung zu lenken.

Ein neues Kapitel im Kampf um die Stasi-Akten und gegen die Kräfte, die das alte System unter neuer Etikettierung bewahren wollten, wurde aufgeschlagen, nachdem die DDR durch die ersten freien Wahlen am 18. März 1990 eine Grundlage für zukünftige legislative Entscheidungen geschaffen hatte. Joachim Gauck avancierte zum viel gefragten, aber wegen seiner Entschiedenheit auch umstrittenen Fachmann zu allen Fragen der Staatssicherheit. Die Leidenschaft, mit der er seinen Standpunkt hinsichtlich des Erbes der Staatssicherheit formulierte, ließ ihn gelegentlich übersehen, dass seine Aufgabe zwar von großer Bedeutung war, aber im Rahmen der Gesamtaufgaben der neuen Regierung nur einen Ausschnitt bildete:

»Damals dachte ich aber noch keine Sekunde daran, dass die Beschäftigung mit den Hinterlassenschaften der ehemaligen Staatssicherheit auch etwas Negatives impliziert, dass diese Konzentration auf ein Thema eine geistige Einengung bedeutet und dass ich dadurch andere wichtige Probleme vernachlässige wie beispielsweise die Frage, welche die der Demokratie angemessenste Form der Wirtschaft ist. In diesen

Tagen hatte ich nur Sinn für meine persönlich herausragende Erfahrung des Übergangs zum mündigen Bürger. Jeden Tag im Parlament lebte ich die demokratische Selbstverständlichkeit, dass Menschen, die irgendwo und irgendwas waren, etwas ganz Besonderes leisten können. Jeden Tag durfte ich die Rolle und die Würde beanspruchen, mich einzumischen, prägend zu wirken. Diese Möglichkeit war kein aus dem Himmelreich stammendes Privileg, sondern etwas ganz normal Irdisches. Eine wundervolle Erfahrung.«

Dazu kam die Erkenntnis, dass er mit seiner politischen Arbeit in mehrerer Hinsicht seine seelsorgerische Tätigkeit fortsetzte: »Ich hatte das Gefühl, hilfreich sein zu können. Auch als Politiker war ich wie viele meiner Mitstreiter Klagemauer und Fragekasten zugleich. Das hat uns zum einen davor bewahrt, lustvoll ideologische Höhenflüge zu wagen. Andererseits hatten wir alle das befriedigende Gefühl, wirklich gebraucht zu werden.«

Die Überzeugung nützlich zu sein, hatte auch Peter-Michael Diestel. Dem Minister für Innere Angelegenheiten der DDR oblag die Aufgabe der MfS/AfNS-Auflösung. Viele Menschen, denen der Geheimdienst übel mitgespielt hatte und die infolgedessen auf Diestels ernsthaftes Bemühen setzten, sollten enttäuscht werden. Zwar fühlte sich die de Maizière-Regierung an den Ministerratsbeschluss vom 8. Februar über die Einrichtung eines staatlichen Komitees gebunden. Doch Diestel machte schnell deutlich, dass er die Kontrollfunktion der Bürgerkomitees ablehnte. Stattdessen, kündigte er an, sollte ein zügig zu bildender parlamentarischer Untersuchungsausschuss die Auflöse-Maßnahmen der Regierung überwachen. Nichts tat sich, kein Untersuchungsausschuss tagte. Die Akten-Vernichtung schritt dagegen wie zu alten Zeiten voran – unter merkwürdigen Umständen. In einem Prozessurteil vom 10. Juli 1995 erkannten Hamburger Richter, dass Diestel für »die Vernichtung von Akten mitverantwortlich« war. Diestel hatte diesen Prozess gegen Bürgerkomitee-Vertreter angestrengt, um deren Vorwurf seiner Mitverantwortung zu begegnen. Allerdings steuerten auch die Bürgerkomitees ihren Teil zu der Vernichtung ganzer Papierberge in der ehemaligen Hauptabteilung Aufklärung (HVA) bei. Hans Schwenke, ein ehemaliger Mitstreiter aus den Reihen der Bürgerrechtler, schrieb dazu:

>»Im Mai 1990 statteten die ›Spitzen‹ der mit der Auflösung des MfS / AfNS beauftragten Bürgerrechtler, Werner Fischer, David Gill, Thomas Schmidt, Reinhard Schult und andere den einzelnen Bereichen des AfNS in Auflösung einen Besuch ab und ließen sich über den Stand der Auflösung berichten. Dabei wurde, so bezeugte Reinhard Schult vor Gericht, ihnen in der Rödernstraße gezeigt, welches Material archiviert und welches ›vernichtet‹ werden sollte. Die Frage des Richters, ob einer gegen die Vernichtungsabsicht protestiert habe, wurde von Reinhard Schult verneint.«*

Insbesondere über die Rolle Diestels fiel Joachim Gaucks Urteil vernichtend aus:

»Sowohl Diestel als auch Hans Modrow lag zuallererst die Sorge am Herzen, ausgerechnet dem Kreis der in die Arbeit des MfS Verstrickten könne nicht genügend Recht geschehen. Das verbitterte viele Menschen. Vom moralischen Recht der Opfer auf Offenlegung der Stasi-Strukturen haben beide in merkwürdiger Übereinstimmung nur selten gesprochen. Dass ein Innenminister der DSU, dem ostdeutschen Ableger der CSU, die Politik des pfleglichen Umgangs mit MfS-Mitarbeitern angesichts der engen Verflechtung zwischen Stasi und SED nicht korrigierte, sondern unbeirrt die zögerliche und lasche Auflösung weiterbetrieb, konnte niemand mehr verstehen. Vielleicht lag der Grund für seine zwiespältige Rolle auch in der mangelnden Fähigkeit, richtig einzuschätzen, was damals notwendig gewesen wäre, um die seelische Not der Bürger zu lindern und ihre Bereitschaft zu fördern, mit der Aufarbeitung der Stasi-Vergangenheit auch im eigenen Umfeld entschlossen zu beginnen.«

Über die Gründe für den Widerspruch zwischen Diestels starken Worten und seinem der Gesamtsituation unangemessenen

---

* Michael Richter: Die Staatssicherheit im letzten Jahr der DDR. Weimar u. a. 1996, S. 216.

Handeln wurde viel spekuliert. Diestel hat den Verdacht, er könnte selbst ein Mitarbeiter der Stasi gewesen sein, immer wieder mit dem Argument zurückgewiesen, dass in den Archiven keine einzige Akte über ihn lagerte. Im Westen stieg währenddessen die Wertschätzung Diestels mit den Verhaftungen der RAF-Terroristen Susanne Albrecht, Sigrid Sternebeck, Silke Maier-Witt, Freiherr Ekkehard von Seckendorff, Monika Helbing, Inge Viett und Werner Lotze im Juni 1990. Nach dem Zugriff in der DDR und den anschließenden Ermittlungen war der Beweis erbracht, dass das MfS die RAF bei ihren mörderischen Anschlägen unterstützt und ihren Mitgliedern Unterschlupf gewährt hatte.

Zuvor gab es die lange angekündigte und am 16. Mai vollzogene Bildung einer Regierungskommission, der die Schriftsteller Stefan Heym und Walter Janka, der Physiker Michael Kummer als Repräsentant der Bürgerkomitees, Caritas-Direktor Monsignore Helmut Puschmann, Oberkonsistorialrat Ulrich Schröter und die beiden Juristen Günther Krone und Manfred Mühlmann angehörten. Am 30. Mai nahm das Gremium seine Tätigkeit auf. Das heißt, jetzt durfte die DDR-Regierung, sofern die Dringlichkeit belegt war, auf Basis der Entscheidungen der Kommission auch offiziell Akten an die Bundesregierung abgeben. Die Aktion gegen die Rote-Armee-Fraktion war so gesehen ein Erfolg, den sich Peter-Michael Diestel, der sich in diesen Tagen nur mit Leibwächtern an seiner Seite blicken ließ, auf seine Fahnen schreiben darf. Dieser Aspekt steht auch für Wolfgang Schäuble, dem damaligen Bonner Verhandlungsführer über den Einigungsvertrag, im Vordergrund:

»Ich war bei Diestel immer vorsichtig, trotz seiner gewinnenden Herzlichkeit. Aber er hat uns nun mal sehr geholfen. Auch den Vorwurf, dass er weiter Stasileute beschäftigte, muss man doch vor dem Fakt betrachten, dass auch Joachim Gauck zwischendurch betonte, dass er Insider brauchte, die mit den Akten umgehen können. Das war und ist ein normaler Interessenkonflikt, den auch ich als Innenminister im wiedervereinigten Deutschland lösen musste. Mir standen mehr bewaffnete Organe zur Verfügung als unserem Verteidigungsminister, den ich damals damit herrlich aufziehen konnte. Besonders die Sachsen haben mir oft vorgeworfen, dass ich ehemalige Volkspolizisten in den Bundesgrenzschutz übernommen habe. Denen habe ich jedes Mal geantwortet, dass sie mir sagen sollen, wo ich die notwendigen Kräfte denn sonst hernehmen solle. Rainer Eppelmann hatte als Abrüstungsminister die gleichen Probleme mit der Nationalen Volksarmee. Es war auch aus meiner heutigen Sicht notwendig, sich von denjenigen die Loyalität zu sichern, die sich mit der jeweiligen Materie auskannten. Deswegen stand ich im Grundsatz auf Diestels Seite, wenngleich ich die Probleme und Konflikte, die er provozierte, erkannte.«

Auch Wolfgang Schäuble differenziert nicht, wie es sich viele Opfer und Revolutionäre gewünscht hätten. Es waren gerade die Vertreter der Bürgerkomitees, die immer wieder darauf verwiesen, dass sie durchaus gewillt waren, den alten SED- und MfS-Kadern die Integration in die gesamtdeutsche Gesellschaft zu ermöglichen. Die oft prognostizierte Stimmung einer Hexenverfolgung kam nie auf. Für erheblichen Missmut sorgte allerdings die nicht nur unter Diestel praktizierte Personalpolitik, wonach ehemalige MfS-Größen, insbesondere Mitglieder der Elitetruppe der »Offiziere im besonderen Einsatz« (OibE), erneut leitende Positionen besetzten. Besonders spektakulär war das Angebot Diestels an den früheren HVA-Chef Markus (»Mischa«) Wolf, der immer noch über erheblichen Einfluss verfügte, ihm mit seinen herausragenden »Fähigkeiten und Kenntnissen« als Berater zu dienen.

Damals konnte noch niemand völlig ausschließen, dass sich bei den MfS-Angehörigen der Wille zur Gewalt nicht doch noch Bahn brechen würde – eine Befürchtung, die Diestel stets als Grund für seine Zuwendung zu den Gefährdeten vorbrachte. Der MfS-Waffenbestand der rund 10 000 Angehörigen des Wachregiments Feliks E. Dzierzynski in Berlin umfasste Mitte November 1989,

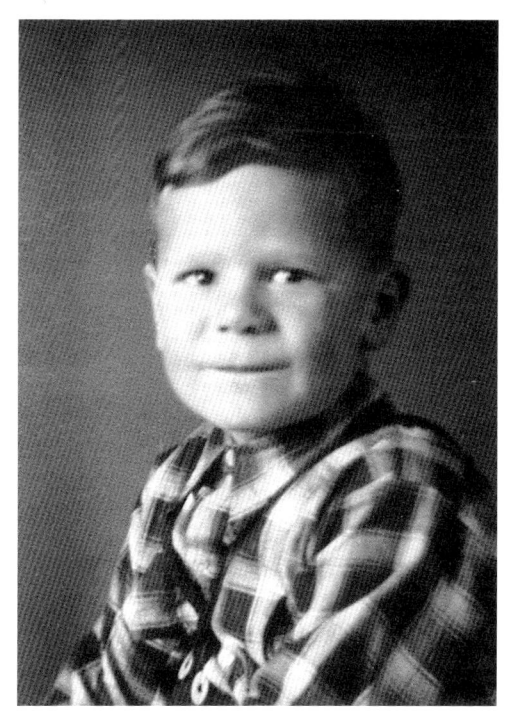

Joachim »Jochen« Gauck, circa 1945

Die Eltern Olga und Joachim Gauck sen.

Schüler Jochen

Mit den Geschwistern Marianne, Sabine und Eckart

II

Altstädtische Knabenschule, Klasse 6b
(Joachim Gauck 2. Reihe v. u., 5. v. r.)

Schulausflug in der 11. Klasse, Gauck 3. v. r.

III

Die Ehefrau Hansi Gauck

Joachim Gauck mit
Sohn Christian

Joachim Gauck (hinten) bei der Trauung von Bruder Eckart 1976

Die Kirche von Lüssow

Willy Brandt in der Rostocker
Marienkirche, Herbst 1989

Erstes 5-Ländertreffen des Neuen Forums in der
Schweriner Kongresshalle, Februar 1990

Auf dem Parteitag von Bündnis 90/Die Grünen 1992 in Leipzig

Vor der Rostocker Stadtmauer im Wahlkampf für die
erste freie Volkskammer der DDR im Februar 1990

RIAS-Schulklassengespräch 1992

Im Gespräch mit Thomas Seidel und Ulrike Poppe

Podiumsdiskussion im Plenarsaal des Berliner Abgeordnetenhauses, Oktober 1994.
Von links: Bärbel Bohley, Ignaz Bubis, Jutta Limbach, Joachim Gauck

Diskussionsveranstaltung beim Tagesspiegel 1997: (von links) Friedrich
Schorlemmer, Walther Stützle, Joachim Gauck und Richard Goldstone

Mit Desmond Tutu in Südafrika

Im Gespräch mit Richard Goldstone, dem Chefankläger in Den Haag

In Riga, Oktober 1996

Mit Lennart Meri,
dem Staatspräsident von Estland

XI

Verleihung des Hannah-Arendt-Preises an Joachim Gauck

Verleihung des Bundesverdienstkreuzes
durch Roman Herzog im Alten Rathaus zu Leipzig

In Stanford: Die Archivarin
der Hoover-Institution
zeigt Joachim Gauck das
Original eines
Gefängnis-Briefes von
Rosa Luxemburg

Anlässlich des Besuches von Bundeskanzler Gerhard Schröder
und Innenminister Otto Schily in der Behörde im Januar 2000

Mit
Hansjörg Geiger
vor dem Berliner
Abgeordnetenhaus

Berliner Presseball 1996:
Johannes Gross, Joachim Gauck, Joachim Fest

Aus der Fotoserie »Ansichten von Deutschland«
von Konrad Hoffmeister, fünf Jahre nach der Wende

Der Behördenleiter

XVI

Joachim Gauck mit Lebensgefährtin Daniela Schadt, links, und
Tochter Gesine Lange nach seiner Lesung in der Comödie in Fürth, 2012

Die Vereinigung »Gegen Vergessen – Für Demokratie«, vertreten durch
den Vorsitzenden Joachim Gauck, verleiht im Jüdischen Zentrum in München
ihren Preis an das Maximilian-Kolbe-Werk, 2007

Cem Özdemir und Claudia Roth bei der Parteivorstandssitzung der Grünen mit dem Kandidaten für das Bundespräsidentenamt, Berlin 2010

Joachim Gauck, Kandidat für das Bundespräsidentenamt, im Saal der Bundestagsfraktion der Partei Die Linke neben dem Vorsitzenden Gregor Gysi, 2010

Joachim Gauck hält im Deutschen Theater in Berlin kurz vor
der Bundespräsidentenwahl 2010 eine Grundsatzrede

Joachim Gauck spricht kurz nach seiner Rede im Bayerischen Landtag
im Plenarsaal mit Journalisten, 2010

Joachim Gauck beglückwünscht den neuen Bundespräsidenten Christian Wulff, 2010

Nach der Wahl von Christian Wulff wird Joachim Gauck, der unterlegene Kandida[t]
von SPD und Grünen, in Berlin gefeiert, 2010

Joachim Gauck und Daniela Schadt im Garten von Schloss Bellevue
beim Sommerfest des Bundespräsidenten Christian Wulff, 2010

Joachim Gauck und Daniela Schadt bei der Veranstaltung Goldene Henne, 2010

Joachim Gauck nach der
Verleihung des Medienpreises
Goldene Henne, 2010

Joachim Gauck bei der
Auszeichnung mit dem
Ludwig-Börne-Preis 2011 in
der Frankfurter Paulskirche

Cem Özdemir, Claudia Roth (beide Grüne), Sigmar Gabriel (SPD),
Angela Merkel (CDU), Horst Seehofer (CSU) und Philipp Rösler (FDP)
stellen am 19. Februar 2012 im Bundeskanzleramt auf einer Pressekonferenz
ihren gemeinsamen Kandidaten für das Bundespräsidentenamt vor

Bundeskanzlerin Angela Merkel, Joachim Gauck und der SPD-Bundesvorsitzende
Sigmar Gabriel auf der Pressekonferenz am 19. Februar 2012

Vor dem Bundeskanzleramt am 19. Februar 2012

Angela Merkel und Joachim Gauck auf der Pressekonferenz am 19. Februar 2012

also zum Zeitpunkt der Bildung des Amtes für Nationale Sicherheit, rund 100 000 Pistolen, 55 000 Maschinenpistolen, mehr als 10 Millionen Schuss Munition, Kampf- und Sprengstoffe sowie Panzerabwehrwaffen, schwere Maschinengewehre und sonstige Mordinstrumente. Diestel sprach von einem »gewissen Terrorpotential«, das nicht mehr zu kontrollieren sei, wenn man die von Generalleutnant Mielke kommandierte Bürgerkriegsarmee »wirtschaftlich ins Elend schicken« würde. Mitte 1990 allerdings waren die wahren Stasi-Größen längst abgetaucht, und Mielke saß in Untersuchungshaft. Die an Obrigkeitsdenken und Befehlsempfang gewöhnte Elite der sozialistischen Gesellschaft hatte ihren Rückhalt verloren. Bereits im Mai hatte Diestel verkündet, dass das Innenministerium alle Waffen und Munition des MfS übernommen habe.

Nach der Offerte an den Topspion Wolf waren es nicht nur die von Diestel entmachteten Bürgerrechtler, die ihrer Empörung Luft machten, sondern Politiker aus vielen anderen Parteien, darunter auch Repräsentanten seiner eigenen politischen Heimat, der Deutschen Sozialen Union. Der Innenminister trat aus seiner Partei aus und wandte sich der CDU zu, die er kurz zuvor noch heftig kritisiert hatte. Diestel wankte, aber er fiel nicht.

Die Auflösung des AfNS machte nun Fortschritte. Verschiedene Seiten hatten seit geraumer Zeit die Notwendigkeit betont, die Auflösung nicht der Regierung beziehungsweise dem staatlichen Komitee alleine zu überlassen und das Bürgerkomitee Normannenstraße in diese Arbeit miteinzubeziehen. So schrieb der Generalsekretär der CDU-Ost, Martin Kirchner, dem Sprecher des Komitees, David Gill: »Die Leitung der Christlich-Demokratischen Union schätzt die bisherige Arbeit des Bürgerkomitees Normannenstraße positiv ein. […] Wir könnten uns vorstellen, dass die Erfahrung und Sachkenntnis aus Ihrem bisherigen Einsatz auch künftig beratend gefragt sind.« Auch Wolfgang Ullmann vom Sprecherrat von Bündnis 90 betonte, seine Fraktion trete dafür ein, dass die Arbeit des Bürgerkomitees »von der neuen Volkskammer legitimiert und so fortgesetzt wird, dass, falls eine Kontrollkommission vom Parlament eingesetzt wird, sie sich der vom Bürgerkomitee erworbenen Sachkenntnis bedienen und seine Mitarbeit einbeziehen wird.« Und Richard Schröder, Vorsitzender der SPD-Fraktion, sprach Gill und seinen Mitstreitern die »aufrichtige Anerkennung« für ihre wichtige Arbeit aus. Die Sozialdemokraten hielten die Weiterarbeit »im Gebäudekomplex des MfS für derzeit unverzichtbar«.

Bei so viel Zuspruch wollte selbst die SED, die sich seit Februar 1990 nur noch PDS nannte, nicht zurückstehen. Parteichef Gregor Gysi versicherte in einem Brief an Gill vom 30. März, dass die PDS »eine weitere Tätigkeit des Bürgerkomitees Normannenstraße für die Auflösung des ehemaligen Amtes für Nationale Sicherheit unterstützen wird«.

Gill drängte auf eine parlamentarische Kontrolle der MfS / AfNS-Auflösung. In einem Brief an Volkskammer-Präsidentin Sabine Bergmann-Pohl wies er auf die Notwendigkeit einer unabhängigen Instanz hin, »wenn nicht weiteres Staatseigentum in dunkle Kanäle abfließen soll«. Ebenso sollten die »Modalitäten von Schriftguteinsichtnahmen, Schriftguterausgaben widerrechtlich angefertigten Personenschriftguts festgeschrieben werden«. Das Bürgerkomitee Normannenstraße sei bereit, seinen Beitrag »zur Geschichtsbewältigung dieser unseligen Institution zu leisten«. Gill erwartete jedoch vom Parlament »die notwendigen Aufgabenstellungen und Befugnisse«.

Er erhielt sie. Am 31. Mai 1990 versammelte sich die Volkskammer zu ihrer 9. Tagung. Tagesordnungspunkt 4 lautete: »Antrag aller Fraktionen [...] – Beschluss der Volkskammer der Deutschen Demokratischen Republik zur Einsetzung eines Sonderausschusses zur Kontrolle der Auflösung des MfS/AfNS«. Der Abgeordnete Joachim Gauck von Bündnis 90 begründete den Antrag:

»Nach Schaffung des Prüfungsausschusses für die Abgeordneten und nach der in Arbeit befindlichen Beschlussvorlage zur Überprüfung der Volksvertreter der Kommunen und der Regionen ist dies ein weiterer notwendiger Schritt bei der Bewältigung der Staatssicherheits-Problematik in diesem Land, und Sie haben es längst erkannt, es ist der entscheidende nächste Schritt, der uns den Weg eröffnet zu einer grundsätzlichen Aufarbeitung und Bewertung dieser Problematik in Zusammenarbeit mit der von der Regierung für diese Aufgaben eingesetzten Kommission. Dabei ist deutlich sichtbar, dass es einen gemeinsamen Willen aller Fraktionen gibt, sich als Parlamentarier diesen Aufgaben zu stellen und hier wirksame Mittel und Methoden zu entwickeln. Es kann also nicht nur Aufgabe einer Regierungskommission sein, sondern es ist – denke ich – eine uns alle einende Aufgabe, diese schreckliche Aufarbeitungsproblematik ernst zu nehmen und in angemessener Weise rechtsstaatliche Mittel und Methoden zu entwickeln, hier handlungsfähig zu sein.«

Diese Passage verdeutlicht Gaucks Strategie: Der ehemalige Pastor setzte auf die Besinnung auf individuelle Menschenrechte, von der er sicher sein konnte, dass alle Parlamentarier sie anerkennen würden. Gauck bastelte an einer großen Koalition – an einer Allianz zugunsten der Opfer der zweiten deutschen Diktatur.

Am 7. Juni segnete die Volkskammer den geforderten Sonderausschuss ab. Mit ihm war endlich ein Gremium entstanden, das sich ernsthaft um Fortschritte bei der Auflösung des MfS/AfNS bemühte und das die Regierung als ernst zu nehmenden Partner akzeptierte.

Am 21. Juni leitete Reinhard Höppner als Stellvertreter der Volkskammer-Präsidentin die konstituierende Sitzung des Sonderausschusses, an der acht der insgesamt elf Mitglieder teilnahmen. Jetzt erfuhren auch die Leistungen der Bürgerkomitees ihre Würdigung. David Gill wurde zum Sekretär des Gremiums bestimmt, zu dessen Unterstützung fünfzehn weitere Komitee-Vertreter fest angestellt und von der Volkskammer bezahlt werden sollten. Allgemein herrschte während dieser Sitzung allerdings Ratlosigkeit über die konkreten Aufgaben, Befugnisse und das Ausmaß der künftigen Arbeit. Die Ausschuss-Mitglieder einigten sich unter anderem auf folgende Programmpunkte:

- Der Ausschuss plant den Besuch einer Grabstätte eines ehemaligen sowjetischen Internierungslagers.
- Durch den Ausschuss ist festzustellen, welche Aufgaben von der bestehenden Regierungskommission zur MfS-Auflösung wahrgenommen werden und in welcher personellen Zusammensetzung diese arbeitet.
- Das Staatliche Komitee zur Auflösung des MfS ist durch den Ausschuss zu kontrollieren.

Zu ihrem Vorsitzenden wählten die Abgeordneten Joachim Gauck, der nicht so recht wusste, wie ihm geschah. »Warum gerade ich? Ich weiß es nicht. Wahrscheinlich habe ich den größten Schatten geworfen.« Dennoch war die Entscheidung nur folgerichtig. David Gill war der Auffassung, dass Gauck aus der Reihe der Fürsprecher des Ausschusses »einer der ganz wenigen Parlamentarier war, die sich für uns ernsthaft interessierten und über Detailkenntnisse verfügten«. Gauck war einer der wenigen gewesen, der frühzeitig den Demonstranten zur Seite gestanden und sie unterstützt hatte.

Auch den beiden PDS-Vertretern Michael Schumann und Jurij Groß fiel beim Blick in die übersichtliche Runde kein besser geeigneter Vorsitzender ein als das Mitglied des Innenausschusses Joachim Gauck. Schließlich ging es darum, möglichst denjenigen zum Vorsitzenden des Ausschusses zu machen, der die meisten Kenntnisse über die in Jahrzehnten im Verborgenen gehandelte Materie besaß. Von diesem Moment an stand Gauck, der als Abgeordneter viel lieber Außenpolitiker geworden wäre oder im Ausschuss Deutsche Einheit mitgearbeitet hätte (»Dafür gab es aber prominentere Leute als mich«), im Fokus eines breit gefächerten Interesses: der Opfer, der Täter und der Öffentlichkeit. Im Laufe der kommenden Monate und Jahre sollte dieses Interesse an den schmutzigen Tricks und perfiden Methoden der Stasi-spitzel nicht enden. Seit dieser Sitzung vom 21. Juni 1990 war der Name Joachim Gauck unzertrennlich mit dem Thema Staatssicherheit verbunden. Die Stasi-Unterlagenbehörde blieb bis über sein Ausscheiden aus diesem Amt 2000 hinaus die Gauck-Behörde.

Der Kampf um die Akten

Da die Aufgaben des Bürgerkomitees Normannenstraße nun vom Sonderausschuss zur Kontrolle der Auflösung des MfS/AfNS übernommen wurden, löste es sich am 30. Juni 1990 auf. Der Ausschuss verfolgte zunächst zwei Ziele: das Offenlegen der aktuellen Beschäftigungsverhältnisse beziehungsweise der Einsatzorte der ehemaligen Stasimitarbeiter, insbesondere der Offiziere im besonderen Einsatz (OibE), und die Entwicklung einer Perspektive für den künftigen Umgang mit den Akten. Zu diesem Zeitpunkt ahnte niemand, dass diese die geradezu kafkaesken Ausmaße von rund 180 Regalkilometern erreicht hatten. Oder anders gerechnet: Wenn man für einen Meter Akten rund 10 000 Blätter und ein Gewicht von 30 Kilogramm veranschlagt, entspricht der in fast vier Jahrzehnten gesammelte Aktenberg 1,8 Milliarden Blättern, die zusammen etwa 5400 Tonnen oder 5,4 Millionen Kilogramm wiegen. Ein Indiz dafür, dass diese Rechnung nicht ganz abwegig ist, ist die Tatsache, dass für das 1984 errichtete, neungeschossige Zentralarchiv in der Normannenstraße Wände und Böden aus besonders dickem Beton gefertigt wurden, damit die gesammelten Spitzelwerke durch ihr Gewicht keine Bauschäden verursachten.

Gauck und seine Mitarbeiter ließen sich von dem unübersehbaren Wust an Dokumenten nicht entmutigen, sondern machten sich sofort an die ihnen übertragenen Aufgaben. Sie enttarnten sehr bald eine ganze Reihe ehemaliger OibE, die sie vorwiegend über die Gehaltslisten der Stasi dingfest machten. Bereits am 17. Juli verkündete der erst seit wenigen Wochen amtierende Vorsitzende, dass der Ausschuss die Namen von rund 1500 ehemaligen OibE kenne, von denen viele noch immer auf ihren alten Positionen säßen. Dabei richtete sich nach dem Willen Gaucks das Hauptaugenmerk des Ausschusses auf die Kontrolle des Staatsapparates: »Wir sorgten beispielsweise für die Entlassung sämtlicher OibE, die bei der ehemaligen politischen Kriminalpolizei tätig waren.«

Auf diese Weise stellte sich unter anderem heraus, dass einige dieser besonders gut geschulten Geheimdienstoffiziere ihren Dienst im direkten Umfeld Peter-Michael Diestels versahen. So kontrollierte zum Beispiel der ehemalige Kaderleiter Helmut Schulz den Datenschutz im Innenministerium. Mit Gerd Knauer als Pressesprecher des staatlichen Komitees, um ein weiteres Beispiel zu nennen, hatte man in der Tat einen Mitarbeiter gefunden, der sein Handwerk verstand, hatte er doch zu DDR-Zeiten den Posten des Pressesprechers für das Ministerium für Staatssicherheit bekleidet. Auf zunehmende Kritik reagierte Diestel mit einigen widersprüchlichen Rechtfertigungsversuchen. Einerseits gab er unumwunden zu, einige ehemalige Stasimitarbeiter zu beschäftigen, auf deren Fachwissen er nicht verzichten könne. Andererseits bestritt er bis zuletzt, von der Stasivergangenheit jener Mitarbeiter gewusst zu haben, die auf exponierten Posten und in seinem unmittelbaren Arbeitsumfeld Dienst taten. Obwohl der Innenminister einen Misstrauensantrag überstand, entzog Ministerpräsident Lothar de Maizière, der einen Vertrauensverlust seiner Regierung in der Bevölkerung befürchtete, Diestel die Funktion des Stasi-Auflösers und bestellte den Geschäftsführer des Bundes Freier Demokraten und Staatssekretär des Inneren, Eberhard Stief, zum neuen Chef-Auflöser.

Aber trotz des Personalwechsels, zu dem sich die Regierung de Maizière durchgerungen hatte, war das Vertrauen der Bevölkerung verspielt. Zu offensichtlich war die Tatsache, dass in allen

Bereichen der Gesellschaft bis hinauf in höchste politische Ämter ehemalige Stasimitarbeiter arbeiteten, die ungestört die Vorteile ihrer ehemals privilegierten Stellung nutzten, um für ihr privates Wohlergehen oder vielleicht sogar für ein Überdauern der alten Strukturen im Verborgenen zu sorgen. Hinzu kam, zumindest in der ersten Jahreshälfte 1990, die Angst vor terroristischen Aktionen oder gar einer Gegenrevolution seitens der ehemaligen Mitarbeiter des MfS.

Die Empörung der Bevölkerung wäre wohl noch um ein Vielfaches größer gewesen, wenn das Ausmaß bekannt gewesen wäre, in dem ehemalige Angehörige des MfS/AfNS von dem – Diestel unterstellten – staatlichen Komitee beschäftigt wurden, dessen Aufgabe eigentlich darin bestanden hätte, die Verstrickungen der Stasi in Politik und Gesellschaft offen zu legen und ihre Aktivitäten zu unterbinden. Am 29. Juni 1990 ließ Komitee-Leiter Günter Eichhorn, ein ehemaliger Kampfgruppen-Kommandeur und inoffizieller Stasimitarbeiter, einen Bericht über die aktuelle Struktur und Arbeitsweise des am 8. Februar vom Ministerrat gebildeten Komitees anfertigen. Nach diesem Bericht betrug die Gesamtstärke des Komitees 261 Mitarbeiter. Dem zentralen Bereich gehörten 154 Mitarbeiter an, von denen 69 zuvor im ehemaligen AfNS ihren Dienst versehen hatten. In dem Papier heißt es unter anderem:

»Nach der Entlassung aller ehemaligen Angehörigen des AfNS zum 30. März 1990 wurden durch das Komitee 672 befristete Arbeitsverträge mit ehemaligen Mitarbeitern des AfNS [...] abgeschlossen. Unter anderem 235 Arbeitsverträge mit ehemaligen Mitarbeitern der Hauptabteilung Aufklärung, [...] 46 Arbeitsverträge mit ehemaligen Mitarbeitern der Spionageabwehr, [...] 36 Arbeitsverträge mit ehemaligen Mitarbeitern der Observation.«

Die Beschäftigung dieser Personen begründete der Berichterstatter folgendermaßen:

»Die Lösung der Aufgaben erfordert in spezifischen Bereichen eine hohe Sachkompetenz, die es erforderlich machte, auch ehemalige Mitarbeiter des MfS/AfNS einzusetzen, die über Kenntnisse, z.B. auf den Gebieten des Liegenschaftsdienstes, der Wohnungswirtschaft, des beweglichen Sachvermögens, des Abschlusses von Wirtschaftsverträgen und der Finanzen verfügen.«

Gegenwärtig konzentriere sich ihre Arbeit auf die »Sicherung und den ordnungsgemäßen Rechtsträgerwechsel bzw. Verkauf von Objekten, einschließlich der Überprüfung aller bisher erfolgten Übergaben von Grundstücken, beweglichen und unbeweglichen Grundmitteln sowie auf die Sicherung, Zusammenführung und Unterstützung der weiteren Aufarbeitung des Archiv- und Schriftgutes«. Jeder, der einigermaßen mit den Strukturen des ehemaligen MfS vertraut war, ahnte, was sich hinter diesen so vernünftig und pragmatisch klingenden Ausführungen verbarg. Man musste davon ausgehen, dass Stasi-Seilschaften die Arbeit im Komitee nicht nur dazu benutzten, um wie bisher Akten zu vernichten, sondern auch, um sich Vermögen und Grundbesitz des ehemaligen Ministeriums für Staatssicherheit unter den Nagel zu reißen. Für Joachim Gauck wurde gerade an diesem Punkt deutlich, dass »die Auflöser […] dem professionellen Sachverstand und der kriminellen Energie ihrer Kontrahenten in keiner Weise gewachsen« waren. Völlig ohne die Ehemaligen aber, das sah auch Joachim Gauck ein, konnte die Auflösung von MfS/AfNS nicht vonstatten gehen. So bemühte er sich wenigstens um eine angemessene Kontrolle. In einem Brief an die Regierungsbeauftragten in den Bezirken warb Gauck am 31. Juli dafür, weitere Mitarbeiter aus den Bürgerkomitees für die Verwaltung des MfS-Schriftgutes einzustellen. »In den Archiven sollten«, so Gauck, »neben den ehemaligen Mitarbeitern des MfS, die über die notwendige Sachkenntnis verfügen, auch befähigte Personen unseres Vertrauens tätig werden.«

Mindestens ebenso viele Sorgen wie die Unterwanderung des Auflösungskomitees durch ehemalige Stasimitarbeiter bereitete den Bürgerrechtlern die Tatsache, dass die Stimmen aus dem Westen immer lauter wurden, die eine Überführung der Stasi-Akten nach Westdeutschland forderten. Gerade im Hinblick auf den in Vorbereitung befindlichen Einigungsvertrag registrierten viele Ostdeutsche solche Ansprüche des Westens mit Unbehagen. Am 26. Juli gab der aus Bonn angereiste Eckart Werthebach die Vorstellungen der Regierung Kohl zu Protokoll. Werthebach, ständiger Vertreter des Abteilungsleiters für Innere Sicherheit im Bundesinnenministerium, beriet seit Ende Mai offiziell die DDR-Regierungskommission zur Auflösung des MfS. Als Minister Diestel den Tagesordnungspunkt »Umgang mit personenbezogenen Daten über Bundesbürger, die in Unterlagen des ehemaligen MfS enthalten sind« aufrief, ergriff Werthebach sofort das Wort und redete Klartext. In Übereinstimmung mit den zuständigen Behörden der Bundesrepublik Deutschland stellte er den Antrag, Akten, die vom ehemaligen MfS über Bürger der Bundesrepublik angelegt worden waren, »entweder sofort zu vernichten oder sie zur alsbaldigen Vernichtung zu übergeben«. Über diese Forderung gäbe es Übereinstimmung mit den Regierungen der Länder der Bundesrepublik. Werthebach hatte vom juristischen Standpunkt aus vollkommen Recht: Das Material war rechtswidrig erarbeitet worden und somit vor Gericht wertlos. Peter-Michael Diestel, der sich später dem Standpunkt Werthebachs anschloss, gab zu bedenken, dass »von betroffenen Bürgern der BRD Rehabilitierungsansprüche gestellt werden könnten, wozu die betreffenden Akten notwendig wären«. Außerdem fand er es zu diesem Zeitpunkt noch »fragwürdig, hinsichtlich der Behandlung der MfS-Akten zwischen Bürgern der DDR und der BRD zu differenzieren«. Martin Götsching, einer der beiden Sonderausschuss-Mitglieder, die an der Beratung teilnahmen, widersprach dem Ansinnen. Der Ausschuss sei »grundsätzlich gegen die Vernichtung«, betonte der CDU-Politiker. Abschließend stellte Minister Diestel fest, »dass es ernst zu nehmende Gründe sowohl für die Vernichtung [der Akten über Bürger der Bundesrepublik, d. V.] wie für ihre sichere

Aufbewahrung« gäbe, wobei er der Vernichtung den Vorzug geben würde. Auf jeden Fall aber sollte das Prinzip der Gleichbehandlung von Bürgern aus dem Osten und dem Westen praktiziert werden.

Joachim Gauck dagegen hatte klare Vorstellungen über eine möglichst umfassende Nutzung der Akten. Neben der Sicherung und dem Schutz der personenbezogenen Daten brachte er am 20. Juli in einem Zwischenbericht zur Arbeit des Sonderausschusses in der Volkskammer erstmals eine politische, historische und juristische Aufarbeitung ins Gespräch: Zunächst betonte er, dass sich in den zehn bisherigen Sitzungen eine »Arbeitsatmosphäre hergestellt [habe], in der es keinerlei Bedeutung hat, aus welcher Fraktion der oder die Abgeordnete kommt«. Die Ausschussmitglieder aber, führte Gauck aus, »wollen nicht nur Buchführer und Verwalter einer Erblast sein, sondern wollen [...] die Sache politisch bearbeiten«. Gauck bat um Unterstützung für dieses Anliegen und erntete Beifall von allen Seiten. Er wandte sich auch an die Täter, einen Personenkreis, der nach seiner Überzeugung »nicht durchweg aus Verbrechern bestand«, sondern auch »viele miss- und irregeleitete Personen« umfasste:

»Man hatte sie so erzogen, und wir rechnen mit der Erziehbarkeit von Menschen und wollen zunächst die Einsicht des betroffenen Personenkreises, Möglichkeiten zu eröffnen, diese Menschen nicht auszugrenzen, sondern in den Prozess der gesellschaftlichen Erneuerung einzubeziehen. Der Sinn der Aufarbeitung kann sich eigentlich nur in drei Dimensionen für uns entfalten, in der Dimension des Politischen, des Rechtlichen und des Historischen. [...] Deformation von Demokratie und der Verlust von Bürgersinn, die eklatante Eliminierung von Rechtsbewusstsein und Rechtsstaatlichkeit sind nicht aus Versehen oder durch einige fiese Gestalten in den oberen Politiketagen zustande gekommen, sondern wir haben erkennbare und beweisbare Vorgänge und Verknüpfungen vor uns, wenn wir das Material, das in den Archiven liegt, sichern und aufbewahren. Es darf nicht darum gehen, dass wir uns im Bereich der Vermutungen bewegen, wenn wir später bewerten und gewichten wollen, wie sich die Politik in Form eines Machtzentrums – Politbüro – und das Unterdrückungsregime des Staatssicherheitsapparates vielleicht miteinander ins Benehmen gesetzt haben, sondern es muss beweisbar gehalten werden. Deshalb gebietet die politische Aufarbeitung die Aufbewahrung des Schriftgutes.«

Beifall spendeten vor allem die Sozialdemokraten und die Fraktionsmitglieder von CDU und Demokratischem Aufbruch. Neben der politischen begründete Gauck die Notwendigkeit der historischen und juristischen Aufarbeitung:

»Die Sichtung, Aufbewahrung und Aufarbeitung des Materials ist auch für die Weiterführung der Revolution und gleichzeitig – und das ist wichtig – für die künftige Demokratie-Gestaltung ein wichtiges Gut, das wir bewusst machen sollten und das wir in seiner historischen Dimension sichern sollten. [...] Deshalb ist die Berücksichtigung des historischen Aspekts [...] wichtig. Der Historiker leistet, indem er Entfremdungsvorgänge herausarbeitet und dokumentiert, dem eine wichtige Zuarbeit, der Politik heute demokratisch gestalten will. [...] Jahrzehntelang wurden Bürgern dieses Landes elementare Menschenrechte, nämlich Persönlichkeitsrechte und politische Rechte, geraubt. Sie haben einen Verlust an Leben und Lebensqualität erlitten [...]. Diese Rechte [...] sind geschützt von allen Gesetzeswerken demokratischer Staaten, von allen Verfassungen und von allen weiteren Rechtsbestimmungen. Es gibt also einen Rechtsanspruch, auch einen einklagbaren Rechtsanspruch, jedes Bürgers für erlittenes Unrecht oder für den Raub an Recht in der Vergangenheit. [...] Es ist unbedingt und unter allen Umständen zu sichern, dass die Bürger eine Wiederherstellung ihres Rechts einklagen können. Und dabei müssen wir ihnen helfen durch Bereitstellung des Akten- und Archivmaterials in rechtsstaatlicher Form. [...] Es muss zusätzlich dazugehören, dass es ein hinlängliches Maß an Verurteilungen gibt. Dazu braucht es aber Bürger, die bereit sind, Anträge an die Gerichte zu stellen, die Strafverfolgung aufzunehmen. [...] Wir begeben uns aber hier auf ein heikles Gebiet [...], und nicht nur die PDS, sondern auch Vertreter anderer Fraktionen werden noch wiederholt darauf hinweisen, dass es schwierig ist, die strafrechtliche Relevanz nachzuweisen, wenn nicht vorher so

etwas wie eine einvernehmliche Festlegung einer generell verfassungs-
feindlichen Tätigkeit dieser Institution erfolgt ist.«

Gauck wusste längst, dass in Bonner Kreisen zum Teil andere
Vorstellungen über die künftige Nutzung der Akten kursierten –
Werthebachs Vernichtungsvorschlag, den dieser eine Woche später formulieren sollte, war keineswegs die Meinung eines Einzelnen. Auch der damalige Bundesinnenminister Wolfgang Schäuble
wankte:

»Es gab auf unserer Seite viele Personen, die wollten aus den Akten
viel herausfinden und erfahren. Andere, und dazu zählte auch der damalige Bundeskanzler Helmut Kohl, wollten am liebsten ein Loch bud-
deln und alle hineinstecken, weil doch nichts Vernünftiges heraus-
kommt. Im Innenministerium herrschte seinerzeit die Meinung vor:
›Das können wir alles selber, dafür haben wir doch das Bundesarchiv
in Koblenz.‹«

Gauck setzte diesen Bestrebungen, die im Verlauf der nächsten
Monate noch für erheblichen Wirbel sorgen sollten, bereits in sei-
ner Rede vor der Volkskammer am 20. Juli die Haltung der Ost-
Parlamentarier entgegen:

»Der höchst wünschenswerte Zustand, dass wir Beratung durch bundesdeutsche Juristen erfahren, und zwar auf allen Gebieten, darf nicht
dazu führen, dass jetzt in hiesigen Ministerien Entscheidungen fallen,
die eine Schwerpunktsetzung aus bundesdeutscher Politikerfahrung
erkennen lassen. Wenn zum Beispiel das Innenministerium konkret
versucht, Abgeordneten dieses Hohen Hauses ihre Arbeitsaufgaben
einzuschränken oder zu lenken, entstehen Probleme […]. Bei der
Größe dieser Aufgaben kann es nicht angehen, dass Abgeordnete dieses Hauses durch solche Reglementierungsversuche schlechter gestellt
werden als Archivare einer Archivverwaltung oder Sachbearbeiter im
Archiv, die sogar noch aus dem Bestand des ehemaligen MfS kommen
[…]. Unser Sonderausschuss lehnt deshalb einstimmig jede ministe-
rielle Einengung unserer Handlungen ab.«

Der lang anhaltende Beifall ließ erkennen, dass Gauck die Worte gefunden hatte, mit denen sich eine große Mehrheit der Parlamentarier anfreunden konnte. Gauck sprach für den Osten, gegen den Westen – dazu zu dem äußerst sensiblen Thema der Stasi-Akten, deren Inbesitznahme für viele Revolutionäre das Symbol ihrer Befreiung schlechthin war.

Gauck ließ keine Gelegenheit aus, auf »die Einmütigkeit der Überzeugung« der Ausschuss-Mitglieder hinzuweisen. Er betonte:

> »Bei all unseren Diskussionen ist bis jetzt nie in Frage gestellt worden [...], dass es [...] nicht erforderlich wäre, aufzuheben und aufzubewahren. Wir wollen diese Aufbewahrung aber so leisten – in Absprache mit dem Innenminister –, dass der Zugriff wirklich nur befugten Personen möglich ist und dass jeglicher Missbrauch ausgeschlossen ist. [...] Ich möchte von dieser Stelle [...] dafür werben, dass es später ein Gremium geben sollte, das parlamentarisch beauftragt ist und in dem die handelnden Personen – beauftragt vom gesamtdeutschen Parlament – aus dem Gebiet der dann ehemaligen DDR kommen. Ich glaube, dass in diesem Land Personen mit hinreichendem Rechtsstaatlichkeits-Bewusstsein und mit der hinreichenden Betroffenheit da sind, die sich dieser Aufgabe auch nach der Einheit stellen können.«

Der Widerstand aus Bonn gegen die Aufbewahrung der Akten und die von Gauck geforderte dreidimensionale Aufarbeitung war jedoch keineswegs zu unterschätzen. Drei Tage vor der entscheidenden Sitzung der Volkskammer, die über die Beschlussempfehlung des Sonderausschusses über die »Sicherung und Nutzung der personengebundenen Daten« der ehemaligen Stasi abstimmen sollte, meldete sich erneut Eckart Werthebach zu Wort. Am 21. August 1990 schickte er ein Fax an den Leiter der Abteilung Recht im DDR-Ministerium des Innern. Werthebach widersprach hierin »dem von den Mitarbeitern des Ausschussvorsitzenden Gauck erarbeiteten Entwurf nachdrücklich«. Er stellte klare Forderungen:

»Nach einhelliger Auffassung müssten die Archivbestände zentral verwaltet werden. Eine zentrale Lagerung wird nachdrücklich befürwortet. Die Leitung des Archivs soll einem Sonderbeauftragten unterstellt werden. Es wird vorgeschlagen, den Präsidenten des Bundesarchivs der Bundesrepublik Deutschland in Personalunion damit zu beauftragen. Eine solche Übertragung auf ein Organ der Bundesrepublik ist nach Artikel 8 der verfassungsrechtlichen Grundsätze der DDR möglich. Eine differenzierte Vernichtungsregelung wird unbedingt als erforderlich angesehen. Die Bundesministerien halten auch nach dem Beitritt der DDR eine gesamtdeutsche gesetzliche Übergangsregelung für notwendig. Sie soll in Kraft bleiben, bis der gesamtdeutsche Gesetzgeber eine neue gesetzliche Regelung erlässt.«

Der Wind wehte Gauck nicht nur von westlicher Seite entgegen. Auch »DDR-intern« geriet er allmählich zwischen die Fronten, die zwischen Politikern und Bürgerrechtlern entstanden. Ministerpräsident Lothar de Maizière etwa, von dem im Dezember 1990 bekannt wurde, dass ihn die Stasi als IM »Czerny« geführt hatte, war davon überzeugt, dass es zu Mord und Totschlag kommen würde, wenn die Unterlagen freigegeben würden. Die Bürgerrechtler wiederum begannen daran zu zweifeln, das Gauck mit dem gewünschten Nachdruck für die Interessen der DDR-Bürger eintrat. »Natürlich spürte ich eine gewisse Anspannung«, erinnerte sich Gauck später:

»Im Osten, unter den Revolutionären, meinten damals viele, dass ihre Forderungen, nur weil sie ein überdurchschnittliches Quantum an Moral hatten, keiner Rechtsgrundlage bedürfen. Ich war in der Situation, dass ich zwischen Bürgerrechtlern und Juristen übersetzen musste. Im Osten dachten viele, ich wäre ein Verräter der eigenen Normen.«

Schon durch seine äußerliche Erscheinung vermittelte Gauck eine deutliche Distanz zu bestimmten Kreisen innerhalb der Bürgerbewegung:

»Ich wollte nicht mit grün-alternativen Abgeordneten verwechselt werden und habe mir deswegen eine Krawatte umgebunden. Das ist natürlich für einen bestimmten Kreis sehr verdächtig. Ich lasse mir aber nicht nachsagen, mein Anzug würde die ernsthafte Aufgabenerfüllung verhindern. Ich vertrat ohnehin stärker sozialdemokratische Politikziele. Ich glaubte an meine Würde und an meine Pflicht, die Gesetze der Demokratie zu gestalten. In erster Linie erfüllte mich aber mit Stolz, dass ich im Alter von 50 Jahren erleben durfte, vom Volk gewählt zu werden. Das hatte in meinen Augen viel mit Würde und Ernst zu tun. Natürlich kann auch alternative Politik sehr ernsthaft sein, aber für mich waren und sind Normen und Formen sehr wichtig. Ich fühle mich nicht nur in Ordnung, wenn ich die Zustimmung meines Milieus habe. In der Beziehung bin ich durch und durch wertkonservativ, und das habe ich von denen gelernt, die ihr Milieu verlassen haben. Nicht den Milieu-Linken, die ihre Ideologie gar nicht mehr definieren können, weil sie sie schon überlebt hat.«

Bärbel Bohley und andere Bürgerrechtler, die vor allem Gerechtigkeit forderten und den Rechtsstaat keineswegs unvoreingenommen bejahten, sagten sich innerlich von Gauck los. Sie, die Gaucks arriviert wirkende Akzeptanz des Rechtsstaats geradezu anwiderte, setzten weiter auf ihre revolutionäre, milieuverhaftete und auf Spontaneität basierende Politikkultur. In antikapitalistischen Traditionen stehend, mit tiefem Misstrauen gegen den Westen, träumten sie von einer ostdeutschen Basisdemokratie und lehnten den Parlamentarismus als fremd und Machtstreben als suspekt ab. Im Nachhinein urteilen auch ehemalige Mitglieder des linken Kerns der Bürgerrechtsbewegung wie etwa Ulrike Poppe milder über die Rolle Gaucks: »Jochen Gauck hatte klare Positionen, über die wir gestritten haben. Heute wissen wir genau, dass er sich damit bei den westlichen Verhandlungspartnern Respekt verschafft und der Sache gedient hat.«
Neben den politisch-weltanschaulichen Differenzen beunruhigte seine Kritiker der Zweifel an Gaucks Fähigkeit, sich gegen seine westlichen Verhandlungspartner durchzusetzen. »Die Mehrheit glaubte nicht so recht daran«, betonte Jens Reich, der Gauck

1990 als jemanden kennen gelernt hatte, der »durchaus zu polari-
sieren« verstand. »Die ziehen den glatt über den Tisch, meinten
viele. Mit der Zeit setzte sich aber die Überzeugung durch, dass
wir es ihm noch am ehesten zutrauen können.«

Gauck jedoch war klar, dass die vom Innenministerium vorbereitete Beschlussvorlage zum Thema Stasi-Unterlagen in der
Volkskammer nicht mehrheitsfähig sein würde. Deswegen sei er,
so Gauck rückblickend, vor der anstehenden Entscheidung auch
»sehr ruhig« gewesen:

> »In der Demokratie brauchen Regierende parlamentarische Mehr-
> heiten. Es gab eine riesige parlamentarische Mehrheit für die Inbe-
> sitznahme der Akten, anstatt sie nach Koblenz abzugeben. Deshalb
> konnten Schäuble, Diestel und Kohl noch so gut übereinstimmen. In
> dem Punkt war nichts zu machen für sie. So einfach war das im Prin-
> zip.«

Gauck wusste, dass »jetzt jedes Wort zählte«, als er am 24. August
vor der Abstimmung über das Stasi-Unterlagen-Gesetz ans Mikrofon trat, nachdem Volkskammer-Präsidentin Sabine Bergmann-
Pohl den entsprechenden Tagesordnungspunkt aufgerufen hatte.

> »Der Gesetzestext basiert auf der Vorlage der Regierung, ist aber auf
> Grund intensiver Sacharbeit in den Ausschüssen verändert und im
> Sonderausschuss einvernehmlich verabschiedet worden. [...] Es liegt
> nunmehr ein Text vor, der sowohl die besondere Situation der DDR,
> nämlich das Leben unter eingeschränkten Grundrechten, als auch die
> Erfordernisse des bundesdeutschen Datenrechts berücksichtigt. [...]
> Im bundesdeutschen Datenrecht ist festgelegt, dass eine Vernichtung
> gesammelter Daten alsbald zu erfolgen hat, wenn der Zweck, zu dem
> sie gesammelt worden sind, sich erledigt hat. Nun ist evident, dass der
> Zweck, zu dem diese Daten gesammelt worden sind, sich erledigt hat.
> Die Aufbewahrung dieser Daten bedarf also deshalb einer neuen
> Zweckbestimmung, und diese Zweckbestimmung wird hier gesetzlich
> geordnet. Deshalb greift die Aussage nicht, die wir häufig hören, dass
> auf Grund der Zweckbestimmung der Sammlung eine Vernichtung zu

erfolgen hat. [...] Aus diesen Festlegungen ergibt sich, dass ein Sonderzustand [...] auch einer besonderen, der Situation angemessenen rechtlichen Regelung bedarf. [...] Recht bedeutet doch für die mit Verantwortung betrauten Menschen, dass sie einer politischen und menschlichen Grundverpflichtung entsprechen müssen, die da lautet: Wer Verantwortung hat, muss Gerechtigkeit vermehren und nicht vermindern. Es darf nicht dazu kommen, dass aus formal-juristischen Gründen, die übrigens sehr wohl in einer funktionierenden und gesicherten Rechtsgesellschaft ausschlaggebend sein können, in unserer Situation Gesetze entstehen, die zwar Recht fixieren, aber Gerechtigkeit minimieren. Und das ist ein Anliegen dieses Gesetzes. [...] Der Gesetzestext ist bezüglich der Datensicherheit so gestaltet, dass er unter Berücksichtigung der besonderen Situation dennoch den Rechtsvorstellungen bundesdeutschen Rechts entspricht.«

Als Beispiel nannte Gauck die Möglichkeiten der Auskunft an Betroffene, die Möglichkeiten der Löschung, das Datengeheimnis und die wissenschaftliche Nutzung.

Die vielstimmig geforderte Vernichtung bezeichnete der Ausschuss-Vorsitzende als »völlig unmöglich«. Unter Umständen sei »Material von höchster Wichtigkeit noch gar nicht aufgeschlagen«. Auch für die Zukunft gelte es, das Material zu erhalten, auch für den Fall, unberechtigt der Stasimitarbeit verdächtigte Personen zu entlasten: »Die Materialien, die wir vorfinden, sind nämlich keineswegs nur Schmuddelakten, wie von ministerieller Seite gelegentlich behauptet wird.«

Bis heute bezeichnet Joachim Gauck die Unterlagen gerne als eine »Apotheke gegen Nostalgie«. Dieses Bild griff er auch in der Parlamentssitzung im August 1990 auf:

»Mit diesem Rehabilitierungsgesetz zusammen wird es [das Stasi-Unterlagen-Gesetz, d. V.] Gesundungsprozesse dieser Gesellschaft befördern. [...] Dabei sind Schmerzen unvermeidbar. Wir sind Zeugen solcher Schmerzen auch in unserem Hause. Aber so ist das: Ein schmerzfreier Übergang in die Gefilde der Demokratie ist für Menschen, die unsere Geschichte haben, eben nicht möglich. Das ist tragisch, und manchmal auch schwer. [...] Aber Schmerzen zu ertragen, statt Beschädigtsein zu leugnen, kann auch etwas mit Würde zu tun haben.«

Anschließend wies Gauck darauf hin, wie außerordentlich wichtig es sei, dass die Regelung Bestandteil des Einigungsprozesses werde und dass noch vor den ersten gesamtdeutschen Wahlen nach dem Zweiten Weltkrieg der Beauftragte, den dieses Gesetz vorsehe, gewählt werden müsse.

Dass die Abgeordneten Geisthardt für die CDU und Brinksmeier für die Sozialdemokraten ihre Zustimmung für das Gesetz signalisierten, war durchaus zu erwarten gewesen. Wie aber würden die anderen Fraktionen in der Volkskammer, insbesondere die PDS als Nachfolgeorganisation der SED, votieren? Jens-Uwe Heuer betonte im Namen der erfolgreich gewendeten Sozialisten, dass man die dreidimensionale Aufarbeitung als ein »bedeutsames Anliegen unterstütze«. Nur an zwei Stellen erkenne die PDS, dass »die Verbindung des Grundanliegens mit der Rechtsstaatlichkeit nicht voll gewährleistet« sei. Es waren letztlich Marginalien – Heuer empfahl eine dritte Lesung.

Erheblich mehr Beifall erntete Heuers Kollege Gottfried Haschke, der das Votum für die Deutsche Soziale Union abgab und dabei »ein bittendes und mahnendes Wort nach Bonn« richtete:

»Der Bundesinnenminister wird in Zukunft unser Ansprechpartner sein und diesem sei gesagt: Dieses Gesetz muss in der vorliegenden Form Bestandteil des Einigungsvertrages werden. Das sind wir denen schuldig, die im Herbst die Wende herbeigeführt, die mit unvergleichbarem Mut die schwer bewaffneten Hochburgen der Stasi mit bloßen Händen eingenommen haben und die bis zum heutigen Tag aushalten, in Schwerin und Suhl, in Berlin und Leipzig, in Erfurt und Dresden und in all den anderen Städten, die hier aufzuzählen die Redezeit sprengen würde. [...] An der Art und Weise der Bonner Umstimmungsversuche sehen wir, wie wenig oder gar nicht sensibilisiert Bürger der Bundesrepublik für das in den Stasi-Archiven eingelagerte Material sind. Es ist ein Teil unserer Geschichte, ein Teil unseres Schicksals und unseres Leides. Das bringen wir nach Deutschland mit. [...] Das Gesetz in der vorliegenden Form trägt eben die Handschrift derer, die den Anfang wagten. Sie haben damit ein Mahnmal gesetzt, ein Mahnmal an eine schlimme Zeit. Und Mahnmale zerstört man nicht ungestraft. Wer Stasi-Hochburgen eingenommen hat, wird auch das bisschen Courage aufbringen, dieses Gesetzeswerk gegenüber einem gesamtdeutschen Souverän zu verteidigen.«

Der Vortrag Haschkes entlockte Gauck ein »ausdrückliches Dankeschön der bürgerbewegten Parlamentarier«.

Selbst der PDS-Fraktionsvorsitzende Gregor Gysi, der später mit Gauck einen erbitterten Streit über seine mutmaßliche Stasitätigkeit ausfechten sollte, stimmte zu. Die Abstimmung erbrachte eine überragende Zustimmung: Bei nur einer Gegenstimme und wenigen Enthaltungen stimmte die Volkskammer dem Gesetz zu. Wenn der damalige Innen- und heutige Finanzminister Wolfgang Schäuble unablässig betonte, dass die Bundesregierung »die Stasi-Akten als zum Proprium derjenigen [gehörig] betrachtete, die die Revolution gemacht hatten«, dann blendete er offenkundig einen Teil der damaligen Realität aus. Immerhin war der Druck aus Bonn auf die Ost-Berliner Regierung so groß, dass DDR-Staatssekretär Eberhard Stief noch am 29. August erklärt hatte, dass das Gesetz kein Bestandteil des Einigungsvertrages sein werde. Es ist höchst unwahrscheinlich, dass die DDR-Regierung ohne entsprechenden Druck aus Bonn von sich aus diesen Schritt, der einem Affront gegen die Volkskammer gleichkam, gewagt hätte.

Als Reaktion auf die Haltung Bonns und der DDR-Regierung begannen hektische Verhandlungen. Sechs Tage später, am 30. August 1990, berieten die Volkskammer-Abgeordneten erneut über das Problem des Umgangs mit den Stasi-Akten, das wie eine Mauer zwischen den zusammenwachsenden Staaten stand. Jes Möller empörte sich für die SPD:

»In nahezu einmaliger Weise ist der erklärte Wille des Parlamentes von der Regierung und insbesondere vom Innenministerium missachtet worden und flankierend dazu die Öffentlichkeit durch Desinformation über den Willen dieses Hauses getäuscht worden. […] Der Innenminister ließ kurzerhand gänzlich andere Regelungen in den Staatsvertrag hineinverhandeln, und diese andere Regelung ist skandalös. […] Wir erwarten als SPD, dass der Innenminister sich zu seiner politischen Verantwortung bekennt und entweder den Willen des Parlaments durchzusetzen versucht oder zurücktritt.«

Diesen Vorwurf nahm Peter-Michael Diestel nicht unwidersprochen hin: »Ich möchte einfach darauf hinweisen«, rechtfertigte er den veränderten Gesetzestext, »wenn sich zwei Partner an einen Tisch setzen und ein Verhandlungspaket beackern, dann ist es für den Schwächeren nicht möglich, bestimmte Positionen gegen den Willen des Stärkeren durchzusetzen.« Den SPD-Abgeordneten Frank Heltzig hielt es daraufhin nicht mehr auf seinem Sitz: »Dies ist ein Unterwerfungsvertrag. Er hat gesagt: Wir sind in der schwächeren Position. Aber dies ist eine eindeutige DDR-Angelegenheit.« Abermals sprach sich die Volkskammer mit großer Mehrheit für das vom Sonderausschuss erarbeitete Gesetz aus. Marianne Birthler fügte schließlich noch einen Vorschlag für die künftige Besetzung des Amtes des Sonderbeauftragten hinzu: »Der Sonderbeauftragte und seine Mitarbeiter müssen Bürger der DDR gewesen sein. Vor allem müssen sie das Vertrauen der DDR-Bürger genießen und in einer ganz besonderen Weise das Vertrauen der Opfer. Ich meine, Jochen Gauck wäre ein guter Vorschlag.« Der Volkskammer-Protokollant registrierte »Beifall«.

Am gleichen Tag verabredeten die Verhandlungsdelegationen beider Regierungen die Details für den Umgang mit den Stasi-Akten. Der Stärkere setzte sich ungeachtet der flammenden Reden in der Volkskammer durch: Der Koblenzer Oberarchivar war als Herr der Akten vorgesehen, Auskünfte sollten nur dann erteilt werden, wenn die Antragsteller glaubhaft darlegten, dass sie die Informationen für das Einklagen ihrer Rechte benötigten. Einziges Zugeständnis an den kleineren Verhandlungspartner: Dem Präsidenten des Bundesarchivs sollte ein ehemaliger DDR-Bürger beratend zur Seite stehen. Ein klägliches Detail.

Warum beharrte der Westen auf seiner Position, die den legitimen östlichen Wünschen und der Befindlichkeit der nach-revolutionären DDR diametral gegenüberstand? Mangelnde Sensibilität oder handfeste Interessen? Joachim Gauck konnte die bundesrepublikanischen Motive zumindest nachvollziehen:

>Der Westen, zumindest einige führende Köpfe von ihnen, hatte kleinbürgerliche Ängste davor, was denn wohl die böse Stasi von ihren vielen Telefonaten mit allen lieben männlichen und weiblichen Kollegen mitbekommen hatte. Mir kam das schon merkwürdig vor, dass derart banale Gedanken die Politik konterkarieren sollten. Auf der anderen Seite: War denn zu vermuten, dass einer ihrer Minister Stasimitarbeiter war und der Westen deshalb den Daumen auf den Akten haben wollte? Die Frage zu stellen, heißt nicht unbedingt, sie gleich zu verneinen. Nein, das konnte einfach nicht die Politik Schäubles und des Kanzlers sein, da war ich mir sicher. Hinzu kam, dass sicher ein Teil des Apparats hoffte, dass die eher schwachen BRD-Dienste sicher die besseren Nutzer der Akten sein würden, so dass man ihnen einen möglichst umfangreichen Zugang gönnte. Das hätte ich als Vertreter des Bundesnachrichtendienstes oder des Verfassungsschutzes genauso gesehen. Wenn ich einen Dienst leite, dann muss ich doch daran interessiert sein, dass er effektiv arbeitet. Das ist nicht ehrenrührig. Schließlich ist der Verfassungsschutz keine kriminelle Vereinigung, sondern unser aller Schutz vor Chaoten von rechts und links.«

Trotz der Spannungen empfand Gauck die Verhandlungen »nie als besonders belastend«. Getragen von der parlamentarischen Mehrheit und der eigenen Grundüberzeugung, dass »es doch eigentlich alle besser machen wollten als nach dem gescheiterten Versuch eines Schlussstrichs im Anschluss an die nationalsozialistische Diktatur«, setzte sich der Ausschuss-Vorsitzende jedes Mal mit dem Vorsatz an den Tisch: »Mit nichts in der Hand werde ich nicht gehen.« Seine Hoffnungen waren keineswegs verwegen. Denn warum sollte die Bundesregierung eine Machtprobe bei einem Thema heraufbeschwören, mit dem sie keine eigenen Interessen verband – einmal vorausgesetzt, dass es keine massenhafte Verstrickung westdeutscher Politiker mit dem Nachrichtendienst der DDR gegeben hatte? Eine solch starre Haltung machte allenfalls Sinn, wenn es um pekuniäre Entscheidungen ging.

Im Bonner Hintergrund wirkte vor allem eine Person, Schäubles Staatssekretär Hans Neusel. Für die graue Eminenz des Innenministeriums, der bereits einen RAF-Terroranschlag überlebt hatte, war es offenkundig völlig unverständlich, warum die Ossis auf die Mielke-Hinterlassenschaft nicht verzichten wollten. Hans Neusel, das spürte auch sein Vorgesetzter Wolfgang Schäuble, war im Sinne der Dienste »immer sehr engagiert«, während er selbst »sich stets zurückgehalten« habe. Gauck versuchte sich in die Lage des Staatssekretärs zu versetzen:

»In Wirklichkeit dachten Neusel und viele mit ihm: Die Jungs da drüben spielen verrückt. Die haben so schöne Informationen, die können unsere Leute doch gut gebrauchen. Wenn man vierzig Jahre lang in Freiheit gelebt hat, ist es sicher schwer zu verstehen, was es bedeutet, unter einem real existierenden Geheimdienst gelebt zu haben, wie groß also das politische Gut ist, das bearbeiten zu dürfen.«

Neben Neusel setzte sich auch Eckart Werthebach für die Bonner Interessen ein. Aber Werthebachs Engagement weckte bei Gauck allenfalls Mitleid:

»Wir haben ihn immer dafür bedauert, dass er als juristischer Berater von Diestel arbeiten musste. Er arbeitete in einem Klima, wo die Norm des Rechts nicht besonders gut verstanden wurde. Aber natürlich spielte auch eine Rolle, dass die Bundesrepublik viele Vorteile von dieser Zusammenarbeit hatte: Diestel ließ ohne jede Rechtsgrundlage 76 Kisten mit Akten über RAF-Aktivisten nach Bonn transportieren. Das fanden die Abgeordneten zwar ganz gut, weil sie im Anschluss daran Terroristen enttarnten, aber sie hätten es noch besser gefunden, wenn man dafür vorher eine rechtliche Basis geschaffen hätte.«

Gauck und mit ihm viele andere Parlamentarier setzten auf Wolfgang Schäuble:

> »Er war hochpräsent, und er machte rationale Politik. Anders als viele seiner Mitarbeiter, die nicht die Chance für eine Jahrhundert-Entscheidung der Politik erkannten, dass man die gesamte Arbeit eines Geheimdienstes dem Volk zur Verfügung stellen wollte, wich er dank seines Realitätssinns schnell von seiner ursprünglichen Linie ab. Er sah, dass auch seine Fraktion von dem von ihm und Diestel erarbeiteten Konzept abwich, und deshalb schwenkte er sehr schnell um.«

Nach Einschätzung von Marianne Birthler erkannte Schäuble als einer der Ersten, dass »sich die Bundesregierung der Peinlichkeit auszusetzen drohte, sich über diejenigen hinwegzusetzen, die gerade eine Revolution gewonnen hatten«. Zwar hatte der so gelobte westdeutsche Verhandlungsführer klare Prinzipien, die er unmissverständlich am Verhandlungstisch zum Ausdruck brachte: »Es handelt sich um einen Beitritt der DDR zur Bundesrepublik, nicht um die umgekehrte Veranstaltung. Ihr seid herzlich willkommen. Aber hier findet nicht die Vereinigung zweier gleicher Staaten statt.«* Beim Thema Stasi setzte sich bei ihm jedoch langsam aber sicher die Einsicht durch, dass im Wesentlichen nach dem Willen der Volkskammer verfahren werden solle.

Die Brisanz der Überwachungspapiere sorgte immer wieder für Konflikte. In der Volkskammer wäre es am 28. September sogar fast zu Handgreiflichkeiten gekommen, als Vizepräsident Wolfgang Ullmann nach vorne trat, in der Sackotasche eine Liste mit den Namen derjenigen Abgeordneten, die von dem dazu beauftragten Prüfungsausschuss der Volkskammer als IM ermittelt worden waren. In diesem Moment wurden, so die Beobachtung einiger ehemaliger Volkskammer-Abgeordneter, CDU-Fraktionschef Günther Krause und viele andere Anwesende »richtig grün im Gesicht«. Es entwickelte sich eine stundenlange, zeitweise unter-

---

* Zit. nach Heinrich Pleticha (Hg.): Deutsche Geschichte Band 12: Teilung und Wiedervereinigung – 1945 bis heute. Gütersloh 1993, S. 322.

brochene, hitzige und emotionale Debatte. Volkskammer-Präsidentin Sabine Bergmann-Pohl hatte sich aus Gewissensgründen geweigert, die Namen zu verlesen. Günther Krause setzte durch, dass das Publikum ausgeschlossen wurde. In nicht-öffentlicher Sitzung las Ullmann schließlich die Namen der fünfzehn am stärksten belasteten Abgeordneten und Minister vor, denen der Prüfungsausschuss die Niederlegung des Mandats beziehungsweise den Rücktritt empfohlen hatte. Reflexartig wiesen fast alle Beschuldigten die Vorwürfe zurück, nur Städtebauminister Axel Viehweger (FDP) erklärte seinen Rücktritt.

Die Volkskammer und vor allem der Sonderausschuss-Vorsitzende Joachim Gauck standen Anfang September 1990, trotz des Realitätssinns von Verhandlungsführer Wolfgang Schäuble, vor einem Scherbenhaufen. Weniger die starre Haltung der Bundesrepublik als die uneinsichtige und unsensible Haltung der eigenen Regierung heizte die Stimmung auf. Diestel und andere erkannten nicht, wie elementar das Bedürfnis der Bürgerrechtler nach einer selbst bestimmten Regelung über den Umgang mit den Stasi-Akten war und dass die Revolutionäre der ersten Stunde den Willen eines Großteils der Bevölkerung artikulierten.

Nun machten die Bürgerrechtler Ernst. Am 4. September besetzten vierundzwanzig Aktivisten erneut einige Räume der ehemaligen Zentrale des Ministeriums für Staatssicherheit in der Berliner Normannenstraße. Katja Havemann, Bärbel Bohley und Ingrid Köppe stellten im Namen der Besetzer zwei Forderungen: die Aushändigung der Akten an alle bespitzelten Bürger und die Übernahme des von der Volkskammer am 24. August beschlossenen Gesetzes in den Einigungsvertrag. Um zu zeigen, dass ihre Forderungen ernst gemeint waren, erklärten sie, dass sie in einen Hungerstreik treten würden. Der Unterstützung der meisten Parlamentarier durften sie sicher sein, nur die eigene Regierung reagierte zunächst unwirsch und erstattete Strafanzeige wegen Hausfriedensbruchs. Auch Joachim Gauck stand der spontanen Aktion, die den Medien tagelang Schlagzeilen bescherte, äußerst reserviert gegenüber.

»Ich komme nun mal aus dem Norden und nicht aus Berlin. Ich mag keine Besetzungen und Blockaden. Nicht nur Bärbel Bohley und ihre Mitstreiter, sondern quasi die ganze Volkskammer forderte, dass wir das Ende des eigens kreierten Stasi-Unterlagen-Gesetzes nicht widerstandslos hinnehmen sollten. Natürlich sorgte ihre Aktion für Stimmung, aber wir Parlamentarier waren durchaus in der Lage, selbst unsere Interessen zu vertreten. Bärbel Bohley und andere mussten begreifen, dass es auch andere Politikansätze in der Bürgerbewegung gibt. In dieser Situation wollte ich den Konflikt geradezu.«

Gauck, in dem sich hartnäckiger Realismus mit norddeutscher Sturheit verband, hatte sich geistig längst vom revolutionären Flügel der Bürgerrechtsbewegung entfernt. Er verspürte eine Affinität zur Sozialdemokratie und akzeptierte die rechtsstaatlich vorgeschriebenen Verfahren der parlamentarischen Demokratie bedingungslos. Das machte ihn in den Reihen eines Teils der Bürgerrechtler suspekt.

»Seit 1933 gab es in der DDR kein freies Parlament mehr. Deswegen empfand ich es als ein solch hohes Gut, deswegen waren die Normen für mich von großem Wert. Dies verteidige ich auch gegen eine institutionalisierte Revolution, die darauf hinausläuft, dass der Wohlfahrtsausschuss der Erleuchtung die Ordnung jeweils aktuell festlegt – nach Normen, die nur den Erleuchteten zugänglich sind.«

Beide Regierungen gaben schließlich nach. Der vereinigte parlamentarische und voluntaristische Druck bewegte die Verhandlungsführer zum Einlenken. Gauck unterschätzte sicher die Wirkung, die die medienwirksame Aktion der Besetzer in Bonn und Ost-Berlin hatte. Andererseits erkannten die Aktivisten in keiner Weise, dass ihre spektakuläre Form des Protestes keinerlei Erfolg gehabt hätte, wenn nicht die vermeintlich unfähigen Parlamentarier auf ihren Forderungen nach verbindlichen Gesetzen bestanden hätten. Es war dieses »Musterbeispiel an Ergänzung« (Marianne Birthler), das letztlich zum Erfolg führte. Am 12. September stimmte das Bundeskabinett dem Wunsch nach einer entsprechenden Zusatzvereinbarung zum unterschriftsreifen Einigungsvertrag zu. Die Akten, so die Vereinbarung, sollten im Osten bleiben, und den Betroffenen sollte die Gelegenheit zur Einsichtnahme gegeben werden. Grundsätzlich freundete man sich auch bereits mit dem Gedanken an, dass statt des Präsidenten des Koblenzer Bundesarchivs Joachim Gauck die Verwaltung der Stasi-Unterlagen übernehmen könnte.

Die Sprecherin der Besetzer, Bärbel Bohley, traute den Politikern aus Ost und West nicht. »Nicht ohne meine Akte« wollte sie das Gebäude verlassen und merkte gar nicht, wie sie mit dieser nur auf sich selbst bezogenen Forderung das Bemühen der ostdeutschen Parlamentarier um eine umfassende Aufarbeitung der Unterlagen geradezu konterkarierte. Am 18. September, also nur wenige Tage vor In-Kraft-Treten des am 31. August unterzeichneten Einigungsvertrages, hatte Joachim Gauck fast den ganzen Tag über in Bonn über weitere Details verhandelt. Als er am späten Abend wieder in Berlin ankam, fuhr er direkt in die Normannenstraße und stellte sich zusammen mit Jens Reich den Besetzern. Gauck hatte kaum die neuen Formulierungen im Einigungsvertrag vorgetragen, als ihn Bärbel Bohley inquisitorisch fragte: »Für wen haben Sie etwas erreicht?« Gauck blieb zunächst gelassen: »Ich war als Stadtjugendpastor in erbitterte Kämpfe gegen die Stasi verwickelt. Ich weiß, wovon ich rede. Ich weiß aber auch, dass wir in unserer jungen Demokratie lernen müssen, dass das Recht ein besonderer Wert ist.« Die Stimmung wurde hitzig, Jens Reich lauschte regungslos. Er und Gauck hatten auf zwei Stühlen am Kopf des Zimmers Platz genommen, während die meisten Besetzer auf dem Boden saßen. »Glauben Sie das eigentlich selber?«, fuhr Bohley Gauck an. »Früher hatten wir wenigstens ein Gesetz. Heute appelliert man nur noch an den Glauben.« Jetzt verschärfte auch Gauck den Ton: »Wir sind doch nicht auf dem Zigeunermarkt. Wir leben nicht mehr in Zeiten des Feudalismus, wo die Bundesregierung allein Gesetze erlässt. Ich lasse mir nicht irgendwelchen Müll um die Ohren hauen.« Als ihm die Besetzer vorwarfen, er informiere sie nicht ausreichend über den Stand der Verhandlungen, drohte er sogar mit seinem Rücktritt.

Den wunden Punkt, dass das Rehabilitationsgesetz auch nach den Nachverhandlungen definitiv nicht im Einigungsvertrag berücksichtigt wurde und dass die Zusatzvereinbarung, wie Jens Reich formulierte, »einen zu geringen Verbindlichkeitscharakter« aufwies, bedauerte auch Joachim Gauck. Darüber hinaus ärgerten ihn die ständigen Hinweise der westdeutschen Verhandlungspartner auf die finanziellen Probleme. Bärbel Bohley resümierte: »Das ist insgesamt eine politische Niederlage.« Vehement forderte sie von ihren Mitbesetzern, aus einer Niederlage keinen Sieg zu machen: »Wir müssen unsere Radikalität beibehalten!« In der hintersten Ecke des Raumes hatte bis dahin eine Person die Ausführungen scheinbar teilnahmslos verfolgt. Jetzt aber meldete sich auch Wolf Biermann zu Wort. Der prominente Regimekritiker und Liedermacher, den Erich Honecker 1976 zur unerwünschten Person erklärt und ausgebürgert hatte, sprang dem Gescholtenen unerwartet zur Seite. »Es kann keine richtigen Sieger und Besiegte geben. Ich habe den Eindruck, dass der Gauck kein Schwein ist, dass er ehrlich ist und sich Mühe gibt.« Gauck nahm diese Unterstützung dankbar auf. »Mit deinen Bildern und Gedichten«, wandte er sich an Bärbel Bohley, »erreichst du nichts. Wir brauchen konkrete Vorlagen, die wir einem Rechtsanwalt an die Hand geben können.« Doch Bohley blieb uneinsichtig und meinte zu Biermann: »Geh du mit Gauck, ich nicht.«

Jetzt warb auch Jens Reich um Zustimmung für Joachim Gauck als künftigem Sonderbeauftragten: »Nur Gauck hat eine Chance.« »Vielleicht treten die dich ja auch in den Arsch und jagen dich als Sonderbeauftragten davon«, wandte Biermann ein. Gauck gab sich wieder gelassen: »Ich bin jederzeit bereit, für einen anderen qualifizierten Kandidaten meinen Platz zu räumen.«

Dazu sollte es nicht kommen. Einen Tag später, am 19. September, schlug die DDR-Regierung den Vorsitzenden des Sonderausschusses der Volkskammer zur Kontrolle der Auflösung des ehemaligen Staatssicherheits-Ministeriums, Joachim Gauck, als »Sonderbeauftragten der Bundesregierung für die Verwaltung der Akten und Dateien des ehemaligen Ministeriums für Staatssicherheit/Amtes für Nationale Sicherheit« vor. Wichtiger noch: Mit 299 gegen 80 Stimmen der PDS und Teilen von Bündnis 90 ratifizierten Bundestag und Volkskammer am 20. September den Einigungsvertrag, der auf 244 großformatigen Seiten die mit der staatlichen Einheit verbundenen Rechts-, Finanz- und Vermögensfragen regelt. Während vielerorts Klagen über das vermeintlich vom Westen diktierte Vertragswerk laut wurden, zeigte sich Joachim Gauck zufrieden. Die Regularien des Stasi-Unterlagengesetzes berücksichtigen »wesentliche Anliegen der Bürgerbewegung«. Seinen eigenen Anteil am Gelingen dieses Prozesses kennt er ganz genau:

»Dass ich 1990 diese Koalition der Vernunft in der Volkskammer geschmiedet habe, betrachte ich als mein eigentliches politisches Werk. Heute ist sich die breite Mehrheit darüber einig, dass es sich ausgezahlt hat, dass wir uns seinerzeit nicht parteipolitisch zerstritten haben. Mit dem Amt des Sonderbeauftragten haben sie mich dafür quasi belohnt.«

Tatsächlich sparten seine Ausschuss-Kollegen nicht mit Lob. Von rechts bis links schätzten sie Gaucks »Integrationsfähigkeit«, seine »Solidität« und »Standfestigkeit«. Die *Junge Welt* fasste zusammen:

»Der 50-Jährige, dem man bei all seinen Auftritten seinen eigentlichen Beruf des Pfarrers immer wieder anmerkt, erwies sich als Top-Besetzung für diesen sensiblen Posten. Mag es sein theologischer Hintergrund oder sein ruhiges Naturell des Norddeutschen mit bewirkt haben – über alle Fraktionsgrenzen hinweg schaffte er die Integration der Meinungen in der Volkskammer zur Stasi-Thematik.«

Auch die Mitglieder der staatlichen Auflösungskommission standen hinter der Auffassung Gaucks, dass die Verfügbarkeit der Akten das »Interesse der Unterdrückten« stütze. Der spätere Alterspräsident des Deutschen Bundestags, Stefan Heym, formulierte eine Erklärung im Namen der Kommission, in der der Schriftsteller auf einfühlsame und präzise Weise das absurde und erniedrigende Wirken der Stasi nachzeichnete und gleichzeitig die Notwendigkeit einer dreidimensionalen Aufarbeitung der Akten verteidigte:

>Die Akten [...] waren eine Dokumentation menschlicher Selbsterniedrigung. Hier bespitzelte der Nachbar den Nachbarn, der Bruder den Bruder, der Sohn den Vater, die eigene Frau ihren Mann, und all das war säuberlich niedergeschrieben und abgeheftet und stand in kilometerlangen Reihen in den festungsartigen Bauten der Staatssicherheit in allen größeren Städten der DDR und besonders in Berlin. Das Zeug dem Reißwolf zu übergeben, wäre eine seelische Erleichterung gewesen, nicht nur für die Mitglieder der Kommission: Tabula rasa und Neuanfang und fertig. Aber was da lag, zunächst schlecht bewacht und dem Zugriff jedes X-Beliebigen preisgegeben, war nicht nur diese Art von Dynamit: Es war auch historisches Material. Kaum je in der Geschichte eines Landes ist eine Periode so ausführlich und gründlich dokumentiert worden wie diese vierzig Jahre DDR durch ihre Geheimpolizei. Kein Winkel des menschlichen Lebens, der da nicht durchstöbert, kein Aspekt menschlicher Gedanken, der da nicht durchleuchtet worden wäre. Das alles zu zerstören, hätte die Vernichtung von Unersetzlichem bedeutet, die Enkel hätten es uns nie verziehen. Außerdem befinden sich in manchen dieser Akten die Beweise für die absolute Ehrenhaftigkeit zahlloser Bürger, die durch die Machenschaften der Stasi unschuldig ins Gefängnis gekommen oder des Landes verwiesen worden waren und Verluste an Stellung und Eigentum und andere Unbill erlitten hatten. Diese hatten ein Anrecht auf Entschädigung und Rehabilitierung, und hier ist das Material, auf dem ihre Ansprüche basieren konnten. Aber, und das war das Komplizierte, auch der Anlass für weiteren Zwist und Streit, ja für Mord und Totschlag, fand sich in diesen Papieren und Bändern. Wer hätte sich nicht rächen wollen an vermeintlichen oder echten Denunzianten, eine blutige Saat würde ausgehen von den Akten der Stasi. [...] Die Kommission musste also Wege finden, die Akten sicherzustellen und zuverlässig aufbewahren zu lassen, und Verfahrensweisen, durch die sie einerseits vor dem Zugriff Unberufener geschützt sein und andererseits Zutritt zu ihnen für legitime Zwecke – also für juristische und historische – gewährleistet sein würden. [...] Die Akten stell-

ten einen Teil der Vergangenheit der DDR und ihrer Bürger dar und waren nötig zur Aufarbeitung und Bewältigung dieser Vergangenheit.«

Gauck genoss parteiübergreifende Akzeptanz und Achtung. Er hatte sich im Verlauf der letzten Monate mit harten Verhandlungen einen großen Vertrauensbonus erarbeitet. Vor allem aber verkörperte er Unabhängigkeit. Auch in der CDU setzte sich die Erkenntnis durch, dass es sich bei Gauck nicht um einen unberechenbaren Alternativen oder ein politisches Irrlicht handelte. Dem ehemaligen Pastor unterstellten die Abgeordneten in Ost und West ein hohes Maß an Integrität und Moral. Darüber hinaus besaß er das uneingeschränkte Vertrauen der Opfer. Wolfgang Schäuble schätzte Gauck als einen »sehr selbstbewussten, engagierten Mann, der genaue Zielvorstellungen und hohe moralische Ansprüche« hatte.

»Ich hatte als Kanzleramtschef viel DDR-Erfahrung gesammelt. Ich kannte viele politische und gesellschaftliche Größen, aber im Gegensatz zu vielen von ihnen hatte ich Joachim Gauck gegenüber vom ersten Moment an ein Gefühl der Vertrautheit, der Zugehörigkeit.«

Als sich die Verhandlungsexperten der westlichen Seite Gedanken über die wichtigste Personalentscheidung im Zusammenhang mit den Stasi-Akten machten, die Besetzung des künftigen Sonder- bzw. Bundesbeauftragten, wandte sich Schäuble an Günther Krause. »Was ist das denn für einer?«, bat er um eine Einschätzung. Der Verhandlungsführer der Ostdeutschen, Mecklenburger wie Gauck, beließ es bei einer knappen Beschreibung: »Der kommt zwar vom Neuen Forum, aber der ist ganz in Ordnung.« Schäuble war zufrieden: »Der muss es auch im vereinten Deutschland werden.«

Nicht ein einziger Name kursierte als Alternative zum ehemaligen Pastor. So wurde Joachim Gauck tatsächlich die Ausnahme von der bundesdeutschen Besetzungsregel, nach der einflussreiche Positionen bis hinauf zu Bundesrichtern vorrangig nach Parteienproporz besetzt werden. Für Wolfgang Schäuble war das kein Problem: »Schließlich hatten in der Volkskammer keine Verfassungsfeinde die Mehrheit. Das waren mehrheitlich unsere eigenen Leute, die Gauck gewählt hatten.« Auch für Jens Reich gab es, gerade vor dem Hintergrund der schließlich doch noch erfolgreichen Stasi-Akten-Verhandlungen zum Einigungsvertrag, keine bessere Wahl:

> »Er war als Kandidat für alle Parteien akzeptabel, weil er keine ausgewiesenen Loyalitäten pflegen musste. Vor allem aber war er einer der geistigen und politischen Köpfe, der für eines der ganz wenigen erreichten Ziele der Bürgerbewegung steht. Der Westen hat alle Vorstellungen des Ostens zu Fragen des Eigentums oder der Verfassung einfach weggewischt. Dass es gelang, die Akten dezentral zu lagern und sie der Forschung und der Bevölkerung zugänglich zu machen, ist ein historisch einmaliger Erfolg.«

Daran schienen sich auch fünf Jahre später, als Gaucks Wiederwahl anstand, die meisten Parlamentarier erinnern zu können. Bereits im Vorfeld der Debatte war der ehemalige Innenminister Wolfgang Schäuble auf seinen Nachfolger Manfred Kanther (CDU) zugegangen und hatte ihm empfohlen: »Nimm den Gauck ruhig wieder.« Die problemlose Wiederwahl 1995 überraschte nicht zuletzt deswegen, weil Joachim Gauck, respektive seine Behörde, seit Jahren in der Öffentlichkeit einen heftigen Streit mit dem populären SPD-Ministerpräsidenten Manfred Stolpe austrug. Die Parlamentarier, auch die der Sozialdemokratie, wussten aber offenkundig sehr wohl einzuschätzen, dass sich Gauck bei seinen Aktenfunden, Zwischenberichten und in seinen Interviews gegenüber dem Gesetz, dem sie selbst zugestimmt hatten, korrekt verhielt. Der Vorschlag zur Wiederwahl Gaucks traf nur in den Reihen der PDS auf Ablehnung.

Lange Zeit stand ernsthaft zur Debatte, ob Gauck nicht auch über das Jahr 2000 hinaus der Behörde vorstehen solle. Im Frühjahr 1999 deuteten einflussreiche Politiker Gauck gegenüber an, dass man für ihn das Stasi-Unterlagen-Gesetz, das lediglich eine einmalige Wiederwahl vorsieht (StUG, § 35, Absatz 4), ändern würde. Innenminister Otto Schily (SPD) fragte ebenso wie Oppositionschef Wolfgang Schäuble an, ob Gauck zu einer Verlängerung der Amtszeit bereit sei. Gauck zögerte – und tat schließlich das einzig Richtige: Er sagte ab. Die Behörde, die da schon lange seinen Namen trug, war längst eine vom überwiegenden Teil der Bevölkerung akzeptierte Institution geworden. Ihr Nutzen hinsichtlich Bildung und Forschung wird wohl erst später vollständig erkannt und geschätzt werden. Für die Erfolgsgeschichte stand – neben vielen anderen – der Name Gauck. Er verkörperte die Behörde. Unwiderruflich. Wozu also eine Verlängerung seiner Amtszeit? Joachim Gauck hat als politischer Aufklärer Maßstäbe gesetzt. Als Behördenleiter, und das wusste er, war er nicht unersetzlich. Er gab auch zu bedenken, dass eine Gesetzesänderung wegen seiner Person »möglicherweise mir und dem Amt geschadet« hätte.

Zurück zu den Ereignissen des Jahres 1990. In seinem Abschlussbericht, den er am 28. September unmittelbar vor seiner Wahl zum Sonderbeauftragten der Bundesregierung erstattete, hatte Gauck den Blick in die Zukunft gerichtet. »Die Macht des MfS ist gebrochen«, betonte er. Dem Fazit vieler Menschen aber, dass die Auflösungsarbeit getan sei, müsse er widersprechen:

»Wir müssen die Befreiung von dem Unterdrückungsapparat sichern. […] Nicht aus Rachsucht, sondern wir wollen mit dem Bewahrten so umgehen, dass Gerechtigkeit gefördert, der Reinigungsprozess fortgeführt [wird] und dass der innere Friede gesucht und bewahrt bleibt. […] Mit Verdrängen und Vergessen gibt es eine leichte Lösung, die für den Augenblick als das Einfachste erscheint. Wir haben vielmehr zu lernen, dass wir nicht zu uns selbst kommen, wenn wir vor uns selbst weglaufen. Wir werden uns auch […] wieder zu erkennen haben in den Taten und Worten der Anpassung und des Verrats. Wir werden uns wieder erkennen müssen in der Feigheit und in der Fähigkeit, diese Feigheit als unsere Feigheit zu benennen, und in einer Kraft, eben Verrat Verrat zu nennen, und darin, dass wir uns möglicherweise sogar dazu verstehen können, Schuld nicht nur anderer zu benennen, sondern von Schuld als ›meiner Schuld‹ zu sprechen. […] Es gibt vielmehr die Möglichkeit zu elementaren Neuanfängen. Da, wo man zu seiner Schuld steht und bereit ist, sie offen zu machen und wieder gutzumachen, was wieder gutzumachen ist, da erst eröffnen sich plötzlich neue Wege. […] Es dient dem Kranken nicht, wenn er sich schminkt und als gesund ausgibt. Er überfordert seine Kräfte, die er bei seinem Heilungsprozess braucht. […] Auch ein Kranker hat Anteil an der Würde, die allen Menschen eigen ist. Wir arbeiten an unserer Gesundung. Wir sind noch nicht perfekt.«

Seine Schlussworte richtete er an den Westen:

»Wenn wir im gemeinsamen Deutschland angekommen sein werden, werden wir trotz aller Lasten nicht nur Belastete sein. Man wird in diesem Land eine große Mehrheit derer finden, die sich nicht verkauft haben, die in trüben Jahren elementare Hoffnung bewahrt haben und die schließlich die Kraft hatten, für ihre Freiheit zu kämpfen und aufzustehen, die alles andere als ein Geschenk in den Schoß gelegt bekommen haben.«

Wenige Minuten später wählten die Parlamentarier Joachim Gauck zum Sonderbeauftragten der Bundesregierung für die Verwahrung der Akten und Dateien des ehemaligen MfS.

Im Abschnitt II Nr. 2 der Anlage I, Kapitel II, Sachgebiet B, zum Einigungsvertrag vom 31. August 1990 hatten die Volkskammer und der Bundestag dem Gesetzgeber klare Aufgaben zugewiesen:

»Die Aufbewahrung, Nutzung und Sicherung dieser Unterlagen bedarf wegen der damit verbundenen erheblichen Eingriffe in Grundrechtspositionen einer umfassenden gesetzlichen Regelung durch den gesamtdeutschen Gesetzgeber. Die Vertragspartner empfehlen den gesetzgebenden Körperschaften dabei die Grundsätze zu berücksichtigen, wie sie in dem von der Volkskammer am 24. August 1990 verabschiedeten Gesetz über die Sicherung und Nutzung der personenbezogenen Daten […] zum Ausdruck kommt.«

Zusätzlich erwarteten die Vertragspartner, dass der Gesetzgeber die Voraussetzungen dafür schaffte, »dass die politische, historische und juristische Aufarbeitung [...] gewährleistet bleibt«. Die Aufarbeitung, das Lernen aus der unheilvollen Geschichte, stand im Zentrum des Interesses, nicht die Gier nach der Sensation oder die Lust auf Rache.

Einen Tag nachdem Bundeskanzler Helmut Kohl auf dem CDU-Vereinigungsparteitag in Hamburg mit einem an SED-Rekorde erinnernden Ergebnis von 98,5 Prozent zum Parteivorsitzenden gewählt worden war – einziger Stellvertreter wurde der bisherige Vorsitzende der CDU der DDR, Lothar de Maizière – traf sich die politische und gesellschaftliche Prominenz der beiden deutschen Staaten am 2. Oktober zu einem Festakt der DDR-Regierung im Ost-Berliner Schauspielhaus. Nur etwa eine Stunde zuvor, um exakt 18.45 Uhr, hatte Reinhard Höppner vor den Volkskammer-Abgeordneten erklärt: »Die 38. Tagung der Volkskammer und damit unsere letzte Tagung des ersten frei gewählten Parlaments der DDR ist beendet.« An dieser Festsitzung im Staatsratsgebäude nahmen zahlreiche Mitglieder des Bundestages teil, darunter die Vizepräsidenten Annemarie Renger (SPD), Richard Stücklen (CSU) und Heinz Westphal (SPD) sowie SPD-Fraktionschef Hans-Jochen Vogel. Die Fraktionsvorsitzenden zogen Bilanz: In den knapp sechs Monaten hatten die Parlamentarier unter anderem 164 Gesetze beraten und verabschiedet. Die Abgeordneten, unter ihnen die 144 Kollegen, die in das gesamtdeutsche Parlament entsandt wurden, spendeten Präsidentin Sabine Bergmann-Pohl starken Beifall für ihr Schlusswort, in dem viele der Zuhörer den entscheidenden Einschnitt in die eigene Biografie, den die Jahre 1989/90 für jeden Einzelnen von ihnen bedeutet hatte, treffend wiedergegeben fanden:

»Keiner von uns konnte vor einem Jahr ahnen, auf welche Weise die Geschichte einmal seinen Lebensplan durchkreuzen würde. Die Herausforderung war groß, die politischen Erfahrungen für die meisten von uns gering. Alle mussten lernen, die Regeln einer freiheitlichen parlamentarischen Demokratie einzuüben. Kühne Entscheidungen und zugleich nüchterne Urteile wurden von uns verlangt. Auch unser Werk ist nur Menschenwerk. Es schließt Irrtümer und Fehler nicht aus, und doch haben wir immer wieder versucht, ein Zeichen der Wahrhaftigkeit zu setzen.«

Sie erinnerte auch an die »vierzig Jahre der fürsorglichen Bevormundung« durch einen Staat, »der alles regelte und dafür dem Einzelnen jedes Recht nahm«. Nachdem das Volk die Fremdherrschaft abgeschüttelt habe, gelte nun die Selbstbestimmung und Selbstverantwortung:

»Was wir als Erfahrung aus unserer friedlichen Revolution auch hinübernehmen in die Einheit, ist die Freiheit zur Wahrheit aus eigener Kraft. Sie bestärkt uns nicht nur in unserem Zutrauen, sondern auch in der Notwendigkeit, die Akten der Vergangenheit als einen Teil unserer Geschichte anzunehmen und aufzuarbeiten. Einerseits sollen der Erhalt und die Nutzung der Stasi-Akten dazu dienen, Unrecht zu benennen und den Opfern Recht und Entschädigung zukommen zu lassen. Andererseits haben wir erfahren müssen, wie die Akten aus Opfern Täter machten und die Wahrheit über die wirklichen Täter verschleierten. Was wir von unserer Seite mitnehmen wollen aus der Zeit unseres demokratischen Neubeginns, ist die Hoffnung auf bessere menschliche Beziehungen, ist die Achtung vor dem Andersdenkenden, ist der Respekt vor der unveräußerlichen Würde des Menschen und seiner Individualität.«

Im Schauspielhaus ergriff dann Lothar de Maizière das Wort. In seiner letzten Ansprache als Ministerpräsident der DDR bezeichnete er den Beitritt zur Bundesrepublik als »eine Stunde großer Freude« und als »einen Abschied ohne Tränen«. Im Anschluss an de Maizières Abgesang auf den zweiten deutschen Staat übernahm Kurt Masur den Taktstock. Unter seiner Leitung spielte das Gewandhausorchester Leipzig die 9. Symphonie von Ludwig van Beethoven.

In der Pause eilte plötzlich ein Beamter des Innenministeriums auf Joachim Gauck zu. In der Hand hielt er die Ernennungsurkunde für das Amt des Sonderbeauftragten. Gauck schaute den Bonner Beamten mit großen Augen an. »Der Rechtscharakter der Überreichung einer solchen Urkunde war mir überhaupt nicht geläufig.« Entscheidend an dieser vom Bundespräsidenten, von Kanzler und Innenminister unterzeichneten Urkunde war, dass Gauck sie aus rechtlichen Gründen noch vor Mitternacht, der Geburtsstunde des vereinten Deutschlands, in der Hand halten musste. Es passte in die Wirren der Wendezeit, dass der übliche feierliche Akt ausfiel und die Überreichung der Urkunde irgendwo zwischen Schauspielhaus-Bühne und Herrentoilette inmitten großen Trubels stattfand. »Ich stand da, die Leute liefen um mich herum und ich wusste gar nicht, wohin mit dem Ding.«

Einige Stunden später war die deutsch-deutsche Zweistaatlichkeit offiziell ein Kapitel in den Geschichtsbüchern. Um 00.00 Uhr des 3. Oktober nahm die erste Bundesbehörde im Beitrittsgebiet offiziell ihre Arbeit auf – die Behörde des Sonderbeauftragten Joachim Gauck. Die offizielle Geburtsstunde des wiedervereinigten Deutschlands fiel somit ausgerechnet mit der Dienstaufnahme jener Behörde zusammen, die die Zeugnisse des dunkelsten Kapitels der DDR-Geschichte verwaltete, Zeugnisse, die die Erniedrigung und Entmündigung der Menschen durch einen allmächtigen Staat und das Misstrauen eines jeden gegen jeden dokumentierten. Wer auf die Geschichte des wiedervereinigten Deutschlands zurückblickend zuallererst der zahlreichen Fälle gedenkt, in denen die Akten politisch instrumentalisiert wurden und zu falschen Verdächtigungen führten, mag diese Koinzidenz für ein Menetekel halten. Wer dagegen an die heilsame Wirkung einer lückenlosen Aufarbeitung glaubt, wird eher geneigt sein, von einem guten Omen zu sprechen.

Zu diesem Zeitpunkt war die konkrete Nutzung der unvorstellbar großen Menge an persönlichen, zum Teil intimen Details aus dem Leben Hunderttausender ehemaliger DDR-Bürger nur durch die Bestimmungen des Einigungsvertrags geregelt. Gemäß seinem Auftrag erstellte Joachim Gauck bis zum 12. Dezember 1990 eine vorläufige Benutzerordnung, in der die wenigen Möglichkeiten geregelt waren, die der Einigungsvertrag vorsah:

»Bis zum Erlass einer endgültigen Regelung dürfen personenbezogene Daten nur für folgende Zwecke genutzt werden:

1. Für Zwecke der Wiedergutmachung und der Rehabilitierung von Betroffenen,

2. zur Feststellung einer offiziellen oder inoffiziellen Tätigkeit für das ehemalige MfS/AfNS, und zwar

    a.) für die Überprüfung von Abgeordneten und Kandidaten für parlamentarische Mandate mit Zustimmung der Betroffenen,

    b.) für die Weiterverwendung von Personen im öffentlichen Dienst, die beim Wirksamwerden des Beitritts der neuen Bundesländer in der öffentlichen Verwaltung der ehemaligen DDR oder des Teils von Berlin, in dem das Grundgesetz bisher nicht gegolten hat, als Arbeitnehmer beschäftigt waren, mit deren Kenntnis und

    c.) für die Einstellung von Personen in den öffentlichen Dienst und für Sicherheitsüberprüfungen mit Zustimmung der Betroffenen,

3. zur Verfolgung von Straftaten im Zusammenhang mit der Tätigkeit des ehemaligen MfS,

4. zur Aufklärung und Verfolgung der in Artikel 1 § 2 Abs. 1 des Gesetzes zur Beschränkung des Brief-, Post und Fernmeldegeheimnisses genannten Straftaten durch Strafverfolgungsbehörden und andere Behörden im Rahmen ihrer gesetzlichen Aufgaben,

5. zur Abwehr einer gegenwärtigen oder drohenden Verletzung des Persönlichkeitsrechts von Betroffenen.«

Die seit 1992 übliche und millionenfach praktizierte persönliche Einsichtnahme von einzelnen Bürgern in ihre Akten sah der Einigungsvertrag jedoch nicht vor. Ebenso wenig sollten Forschung und Anträge von Journalisten auf Herausgabe von Akten möglich sein. Allenfalls Parlamente und Behörden, die sich über etwaige diskreditierende Handlungen ihrer Beschäftigten zu DDR-Zeiten sorgten, durften um Auskunft ersuchen.

Joachim Gauck nahm das Angebot des Bonner Innenministeriums dankbar an, das angeboten hatte, einen schlagkräftigen und versierten Aufbaustab nach Berlin zu entsenden. Der Auftrag lag auf der Hand: die Schaffung einer Behörde, die die erwartete Flut von Anträgen bewältigen sollte. An der Spitze des Aufbaustabs stand Dr. Rainer Frank, von dem nicht wenige vermuteten, dass er Direktor der neuen Behörde und damit Gaucks Stellvertreter werden könnte. Gauck setzte auf einen anderen Kandidaten: »Ich wollte sehr früh meine Unabhängigkeit testen, und ich glaube, dass die Bonner darüber nicht sehr erfreut waren.«

Die Resonanz auf die Stellenausschreibungen der Behörde war enorm: Mitte 1991 hatten sich über 12 000 Personen beworben, knapp 200 von ihnen stellte der Aufbaustab zunächst ein. Mit einem Mitarbeiterbedarf von über 3500 Personen wurde gerechnet. Viele der westdeutschen Beamten hatten wenig Gespür für die Bedeutung der Personalauswahl. So wurde mancher Genosse eingestellt, der sich im Vergleich zu manchem Bürgerrechtler besser darauf verstand, sich während der Bewerbungsgespräche glänzend zu verkaufen.

Bei der Besetzung der leitenden Positionen nahm Gauck an den Beratungen teil. Dass unter den mehr als 3000 Mitarbeitern der Behörde auch ehemalige Stasibedienstete waren, sorgt bis heute für erhebliche Unruhe und hatte einen nicht zu unterschätzenden Vertrauensverlust insbesondere in Kreisen der Bürgerrechtler zur Folge. Am intensivsten rechnete der 1999 verstorbene Schriftsteller Jürgen Fuchs, der dem 16-köpfigen Beirat der Behörde angehörte, in seinem Buch *Magdalena* – Untertitel: *MfS, Memfisblues, Stasi, Die Firma VEB Horch & Gauck* – mit der Weiterbeschäftigung ehemaliger MfS-Angehöriger ab.

Auch in diesem Fall waren die Wünsche der Bürgerrechtler mit rechtsstaatlichen Notwendigkeiten unvereinbar. Und wieder, wie während der Besetzung der Berliner Stasi-Zentrale in der Normannenstraße im vorangegangenen September, stellte sich Joachim Gauck im Interesse einer möglichst umfassenden Aufklärung dem Wunsch nach moralischer Aufrichtigkeit entgegen. Gauck, der Diestel stets heftig wegen dessen Fürsorge für die ehemaligen

SED-Kader attackiert hatte, wechselte für viele ehemalige Mitstreiter völlig überraschend die Seiten und verteidigte die umstrittene Weiterbeschäftigung der einstigen Täter. Bei einer Besprechung im Kreise der ersten Mitarbeiter hatte sich der Behördenleiter, der zunächst gegen eine Weiterbeschäftigung von Stasileuten gewesen war, davon überzeugen lassen, dass die Mitarbeit von »ganz wenigen« solcher Stasi-Leute nützlich sein konnte. Auch manche Vertreter der ehemaligen Bürgerkomitees wiesen auf die positiven Erfahrungen hin, die sie mit ausgesuchten ehemaligen MfS-Bediensteten gemacht hatten. Deren »Spezialkenntnisse« seien in einzelnen Bereichen von unschätzbarem Wert, die »sprichwörtliche Suche nach der Stecknadel im Heuhaufen« sei ohne diese Gruppe »äußerst kooperativer und loyaler« Mitarbeiter fast aussichtslos gewesen. Für eine effiziente Arbeit der Behörde schien es also sinnvoll zu sein, solche Mitarbeiter zu akzeptieren, die zuvor schon den Bürgerkomitees geholfen hatten, auch wenn sie vorbelastet waren.

Als diese Entscheidung, die durchaus nicht im Geheimen getroffen worden war, in weiteren Kreisen bekannt wurde, legte man dem Behördenleiter nahe, auf jeden Fall auslaufende Fristverträge nicht zu verlängern und sich von den vorbelasteten Mitarbeitern bald wieder zu trennen. Die Juristen innerhalb der Behörde hatten Gauck jedoch längst erläutert, dass dies nicht möglich sein würde. Rund ein Drittel der Beschäftigten, darunter auch die wegen ihrer Loyalität geschätzten Ex-Stasimitarbeiter, waren auf der Basis von Zeitverträgen eingestellt worden, in vermeintlich weiser Voraussicht, dass irgendwann die Antrags-Flut abebben und sich daher die notwendige Reduzierung des Mitarbeiterstabes leichter gestalten würde. Zunächst aber wurden immer mehr Anträge nur langsam abgearbeitet. Nach der ersten Vertragsverlängerung ermunterte daher der Personalrat der Behörde alle Kollegen mit Zeitverträgen, auf einen Dauervertrag zu drängen. Sie hatten leichtes Spiel. In drei Musterverfahren entschieden die Richter jeweils zugunsten der Mitarbeiter. Innenminister Kanther (CDU) musste trotz erklärter Sparbemühungen einwilligen, allen Angestellten der

Behörde des Bundesbeauftragten einen langfristig gesicherten Arbeitsplatz zu garantieren. »Die Staatssicherheitsleute hatten sich nichts zu Schulden kommen lassen«, argumentierte Gauck:

> »Es gab keinen Grund, sie anders als alle anderen zu behandeln. Das ist nun mal eine Facette des Rechtsstaats, die leider sogar renommierte Bürgerrechtler nicht ernst nehmen. ›Schmeiß die Leute doch raus, und dann warte die Gerichtsentscheidung ab‹, rieten mir viele. Ich habe es dagegen für unverantwortlich gehalten, dass der Chef einer Bundesbehörde sehenden Auges einen offenkundig rechtswidrigen Akt forciert. Der Rechtsstaat ist nicht vollkommen, aber ich habe seine Normen zu respektieren und kann kein eigenes Personalrecht schaffen.«

Noch heute arbeiten die von den schärfsten Kritikern als »dreckiges Dutzend« titulierten ehemaligen MfS-Mitarbeiter in der Behörde – auf angeblich nicht sicherheitsrelevanten Positionen. Damit war Roland Jahn, seit 2011 und als Nachfolger von Marianne Birthler Bundesbeauftragter der Stasi-Unterlagenbehörde, nicht einverstanden. Gleich nach der Amtsübernahme ließ der ehemalige Bürgerrechtler wissen, dass er sich aus Gründen der Glaubwürdigkeit seiner Behörde und aus Respekt vor den Stasi-Opfern von den 47 Stasi-Mitarbeitern trennen und ihre Versetzung in andere Behörden prüfen lassen wolle. Die CDU unterstützte diese Bemühungen, und am 30. November 2011 verabschiedete der Bundestag die Novellierung des Stasi-Unterlagengesetzes, die ein Beschäftigungsverbot für ehemalige Stasi-Mitarbeiter regelt. Damit sind die juristischen Probleme von 1990 jedoch nicht ausgeräumt. Den betroffenen Mitarbeitern sind andere Stellen angeboten worden, aber kaum einer hat sie bisher akzeptiert.

Damals war es jedoch wieder Wolf Biermann, der Joachim Gauck argumentativ zur Seite stand. Ihm lag daran, eine Brücke zu Jürgen Fuchs zu schlagen. Als Biermann im Mai 1998 in einer Feierstunde den Nationalpreis verliehen bekam, nutzte er die große Aufmerksamkeit der Medien und nahm ebenso ausführlich wie grundsätzlich Stellung zum Streit zwischen Gauck und Fuchs:

»Jürgen Fuchs hat mit seinem Buch nebenbei einen Menschen gekränkt, mit dem wir beide freundschaftlich verbunden sind: Joachim Gauck. Ich sehe in dem Konflikt einen Widerspruch, dem sie kaum entrinnen können. Es ist der objektive Interessenkonflikt zweier aufrichtiger Menschen, die nun aber verschiedene, zum Teil sogar entgegengesetzte Funktionen im gesellschaftlichen Spiel der Kräfte einnehmen. […] Seit Joachim Gauck mir vor kurzem klagte, daß er diese inzwischen unkündbaren Machtapparatler leider nie wieder los wird, grübelte ich über eine Lösung des Problems: Man sollte sie befördern, so hoch, daß sie ans wirkliche Material nicht mehr rankommen – Beförderung ist doch ein gängiger Trick, unhaltbare Leute loszuwerden. So würden die MfS-Offiziere uns etwas mehr Steuergeld kosten, aber dafür weniger Nerven. […] Auch den Oppositionellen verdankt es sich, daß es überhaupt eine Behörde geben kann, die Täter- und Opfer-Akten ordnet, auswertet, analysiert und den Betroffenen zur Einsicht bereitstellt. Aber inzwischen spielen solche Menschen kaum noch eine Rolle im Kader der Gauck-Behörde. […] Ja, es ist manchmal Steinefressen und hartes Brot kauen, aber ich las Fuchsens Magdalena-Buch und blickte dabei mit Schaudern zurück in die Landschaften der Lüge und trinke zugleich mit Genuß die frische Luft der Demokratie, in der man freier streiten kann.«*

Doch Gaucks Arbeit in der Behörde brachte auch ganz profane Probleme mit sich. Dass sich einige von Gaucks ehemaligen »revolutionären Mitstreitern« aus Rostock »vor Lachen den Bauch hielten«, als sie erfuhren, dass der ehemalige Pastor Leiter einer Großbehörde geworden war, kam nicht von ungefähr. Gauck selbst gesteht: »Von Haus aus bin ich nicht besonders der Ordnung verpflichtet.« Seine schlechten Angewohnheiten aus frühen Kirchenzeiten, als der notwendige Papierkram aus der Gauck'schen Gemeinde den Landeskirchen-Behörden stets zuletzt vorlag, als er Briefe nicht beantwortete, Statistiken nicht ausfüllte, jahrelang Abrechnungen liegen ließ – »Vor lauter Angst hatte ich in diesen Jahren immer mehr Geld als notwendig in den Kassen« –

---

* Zit. nach der Berliner Zeitung, Nr. 118, 54. Jg., vom 23./24. Mai 1998.

erschienen manchen als Gefahr. Konzentriertes Aktenstudium, die selbstständige Organisation des eigenen Schreibtisches und bisweilen auch die Führung einer solch großen Schar von Mitarbeitern sind seine Sache nicht. Von Beginn an sah er seine Rolle eher als moralische und überparteiliche Instanz, die für die grundlegenden Weichenstellungen hinsichtlich des Umgangs mit den Stasi-Unterlagen verantwortlich war. Aus diesem Grund war die Suche nach einer Persönlichkeit, die organisatorische Qualitäten mitsamt der notwendigen juristischen Kenntnisse – in Vorbereitung auf die Verhandlungen zum Stasi-Unterlagen-Gesetz – in sich vereinte, von großer Bedeutung.

Bei der Suche nach dem Direktor der Behörde, dem die juristischen Leitungsaufgaben obliegen sollten, spielte der Zufall eine große Rolle. Während einer Veranstaltung klagte Gauck dem damaligen Berliner Datenschutzbeauftragten Hansjürgen Garstka sein Leid. Garstka, der der Volkskammer im August 1990 im Zusammenhang mit dem DDR-Stasigesetz als Rechtsberater zu Seite gestanden hatte, wusste einen Ausweg, und Gauck handelte umgehend. Gleich am nächsten Tag ließ er einen Mitarbeiter in einem Pariser Hotel anrufen und den Wunsch nach Rückruf übermitteln. Dort verbrachte gerade der Münchner Hansjörg Geiger seinen Urlaub. Geiger, 1942 geboren, hatte 1971 über *Die Verfassungsmäßigkeit des Einflusses politischer Parteien auf oberste Bundesorgane* promoviert und arbeitete in der Wendezeit beim bayerischen Landesbeauftragten für den Datenschutz. Der Oberleutnant der Reserve war unter anderem für die Kontrolle des Landesamtes für Verfassungsschutz zuständig. Als er am späten Nachmittag von einem Spaziergang in sein Hotelzimmer zurückkam und die Nachricht las, stutzte er. Stasi? Gauck? »Als Münchener sagte mir beides nicht viel.« Den Namen des Sonderbeauftragten hatte er »wie viele andere Namen« eher beiläufig in den Zeitungen gelesen. Das galt auch für die ohnehin nur grob umrissenen Aufgaben der Berliner Behörde.

Drei Tage später saß Hansjörg Geiger im Flugzeug nach Berlin.

Auf der kurzen Reise studierte er die entscheidenden Passagen des Einigungsvertrages. Von den dort beschriebenen Akten hatte er »keinerlei Ahnung«. Sehr wohl aber wusste er, zu welchem Zweck er in die Behörde fuhr: »Ich dachte mir, ich schaue mir den Herrn Gauck mal an. Ich wollte mich keineswegs nur von ihm besichtigen lassen.« Beide waren grundverschieden in der Sozialisation, grundverschieden in der Ausbildung und in ihren Lebensläufen. Die beiden zukünftigen Kollegen trafen sich in der ehemaligen Reichsbank, die die Genossen der SED zum Sitz des Zentralkomitees umfunktioniert hatten. Gauck referierte über seine in den Volkskammer-Sitzungen ausführlich dargelegten Ziele und vor allem über sein Vorhaben, die Wahrung von Persönlichkeitsrechten und den Wunsch nach Öffnung der Akten gleichermaßen zu gewährleisten. Sein Gegenüber formulierte bereits seine Vorschläge über die mögliche künftige Organisation der Akten – die Zentrale in Berlin, Außenstellen in allen fünf neuen Bundesländern – und wies im Zusammenhang mit der Akten-Öffnung auf juristisch zwingend notwendige Schranken hin:

»Joachim Gauck hörte mir sehr intensiv zu, und das hat mir gefallen. Er sprach nicht das typische DDR-Deutsch. Von der ersten Minute an wusste ich, dass ich vor mir einen sehr offenen Menschen habe, den klares Denken und Formulieren auszeichnet. Aus dem Grund stand für mich schnell fest: Wir werden gut miteinander arbeiten können, wir liegen auf einer Wellenlänge.«

Nach drei Stunden reichten sich Gauck und Geiger die Hand, und der Sonderbeauftragte entschied: »Let's do it.« Gauck spürte, dass er genau den richtigen Mann gefunden hatte, der in der Lage sein würde, das Anliegen der Bürgerrechtler in die Sprache des Rechts zu übersetzen. Gauck war erleichtert:

»Wir mussten unser Anliegen für das Gesetzgebungsverfahren in den Rechts- und Innenausschüssen vortragen, vor Juristen, die nur ihre Sprache und Begrifflichkeit kannten, die wiederum von sehr speziellen

Normen geprägt waren. Mir war klar, dass es in diesen Verhandlungen ganz anders wirken würde, wenn ein versierter Jurist denen gegenübertritt an Stelle eines ehemaligen Pfarrers und Bürgerrechtlers, der kaum etwas anderes konnte, als ihnen nach dem Motto ins Gewissen zu reden: Das ist doch wichtig, und das muss jetzt sein.«

Das wohl entscheidende Verdienst Hansjörg Geigers besteht darin, dass er in diese Verhandlungen den Begriff der »informationellen Selbstbestimmung« einführte, den das Bundesverfassungsgericht im Zusammenhang mit der Volkszählung gestärkt hatte. Die Konsequenzen aus diesem Urteil waren auch für viele fachkundige Bundesbürger von eher marginaler Relevanz. Für Hansjörg Geiger aber war klar, dass nach dem Spruch des obersten deutschen Gerichts ein Verschluss oder gar eine Vernichtung der Akten nicht mehr möglich war. Mit der Berufung auf die »informationelle Selbstbestimmung« stand die Richtung der Verhandlungsführung fest. Noch heute ist Gauck seinem ehemaligen Direktor dankbar für diese Strategie: »Niemand aus dem Ausschuss hatte dieses Argument parat. Nach Geigers Einwurf wurden die Sitzungen wesentlich kürzer.«

Für den juristischen Laien Gauck bedeuteten die Debatten in den Ausschüssen dennoch Stunden der An- und Hochspannung. Im November 1990 versammelte sich eine hochrangig besetzte Runde von Diskussionsteilnehmern im Bonner Innenministerium, um über das Grundverhältnis der Sicherheitsbehörden zu den Akten zu debattieren. Ein Wortbeitrag des von allen als moralische Instanz akzeptierten Sonderbeauftragten war nicht vorgesehen. Nach den Vertretern des Kanzleramtes, der Ministerien und der Dienste hob Hansjörg Geiger als Repräsentant der Behörde zu einem sehr dezidierten Beitrag an. »Mit einem sehr aggressiven Stil und der entsprechenden Wortwahl« verteidigte Geiger den von ihm vorgesehenen streng begrenzten Zugang zu den Akten, die die bundesdeutschen Geheimorganisationen nur zu gern komplett eingesehen hätten. Geiger wusste, dass sich die Behörde um jeden Preis durchsetzen musste, da sonst die Bürgerrechtler zu

Recht davon überzeugt gewesen wären, dass eine ihrer wichtigsten Errungenschaften verschenkt würde. Gauck, der direkt neben Geiger Platz genommen hatte, verfolgte die Debatte stumm. Geiger erinnert sich, dass er auf seinem Stuhl hin und herrutschte:

>Als Mann des Ausgleichs war er offenkundig überrascht von der Atmosphäre des Gesprächs.« Geiger spürte, dass Gauck kurz davor war zu intervenieren: >So nach dem Motto: Lasst uns doch bitte alle etwas netter zueinander sein.« Doch Geiger beruhigte Gauck, indem er seine Hand auf Gaucks rechten Unterarm legte und ihm in einer Sekundenpause zuflüsterte: >Alles wird gut.« Gauck entspannte sich. >Von da an«, so Geiger, >wusste er, dass in diesem entscheidenden Moment der Kampf mit harten Bandagen notwendig ist. Als wir nachher abreisten, haben wir uns über unseren gemeinsamen Erfolg sehr gefreut.«

Gleich drei Tage nach ihrem ersten Treffen spielten sich Gauck und Geiger für ein Radio-Interview bereits >die Bälle wie zwei alte Bekannte zu«: Die Zusammenarbeit des Fachjuristen und des Moralisten funktionierte. Wenngleich Gauck oft im Stillen zu der Überzeugung gelangte, dass >solche Leute auf einem anderen Stern leben« und Juristen wie Mathematiker und Physiker >auf Grund ihrer Spezialkenntnisse schnell überschätzt werden«, war er über die Kooperation mit Geiger glücklich:

>Er war sehr schnell der Sache verpflichtet, er entwickelte eine unglaublich große Loyalität gegenüber dem Osten. Er wollte daran mitarbeiten, den Unterdrückten einen Teil ihrer Würde wiederzugeben. Für mich war es besonders deswegen ein schönes Erlebnis, weil ich es bewunderte, dass aus der Mitte der aufgeklärten westdeutschen Gesellschaft ein liberaler Jurist, der vielleicht gerade ein kleines Defizit an origineller, bestätigender Berufstätigkeit hatte, die neue Herausforderung erkannte, sich darauf einließ und dadurch seine Potenzen weiter entwickelte.«

Gauck und Geiger pflegten selten private Kontakte und sprachen sich mit >Sie« an. Drei oder vier Mal verabredeten sie sich zu einem gemeinsamen Abendessen, obwohl sie eine Zeit lang fast

Tür an Tür im Berliner Bezirk Mitte wohnten. Der Sonder- und spätere Bundesbeauftragte musste sich daran gewöhnen, dass Geiger keineswegs willens war, die Fernsehauftritte ihm allein zu überlassen. Geiger verstand es sehr wohl, sein eigenes Licht nicht unter den Scheffel zu stellen. In den »zwei oder drei Fällen«, in denen er mit seinem Vorgesetzten »nicht zufrieden war«, zogen sie sich zu einem Vier-Augen-Gespräch zurück und klärten die Angelegenheit. In einem speziellen Fall verspürte wiederum Joachim Gauck ein dringendes Bedürfnis zu einer klärenden Aussprache. Er hatte den Eindruck gewonnen, dass Geiger auf seine Nachfolge spekulierte. Doch Geiger zerstreute die Befürchtungen Gaucks schnell: »Daran dachte ich nicht im Traum. Dieses Amt war und ist für einen Bürger aus den neuen Ländern bestimmt. Und diese Versicherung hat er mir abgenommen.« Zu ernsthaften Zerwürfnissen kam es nie.

Nachdem im März 1995 feststand, dass Geiger das Bundesamt für Verfassungsschutz leiten sollte, lud Gauck seinen Direktor zu einer privaten Spritztour an die Ostsee ein. Früh am Morgen fuhren sie mit dem Auto mit Ziel Mecklenburg los. An diesem Tag lernte Geiger einen ganz anderen Joachim Gauck kennen: »An diesem Tag war er für mich der Ostseeanwohner, der das Meer und die dort lebenden Menschen liebt und der mir demonstrieren wollte, wie sehr ihn seine Freunde mögen.« Geiger wollte es kaum glauben, dass er die gleiche Person an seiner Seite hatte, die es sonst genoss, im Mittelpunkt zu stehen und zu demonstrieren, dass er sich als Ossi stilsicher und eloquent in westdeutschen Elitezirkeln bewegen konnte: »Er war stolz auf seine Leistungen, und ich meine zu Recht. Er war ein gern gesehener Partygast. Wenn er den Raum betrat, wurde es oft sehr still. Seine Ausstrahlung hat ihm wohl selbst am meisten imponiert.«

Die entscheidende Schlacht war geschlagen: Die Akten blieben im Osten, der Chef der Behörde stammte aus den neuen Ländern und das Parlament hatte der dreidimensionalen Aufarbeitung im Grundsatz zugestimmt. Das Gerippe stand, die knappe Benutzerordnung, die Geiger in kürzester Frist verfasst hatte, zeigte, dass fortan erst einmal an Details gefeilt werden musste.

Als sich die Abgeordneten am 13. Juni 1991 zur ersten Lesung des geplanten Stasi-Unterlagen-Gesetzes versammelten, hatten sie die Wahl zwischen zwei Gesetzentwürfen. CDU/CSU, SPD und FDP hatten »in sehr kooperativer Weise« (Johannes Gerster, CDU) eine gemeinsame Variante erarbeitet, der der Vorschlag der Gruppe Bündnis 90/Die Grünen gegenüberstand. »Es ist höchste Zeit, mit der Aufarbeitung dieses Stasi-Systems zu beginnen«, forderte der Sozialdemokrat Rolf Schwanitz:

> »Wir haben die Angebote von Stasi-Generalen zur Offenlegung ihres Wissens gegen Honorar vor laufenden Fernsehkameras erdulden müssen, während auf der anderen Seite gleichzeitig Tausende von Arbeitnehmern ihren Arbeitsplatz verlieren und erstmals den bitteren Gang zum Sozialamt bestreiten müssen. Das Angst- und Überwachungssyndrom ist immer noch nicht abgeschüttelt worden.«

Bündnis 90/Die Grünen, für die Ingrid Köppe das Wort führte, trieb eine ganz andere Angst um:

> »Wir fordern – und das nicht erst seit heute, sondern schon seit Beginn der Auflösung des Ministeriums für Staatssicherheit –, dass den Geheimdiensten keinerlei Zugriffsrecht auf Akten jeglicher Art des MfS zugebilligt wird. [...] Das Ergebnis insgesamt ist ein Gesetzentwurf der Fraktionen, der die Sicherheit des Staates und seiner Geheimdienste über die Interessen der Opfer stellt.«

Ingrid Köppe äußerte manch abenteuerlich klingende Befürchtungen: »Geheimdienste dürfen den Stasi-Aktenbestand im Interesse des Staates plündern.« Das war der Kernpunkt, der die Fraktionen entzweite: Köppe gehörte zu dem Teil der Bürgerrechtler, den eine latente Abneigung und ein chronisches Misstrauen gegenüber staatlichen Sicherheitsorganen prägte: »Wir gehen davon aus, dass Geheimdienste mit wirklicher Demokratie nichts zu tun haben, denn sie arbeiten nicht transparent, sondern konspirativ.«

In ihrem Eifer warf die Abgeordnete alles in einen großen Topf: den Zugang von Stasi-Opfern und den Zugang von Strafverfolgungsbehörden zu den Akten zur Aufklärung von Straftaten. Wohl wissend, dass der Entwurf unmissverständlich vorschrieb, dass Dienste keinen Einblick in Unterlagen mit personenbezogenen Daten haben würden, sondern dass sich deren Möglichkeiten im Zugriff auf Akten nur auf Aufklärung, Spionageabwehr und Terrorismus-Bekämpfung beschränkten. Kein Wort über den für die bundesrepublikanischen Nachrichtendienste notwendigen gesetzlichen Auftrag, der eine klare Zweckbindung des Auftrags erforderlich machte. Kein Wort über die parlamentarische Kontrollkommission, die jederzeit Aufklärung über die Arbeit der Verfassungsschützer verlangen dürfte. Ingrid Köppe richtete sich vor allem an ihre ehemaligen Landsleute: »Ich möchte vor allem an diejenigen ehemaligen Volkskammer-Abgeordneten, die heute hier noch unter uns sitzen, appellieren, sich mit unserem Gesetzentwurf auseinander zu setzen und ihm zuzustimmen.« Später setzte die PDS-Strategin Ulla Jelpke noch eines drauf: »Dieses Gesetz ist das Ergebnis einer knallharten Anschlusspolitik im Bereich der so genannten inneren Sicherheit.« Dagegen argumentiert Gauck:

> »Die Ausführungen von beiden Rednerinnen waren so phantastisch, dass man eigentlich gar nicht darüber reden muss. Zu DDR-Zeiten gab es in der Tat unkorrekte Aktentransfers – Diestels Abtransport von ca. 70 Kisten – zu meinen Zeiten als Bundesbeauftragter hat es das nicht gegeben, und es gab auch keine Begehrlichkeiten in dieser Richtung.«

Die große Koalition zerbrach nicht, ihre Auffassung setzte sich durch. Es folgten zahlreiche kleinere Debatten, Anhörungen und Veränderungen – z. B. im Sinne eines erweiterten Zugangs für die Presse –, aber noch vor Ablauf eines Jahres, am 20. Dezember 1991, wurde das Gesetz, mit dem die Republik juristisches Neuland betreten hatte, endgültig verabschiedet. Mit ihm vollzog der Gesetzgeber einen grundlegenden Perspektivwechsel: Nun galt das Prinzip, dass auch Akten, die unrechtmäßig gesammeltes Material enthalten, erhaltens- und schützenswert sein können, weil sie für das Recht jedes Menschen auf informationelle Selbstbestimmung von großem Wert sind.

Praeceptor Germaniae?

Die »Gauck-Behörde« war erst wenige Monate alt, als das Nachrichtenmagazin *Der Spiegel* im Januar 1991 einen vermeintlichen politischen Skandal präsentierte, der die Medien und die politische Diskussion jahrelang beschäftigen sollte. Bereits im August 1990 waren erste Gerüchte laut geworden. Der brandenburgische Ministerpräsident und ehemalige Konsistorialpräsident der Evangelischen Kirche Berlin-Brandenburg, Manfred Stolpe, stand im Verdacht, seit den siebziger Jahren dem Ministerium für Staatssicherheit als Inoffizieller Mitarbeiter zugearbeitet zu haben. Unter dem Decknamen »Sekretär« habe er das MfS regelmäßig mit Informationen über die evangelische Kirche versorgt, hieß es, er habe in konspirativen Wohnungen verkehrt, wertvolle Geschenke und sogar einen Orden von der Stasi erhalten. Kaum war der Bericht in der Welt, ging ein Aufschrei durch die Republik, und ehemalige Oppositionelle, Freie und Christ-Demokraten forderten den ranghohen Politiker zum Rücktritt auf. Stolpes Parteifreunde waren teilweise schockiert, weniger allerdings über den Verdacht, als über die in ihren Augen verunglimpfenden und parteiischen Stellungnahmen der Mitarbeiter der Gauck-Behörde. Diese nämlich sahen eine Stasi-Verstrickung Stolpes als erwiesen an, nachdem ein 61-seitiger Recherchebericht vom 31. März 1992 vorlag, der nach den im Spiegel kolportierten Vorwürfen notwendig geworden war.

Stolpe selbst bemühte sich zunächst um eine Entspannung der

Lage und versuchte, den Gerüchten den Boden zu entziehen, indem er Kontakte zur Stasi eingestand, diese jedoch als Teil einer subversiven Strategie der Kirche zu rechtfertigen versuchte. Er habe, so stellte Stolpe den Sachverhalt dar, im Auftrag der Kirche mit der Staatssicherheit kommuniziert, um »den SED-Staat durch seine eigenen Machtmittel zu überlisten«. Um zu verdeutlichen, welcher Natur sein Verhältnis zur DDR-Obrigkeit gewesen sei, griff er in den ersten Wochen der Aufregung gern zur Bibel.

»Siehe, ich sende Euch wie Schafe mitten unter die Wölfe; darum seid klug wie die Schlangen und ohne Falsch wie die Tauben«, zitierte er dabei zum Beispiel den Evangelisten Matthäus.

Um seine Unschuld zu beweisen, ließ er es auf einen langwierigen, im Gericht wie in den Medien ausgetragenen Zweikampf mit Joachim Gauck ankommen. Dabei erhielt Stolpe nicht nur von seinen Anhängern Unterstützung. Der Fall Stolpe war Wasser auf die Mühlen all derer, die von Anfang an für einen Verschluss der Akten gewesen waren, sei es, weil sie ihre eigene Enttarnung fürchteten, oder weil sie sich um den inneren Frieden im wiedervereinigten Deutschland sorgten. Das Amt des Bundesbeauftragten bot auch denen eine Angriffsfläche, denen Gaucks Amtsführung nicht demokratisch und transparent genug war und die befürchteten, Gauck missbrauche seine Macht für parteipolitische Zwecke oder lasse zu, dass sein Amt vom westdeutschen Establishment instrumentalisiert werde. So verwundert es nicht, dass ebenso ausführlich wie über Stolpes Stasikontakte und deren Hintergründe auch darüber diskutiert wurde, welche Motive Gaucks Verhalten in diesem Fall zugrunde liegen könnten.

So wurde während der Stolpe-Affäre der Vorwurf immer lauter, Joachim Gaucks Amtsführung folge persönlichen oder parteipolitischen Interessen. Parteipolitische Differenzen können dem Konflikt allerdings kaum zugrunde gelegen haben. Der Sozialdemokratie nahe stehend, wenn auch ohne Parteibuch, lag Gauck mit Manfred Stolpe weitgehend auf einer politischen Linie. Manche Kritiker vermuteten, Gauck gefalle sich einfach in seiner Rolle als

eine der »umstrittensten Persönlichkeiten der deutschen Innen-
politik« *(Der Spiegel)*, PDS-Kreise sahen ihn als modernen Groß-
inquisitor, der nach Gutdünken Karrieren beenden und Köpfe
rollen lassen konnte.

Gern bediente sich das Stolpe-Lager des Ost-West-Gegensatzes,
der schon in den Debatten um eine gesetzliche Regelung und die
Institutionalisierung der Aktenverwahrung auf unterschiedliche
Weise deutlich geworden war. Teile des Neuen Forums hatten damals behauptet, Gauck vertrete nicht die Bedürfnisse der DDR-
Bürger, sondern diene willfährig dem Interesse der westdeutschen
Regierung an einer möglichst weitreichenden Verfügungsgewalt
des Staates über die Akten. Der Vorwurf einer Instrumentalisierung der Gauck-Behörde für westliche Machtinteressen musste
bei all jenen ehemaligen DDR-Bürgern auf fruchtbaren Boden fallen, die fürchteten, durch den Westen überrannt und übervorteilt
zu werden. Ein Teil der Medien schlachtete diesen Aspekt weidlich aus und zeichnete ein Bild Gaucks als eines Ostdeutschen, der
westliche Denkungs- und Lebensart assimiliert hatte und bür-
gerfern in seiner streng bewachten Berliner Behörde nach un-
durchsichtigen Prinzipien Akten herausgab oder zurückhielt.
Stolpe dagegen wurde als populär-hemdsärmeliger Landesvater
und Vertreter ostdeutscher Bedürfnisse und Befindlichkeiten cha-
rakterisiert, ein Bild, das sich der brandenburgische Ministerpräsident auf dutzenden Veranstaltungen und in ebenso vielen Interviews gerne zu eigen machte, um seine Landsleute hinter sich zu
scharen. Er appellierte an die Menschen in den neuen Ländern,
sich nicht durch einen gegen alle ehemaligen DDR-Bürger gerichteten Generalverdacht ihre Lebensgeschichten diskreditieren zu
lassen.

Geschickt stilisierte er seinen Fall zu einem allgemeinen Beispiel
für den ungerechten und von Vorurteilen beladenen Umgang der
Westdeutschen mit der DDR-Vergangenheit und münzte so den
Angriff auf seine Person in einen Angriff auf die ostdeutsche Iden-
tität um. Auf diese Weise gelang es ihm, die Öffentlichkeit zu po-

larisieren und gleichzeitig von entscheidenden Detailfragen zu seinem Stasiverhältnis abzulenken. Viele Menschen in den neuen Bundesländern, besonders in Brandenburg, dankten Stolpe den Kampf gegen die vermeintlich kollektive Verunglimpfung durch den Westen mit Solidarität.

Einer der Gründe, warum ein solcher Konflikt notgedrungen auf der politischen Ebene ausgetragen werden musste, war, dass Wohl und Wehe des hochrangigen SPD-Politikers aufs engste mit parteipolitischen Interessen verwoben waren. Stolpe stand als Ministerpräsident für eine satte SPD-Mehrheit in Brandenburg, ein gewichtiger Grund für die SPD auf Landes- und Bundesebene, ihn nach Möglichkeit nicht fallen zu lassen. Von dieser Perspektive aus gesehen, lag für einige in der SPD nichts näher, als Gauck, wenn auch keine Kollaboration mit der CDU, so doch zumindest eine politisch motivierte Abneigung gegen Stolpe zu unterstellen. Gauck konnte für sich zwar in Anspruch nehmen, dass er auf der Basis eines im breiten Konsens beschlossenen Gesetzes operierte und dass er sowohl in Deutschland als auch im Ausland große Wertschätzung als integerer und unparteiischer Aufklärer genoss. Dennoch konnte er nicht verhindern, dass seine Tätigkeit im Fall Stolpe in parteipolitische Konflikte eingriff und den Gegnern der SPD sehr gelegen kam.

Immer wieder kursierten Vermutungen, dass Gauck persönliche, ja private Interessen mit dem Fall Stolpe verbinde. »Die Geschichte, wie der christliche Bruder Gauck daran scheiterte, den christlichen Bruder Stolpe zu stürzen, ist unvergessen«, schrieb der Schriftsteller Rolf Schneider im Juni 1995. Gauck hielt derlei Auslegungen für Unsinn. David Gill, zu dieser Zeit Sprecher des Bundesbeauftragten, erinnerte sich, dass sein Chef nur »teilweise eingegriffen [habe]«. Gauck sei »viel weniger Taktiker gewesen, als es viele erwarteten«. Direkte Eingriffe in die Politik habe es niemals gegeben.

Vermutungen indes gab es reichlich. Mal war es der Zeitpunkt der Aktenherausgabe, der die Feinde Gaucks irritierte, mal die

Tatsache, dass plötzlich ein völlig neuer Sachverhalt auftauchte. Tatsächlich konnte sich täglich ein neuer Sachstand ergeben, da auch Recherchen im großen Bestand des ungeordneten Archivmaterials stattfanden. Alle Überprüfungsbescheide der Behörde enthalten im Anschreiben bis heute den Standardsatz, dass sich die Mitteilung über eine etwaige Belastung auf den »gegenwärtigen Erschließungsstand« der rund 180 Kilometer Akten bezieht. Überraschungen nach Aktenfunden im Archiv waren und sind programmiert. Ende 1991 setzte der Brandenburger Landtag einen Untersuchungsausschuss mit PDS-Chef Lothar Bisky an der Spitze ein, der sich mit Stolpes vermeintlicher Stasi-Verstrickung befassen sollte. Ein Grund mehr für Stolpe, in den Medien für seine Umschuld zu kämpfen. *Der Spiegel*, bis dahin einer der verbissensten Stolpe-Gegner, gab dem brandenburgischen Ministerpräsidenten im Januar 1992 immerhin fünf Seiten Raum, seine Kontakte mit dem MfS zu rechtfertigen:

»Meine Aufgabe als Kirchenjurist war es seit 1962, die Interessen der evangelischen Kirchen gegenüber dem Staat wahrzunehmen. Meine Arbeit war auf Erfolg orientiert, die Methoden waren weithin mir überlassen. Erfolge waren aber nur möglich, wenn ich mit Mächtigen in allen Bereichen sprach – also auch mit der Staatssicherheit. [...] Wir wollten die DDR auf den Weg zum Rechtsstaat locken. [...] Ich bin wohl oft zu vorsichtig, zu bedenklich gewesen. Gute Freunde haben mich davor gewarnt, nur noch eine Strategie der Konfliktvermeidung zu betreiben: Man muss ganz heran an den Elektrozaun, meinten sie, nicht schon ein paar Schritte davor zurückweichen. Und sie handelten danach. Das hat am Ende den Durchbruch gebracht. Leute wie ich haben vorbereitet und abgefedert. Den entscheidenden Schritt auf der Straße taten andere.«

Manfred Stolpes Darstellung einer von kirchlichen Interessen geleiteten, quasi subversiven Kooperation mit der Stasi hielten die Vertreter der Gauck-Behörde unter anderem die Ergebnisse ihrer grundsätzlichen Recherchen über die Zusammenarbeit der Stasi mit Inoffiziellen Mitarbeitern entgegen:

»Aus der Praxis des MfS sind aus dem Bereich der Abwehr keine Beispiele dafür bekannt, dass über 20 Jahre Personen geführt wurden,
ohne dass diese sich – in welcher Form auch immer – bereit erklärt hätten, inoffiziell mit dem MfS zusammenzuarbeiten. […] Spätestens seit
1975 hatte Mielke angewiesen, jährlich Bestandsaufnahmen zur Wirk-
samkeit der IM-Arbeit durchzuführen, in deren Ergebnis Schlussfolge-
rungen zur Intensivierung der IM-Arbeit festzulegen waren. Von IM,
die keine abrechenbaren Arbeitsergebnisse aufweisen konnten, so der
Grundgedanke der Bestandsaufnahmen, hatten sich die Dienststellen
kategorisch zu trennen.«[*]

Stolpe ging in die Offensive. Etwas anderes blieb ihm auch gar
nicht übrig, denn abgesehen von seinen treuen Genossen, die die
sichere SPD-Mehrheit in Brandenburg nicht leichtfertig aufs Spiel
setzen wollten, distanzierten sich die meisten der ostdeutschen
Bürgerrechtler von ihm. Besonders schmerzlich waren für ihn die
Vorwürfe Rainer Eppelmanns, der den Verdacht äußerte, Stolpe
habe ihn als einen unliebsamen Staatskritiker opfern wollen, um
Gegenleistungen für die Kirche zu erreichen. Stolpe zog vor Gericht. Anfang Oktober 1992 klagte er vor dem Berliner Verwaltungsgericht, um einen vollständigen Einblick in die Unterlagen
über seine Person zu erhalten. Vier Wochen später verlangte er
von den Richtern, der Gauck-Behörde jede weitere Wertung und
Unterstellung hinsichtlich seiner Stasikontakte zu untersagen.
Stolpes Anwalt, der Bonner Verfassungsrechtler Konrad Redeker,
warf Gauck vor, sich wie »eine Art Präzeptor der Bundesrepublik
Deutschland« aufzuführen.

Das Verwaltungsgericht widersprach dem Anwalt und dem Ansinnen Stolpes. Am 3. Juni 1993 verkündeten die Richter:

»Der Antrag von Herrn Stolpe, die Vorlage von MfS-Unterlagen zum
IM Sekretär sowie deren Erläuterung durch den Bundesbeauftragten
zu unterbinden, ist gescheitert. Nicht erfolgreich war Stolpe auch bei
dem Versuch, dem Bundesbeauftragten zu untersagen, ›sich gutachter-

---

[*] Zitiert nach der *F. A. Z.* vom 17. Februar 1992.

lich oder in sonstiger Weise wertend über den Inhalt oder die Bedeutung der über den Kläger‹ im Gewahrsam der Behörde ›befindlichen
Unterlagen öffentlich zu äußern‹ […]. Das Gericht bestätigte vielmehr
ausdrücklich, dass der Bundesbeauftragte den gesetzlichen Auftrag gemäß Stasi-Unterlagen-Gesetz hat, ›im Rahmen der Unterrichtung der
Öffentlichkeit über Struktur, Methoden und Wirkungsweise des Staatssicherheitsdienstes auch personenbezogene Informationen zu veröffentlichen‹. Das Gericht sagt weiter, ›diese Informationen schließen
unter Umständen zwangsläufig Wertungen ein‹.«

Die Öffentlichkeit nahm erstaunt zur Kenntnis, dass auch Manfred Stolpe den Richterspruch als Sieg wertete. »Ein abgewogenes
Urteil und genau das, was ich mit meiner Klage im Kern erreichen
wollte. Es ging nicht darum, Herrn Gauck generell den Mund zu
verbieten, sondern ihm bei seinen öffentlichen Äußerungen die
Grenzen aufzuzeigen, die ihm als Behördenleiter durch das Gesetz gezogen sind.« Gauck und seinen Mitarbeitern sei nämlich
untersagt, ehrverletzende Behauptungen, dass beispielsweise »eindeutige Beweise für eine IM-Tätigkeit« vorlägen, zu äußern.
»Bruchlandung für Manfred Stolpe«, urteilte dagegen die *taz*:

> »Völlig zu Recht hat das Gericht festgestellt, dass Joachim Gauck […]
> im Rahmen des Stasi-Unterlagen-Gesetzes Wertungen über die Zusam-
> menarbeit einzelner Personen mit dem Staatssicherheitsdienst abgeben
> darf […]. Darum bleibt es ein Rätsel, warum der Bundesbeauftragte
> nach Auffassung des Gerichts die Äußerung, Stolpe sei nach den Maß-
> stäben des MfS ein wichtiger Inoffizieller Mitarbeiter gewesen, nicht
> mehr wiederholen darf […]. Die Auslegung des Bundesbeauftragten
> folgt zwingend aus den von ihm dem Ausschuss vorgelegten Unterla-
> gen.«

»Es war der richtige Weg, den ich gegangen bin« lautete das
Credo Stolpes, von dem bis heute keine vollständige IM-Akte
oder Verpflichtungserklärung vorliegt. Er wehrte sich gegen die
»unhistorische Betrachtungsweise«, dagegen, dass »die öffentlichen Pächter der politischen Moral von heute nur den Maßstab

heutiger Erkenntnisse zulassen und ihn von Hamburg oder Bonn aus allen Ostdeutschen als lastendes Kreuz auf den Rücken legen«.

Joachim Gauck blieb gelassen und verwies auf den gesetzlichen Auftrag seiner Behörde und die Ergebnisse der Recherche: »Meine Mitarbeiter und ich sind es gewöhnt, dass immer, wenn in einem bestimmten politischen Lager eine bestimmte Konflikthöhe erreicht ist, nach Sündenböcken gesucht wird. Wir eignen uns dafür besonders gut, weil uns keine parteipolitische Schützengarde deckt.«

Bei der konkreten Frage, ob Stolpe als IM gearbeitet habe, hielt er sich bedeckt: »Ich muss das darstellen, was sich aus den Unterlagen, die ich zu verwalten habe, ergibt.«

Bei Manfred Stolpe konnte sich Gauck – »allerdings mit Mühe« – vorstellen, dass es durchaus eine Art »subjektiver Ahnungslosigkeit« bezüglich der Tatsache, vom MfS als IM geführt worden zu sein, gegeben habe. Aber natürlich habe er gewusst, dass seine Art, über Jahre hinweg MfS-Kontakte zu pflegen, nicht mit den kirchlichen Normen zu vereinbaren gewesen sei. Nie hätten kirchliche Gremien derartiges beschlossen, noch habe Stolpe seine Bischöfe über die MfS-Kontakte informiert:

> »Ich habe immer die Kompromisslinie Stolpes gestützt, da man in einer Diktatur Kompromisse eingehen muss: Sein konspiratives Handeln war mir damals allerdings nicht bekannt. Hätte ich davon gewusst, hätte ich wie meine Kirchenleitung in Mecklenburg reagiert, die schon früh sagte: Kein Mitarbeiter der Kirche hat das Recht zu konspirativen Dauerkontakten mit der Stasi.«

Später auf den Fall Stolpe angesprochen, reagierte Gauck einsilbig: »Manfred Stolpe hat in diesem Fall nicht die Wahrheit gesagt. In der Politik geht derartiges nicht immer negativ aus.«

Joachim Gauck ging aus der Affäre unbeschadet hervor. Bundesinnenminister Manfred Kanther stellte im Mai 1994 klar, dass »es keinerlei Anhaltspunkte dafür gebe, dass sich der Bundesbeauftragte in diesem Verfahren nicht an Recht und Gesetz gehalten hätte«. In »nicht einem einzigen Fall«, betonte der Minister, »sei ein rechtswidriges Verhalten des Bundesbeauftragten festgestellt worden«. Manfred Stolpe hatte die Debatte dagegen derart geschadet, dass er für jedes andere Amt als das des brandenburgischen Ministerpräsidenten von da an disqualifiziert war. Seine Partei und die Kirche hingegen verziehen ihm (fast) alles. »Dass Manfred Stolpe einen kirchlichen Auftrag für schwierige Verhandlungen mit staatlichen Stellen hatte, war allgemein bekannt«, erklärte die Kirchenleitung der Evangelischen Kirche in Berlin-Brandenburg zum »Problemkreis Kontakte der Kirche zum Herrschaftsapparat der DDR« am 22. Oktober 1992:

> »Nur wenige haben gewusst, dass Manfred Stolpe die ihm aufgetragenen Aufgaben auch durch Gesprächskontakte mit Mitarbeitern des MfS ausführte. Wäre das Ausmaß der Gespräche mit der Staatssicherheit damals bekannt gewesen, so hätte es in unserer Kirche zweifellos eine kontroverse Diskussion darüber gegeben, ob dies mit dem Auftrag der Kirche zu vereinbaren ist. Heute ist diese Kontroverse offenkundig [...]. Alle jetzt nach Bekanntwerden vieler Einzelheiten geäußerte Kritik an der Verhandlungsführung Manfred Stolpes stellt für uns die Grundüberzeugung nicht in Frage: Manfred Stolpe war ein Mann der Kirche, nicht des Ministeriums für Staatssicherheit. Er hat sich bei der Erledigung seines Auftrages ins Zwielicht begeben, vielleicht auch Fehler gemacht. Aber im Rahmen des in diesem System Möglichen hat er für die Kirche, für die Menschen in der DDR und für den Zusammenhalt der Deutschen viel erreicht.«

Die öffentliche Debatte steuerte auf den gleichen strittigen Punkt zu, über den die politischen Lager im Zusammenhang mit der so genannten Ostpolitik der Sozialdemokraten der achtziger Jahre bis heute uneins sind. Darf man mit Diktatoren verhandeln? Mit welchem Zugeständnis beginnt die Kollaboration? Berthold Hippe, ein, »Nullachtfünfzehn-Landpfarrer« aus Eisleben, wie er sich selbst nannte, wollte jedenfalls nicht in Stolpes Haut stecken:

»Aus dem Sessel des kritischen Betrachters lässt sich im Nachhinein schnell behaupten, er habe zu vertraulich mit denen gesprochen und gekungelt und deswegen das Ansehen der Kirche auf entscheidende Weise verletzt. Aber zu DDR-Zeiten – wir waren ja im Bilde, dass intensiv mit denen geredet wurde – akzeptierten wir diese Strategie. Das Konsistorium in Berlin und der Bund der Evangelischen Kirchen holten für uns die Kastanien aus dem Feuer, wenn es Probleme gab mit dem Wehrkundeunterricht, mit der Armee, mit einem Kirchenbau, für den die Mittel nicht bewilligt wurden ...«

Als einen »eiskalten Lügner« bezeichneten Stolpe dagegen seine Gegner, etwa der Generalsekretär der CDU-Brandenburg, Thomas Klein. Günter Nooke, Fraktionschef von Bündnis 90, war der Auffassung, dass Stolpe mit seinem Verhalten »das totalitäre System der SED-Diktatur mehr stabilisiert hat als mancher Altfunktionär«. Die Wertung der Gauck-Behörde, dass der ehemalige Kirchenmann »nach Maßstäben des MfS über einen Zeitraum von ca. zwanzig Jahren ein wichtiger IM« war, ließ die Mehrheit des Untersuchungsausschusses zum Fall Stolpe unberücksichtigt. Stattdessen einigte man sich auf die Formel, dass der spätere Ministerpräsident »bis einschließlich 1989 bewusst und gewollt Kontakte zum MfS unterhielt«. Rätselhaft blieb jedoch, warum es der Ausschuss als offenkundig unbedenklich erachtete, dass sich Stolpe »auch auf konspirativem Wege« mit MfS-Mitarbeitern traf und dass er Geschenke, Geldzuwendungen und eine Verdienstmedaille annahm. Im Mai 1997 stellte der Vorsitzende Richter des 8. Senats des Berliner Oberverwaltungsgerichts, Hermann Küster, eine Frage, die vielen Beobachtern am Herzen lag:

»Kann man diesen Komplex nicht abschließen und auf sich beruhen lassen?« So geschah es. Nach fünf Jahren erbitterten Rechtsstreits wurde die Auseinandersetzung zwischen Stolpe und der Gauck-Behörde beendet – eine Zeitspanne, nach der niemand mehr durchschaute, wer wann wem welche Meinungsäußerung oder Tatsachenbehauptung hatte untersagen lassen. Am 16. Juni 1998 gab es dann doch noch ein spektakuläres Urteil. Nach dem

Urteil des Bundesgerichtshofs darf behauptet werden, der brandenburgische Ministerpräsident Stolpe habe im Dienst der Staatssicherheit gestanden. Begründet wurde dieses Urteil nicht mit neuen Fakten, sondern mit dem Hinweis auf die Meinungsfreiheit.

Die teilweise spektakulären Enttarnungen gerade in den Jahren unmittelbar nach Gründung der Behörde ließen Gauck gelegentlich in den Ruf eines »IM-Jägers« geraten. Hansjörg Geiger bestreitet allerdings, dass Gauck sich von Feindbildern leiten ließ.

»Die gab es definitiv nicht. Private Erfahrungen verführten ihn nicht zu Ungerechtigkeiten, sie waren eher ein Ansporn für seine Arbeit. Auch ohne seine eigene Geschichte wäre er in keinem Fall zu anderen Bewertungen gekommen.«

Seine tief verwurzelte Überzeugung, im wahrsten Sinne des Wortes im Recht zu sein, ließ Anfeindungen meist an ihm abprallen. Ja, er genoss sie zeitweise, wenn sie aus dem, wie er es nannte, »Kreise der unaufgeklärten Linken« kamen. Als er nach der Enttarnung des ehemaligen Rektors der Berliner Humboldt-Universität, Heinrich Fink (IM »Heiner«), zusammen mit seinem Direktor das mit tausend hauptsächlich feindlich gestimmten Studenten gefüllte Audimax betrat, heizte er die Stimmung bewusst auf. Er trat mit der Bemerkung ans Podium: »Gelassen und mit Freude erwarte ich die Proteste einer PDS-gesteuerten Universitätsöffentlichkeit.« Er ballte die Hand zur Faust, um seine Entschlossenheit zu zeigen. Geiger erinnert sich, dass das Geschrei gigantisch war:

»Das stachelte ihn aber nur an. Daraus sog er Kraft.«

Auch dass Gauck Mikrofone und Fernsehkameras verstärkt als Instrumente seiner Aufklärungsarbeit benutzte, nahmen ihm seine Kritiker vereinzelt übel. Gauck, der um seine Wirkung in den Medien durchaus wusste und dem ein gesundes Selbstbewusstsein nicht abgesprochen werden kann, das Kritiker als Eitelkeit auslegen, betonte dagegen immer wieder die Grenzen seiner politischen und gesellschaftlichen Rolle:

»Ich verspüre keine Sucht, mich bedeutungsvoll machen zu müssen. Ich bin nicht moralisch höher stehend als andere. Ich falle nur deswegen auf, weil ich einen so breiten Aktionsradius habe. Außerdem habe ich ein klares Unwerturteil über die Arbeit der Stasileute. Bei vielen meiner Landsleute habe ich eher das Gefühl, dass die gesunden Emotionen wie Wut, Zorn oder Trauer eher zu klein als zu groß sind. Sie haben diese Gefühle nicht mehr, obwohl und vielleicht auch weil sie jahrzehntelang gelitten haben. Das bedeutet ein Stück Entfremdung von der eigenen Emotionalität, und das ist bitter, denn manche brauchen ebenfalls Jahrzehnte, um wieder zu ihren authentischen Gefühlen zu kommen. Das ist bei mir auch so: Vieles kommt aus dem Kopf.«

Während Manfred Stolpe und Joachim Gauck in ihrem Zwist eher selten den Frontalangriff pflegten, war der Umgangston im Konflikt mit Gregor Gysi von Beginn an rauer. Die Vorwürfe des damaligen PDS-Gruppenchefs, der Anfang April 2000 auf einem Parteitag in Münster sein Amt zur Verfügung stellte, ähnelten allerdings denen des Sozialdemokraten: »falsche, unseriöse und schlampige Arbeitsweise«, Unterschlagung entlastender Passagen, Beteiligung an einer gezielten politischen Kampagne. Der Vorsitzende der sozialistisch gewendeten Postkommunisten, Lothar Bisky, sekundierte seinem Genossen und sprach von »amtlichem Rufmord« der Gauck-Behörde.

Der Aufruhr entzündete sich am Beschluss des Bundestagsausschusses für Wahlprüfung, Immunität und Geschäftsordnung vom 9. Februar 1995, Gregor Gysi auf seine Stasi-Vergangenheit hin zu überprüfen. Deutschlands Nachrichtenmagazine hatten bis dahin immer wieder den Verdacht genährt, dass PDS-Spitzenmann und Rechtsanwalt Gysi zu DDR-Zeiten wahlweise unter den Decknamen »Gregor«, »Notar« oder »Sputnik« einige seiner Mandanten an das MfS verraten habe. Zu den Mitarbeitern, die Gauck unter anderen bei der Überprüfung Gysis einsetzte, gehörte pikanterweise Klaus Richter, der von 1973 bis 1975 eine Ausbildung für den Auslandseinsatz in der Hauptabteilung Aufklärung des Markus Wolf durchlaufen hatte. Richter hatte jedoch sein HVA-Engagement abgebrochen und sich nie als IM verpflichtet. Gauck war von der Zuverlässigkeit seines Referatsleiters felsenfest überzeugt: »Klaus Richter ist ein glänzendes Beispiel für jemanden, der frühzeitig die Wahrheit gesagt hat und sich für die kritische Aufarbeitung der Vergangenheit entschieden hat.« Weiterhin arbeitete an dem Fall auch noch ein Insider: Gerd Becker, vor der Wende in Erich Mielkes ZAIG (Zentrale Auswertungs- und Informationsstelle des MfS) als Oberst tätig. Gaucks lapidare Begründung lautete: »Der Mann wird dringend gebraucht. Er hat seit 1990 loyal bei der MfS-Auflösung geholfen. Wenn ich ihn nicht hätte, müsste ich zwölf andere anstellen.«

Aber natürlich trugen nicht zwei untergeordnete Mitarbeiter die Verantwortung, sondern Gauck und sein Direktor. Das Oberverwaltungsgericht Berlin bescheinigte dem Gutachten der Behörde am 6. März 1996:

> »Die Werturteile erweisen sich als verhältnismäßig und willkürfrei. Sie sind zur aufgabengemäßen Beratung und Information des Ausschusses geeignet, erforderlich, auch angemessen. Sie sind sachbezogen und zurückhaltend. Die gutachterliche Stellungnahme führt nüchtern die Argumente für ihre Schlussfolgerungen auf; unnötige Herabwürdigung ist unterblieben. […] Beanstandungen der Sachgerechtigkeit sind unbegründet.« (Aktenzeichen OVG 8S 295.95)

Tatsächlich nahm die 200-seitige Expertise der Behörde Gregor Gysi fast jede Möglichkeit einer entlastenden Erwiderung. Der einstige Rechtsanwalt, hieß es in der »Gutachterlichen Stellungnahme«, habe mindestens »zehn Jahre« lang »als anwaltlicher Vertreter von oppositionellen Bürgern die Interessen des MfS mit durchzusetzen« versucht. Gysi sei nach der Analyse der Dokumente »identisch mit der Person, die vom MfS (Hauptabteilung XX/9) als IM-Vorlauf bzw. Gesellschaftlicher Mitarbeiter (GMS) ›Gregor‹, GMS bzw. ›Inoffizieller Mitarbeiter‹ (IM) ›Notar‹ oder IM ›Sputnik‹ bezeichnet wurde«. Die Erklärung Gysis, dass er abgehört beziehungsweise abgeschöpft worden sei, hielten die Behördenmitarbeiter für unglaubwürdig. Die Decknamen seien »ausschließlich Dr. Gysi zugeordnet« und es gebe »keine Anhaltspunkte dafür«, dass die von der Stasi erfassten Informationen »nicht von Gysi stammen«. Das MfS habe dem findigen Juristen als Dank »operative Gelder« ausgezahlt.

Als *Der Spiegel* Teile des Gutachtens veröffentlichte, bevor sie der Bundestagsausschuss ausreichend gewürdigt hatte, schadete das nicht nur Gregor Gysi sondern rückte auch Gaucks Arbeit ins Zwielicht. Rolf Schneider versuchte, Licht in den Zusammenhang zu werfen, und entwarf ein Szenario, das einer Verschwörungstheorie nahekommt. Denn fast zeitgleich mit der Indiskretion in der Behörde, die viele an der Seriosität der Institution zweifeln ließ, wurde die PDS durch die Kritik der stalinistischen Fraktion an Gysi in ihre »bisher schwerste Krise« seit ihrer Neuformierung im Jahre 1990 manövriert. »Man ahnt, worauf ich hinaus will«, betonte Schneider: »Die zeitliche Koinzidenz des Stalinisten-Aufstandes in der PDS und des Gauck-Berichts im SPIEGEL erscheint mir nicht als ein Zufall. Das Leben lehrt: Zufälle kommen in solchen Bezirken schlechterdings nicht vor.«[*]

Es blieb bei Mutmaßungen. Im Prinzip ist jeder Zeitpunkt einer belastenden Auskunft der Gauck-Behörde für den Betroffenen ein fataler Moment. Gauck vermutete, dass *Der Spiegel* möglicherweise »mit internen Dokumenten vom Schreibtisch des Referatsleiters bedient« wurde. Dieses unter Journalisten so hochgeschätzte »Durchstechen« bezeichnete Gauck als »kriminelle Machenschaften« und kündigte eine rückhaltlose Aufklärung an. Trotz eines konkreten Verdachts konnte aber niemandem etwas nachgewiesen werden. Gregor Gysi gelang es ebenfalls nicht, die Vermutung zu entkräften, er selbst habe die Dokumente den Journalisten gegeben, um die Behörde zu diskreditieren. Anders als im Fall Stolpe, als die Parteizugehörigkeit des Ministerpräsidenten eine aus Sicht des Bundesbeauftragten marginale Rolle spielte, nährte die Tatsa-

---

[*] Rolf Schneider, zitiert nach der Berliner Morgenpost vom 6. Juni 1995, S. 5.

che, dass sich Gauck oft sehr abschätzig über die PDS äußerte, den Verdacht, dass er Gregor Gysi auch aus parteipolitischen Motiven hart anging. Tatsächlich ist die PDS für Gauck eine unaufgeklärte, rückwärtsgewandte, dem Zeitgeist nacheifernde Truppe von ehemals vorzüglich alimentierten Genossen, die nach Jahrzehnten der unlegitimierten Herrschaft gut und gerne genauso lange in der Opposition ausharren dürfe. Und Gregor Gysi sei ein »Erfolgsmann, der in unserer männlichen Gesellschaft um Anerkennung ringt«, ein »moderner Typ, der in allen Sätteln sitzt und dem dabei auch Schlenker um die Wahrheit verziehen werden«.

Gysi erwies sich als jemand, der seine Profession ebenfalls beherrschte. »Prozesshansel« taufte ihn die *F. A. Z.*, nachdem er vorzugsweise im nicht ganz so stasikundigen Hamburg diverse Gerichtsverfahren gegen Journalisten, Bürgerrechtler und Behörden angestrengt hatte. In erster Linie kämpfte der eloquente PDS-Politiker, der keine Talkshow ausließ, gegen das Gauck-Gutachten. Das Berliner Verwaltungsgericht lehnte seinen Antrag auf Erlass einer einstweiligen Anordnung gegen die Behörde im Juli 1995 ab. Anders als das Hamburger Landgericht, das Bärbel Bohley wegen ihrer Bezeichnung Gysis als »Stasi-Spitzel« zu 500 000 DM Ordnungsgeld verurteilt hatte, hoben die Berliner Richter hervor, dass die Behörde nicht als Tatsache behauptet habe, dass Gysi IM der Stasi gewesen sei, sondern dass es sich dabei um ein »Werturteil« gehandelt habe. Diese unterschiedliche Rechtsprechung stiftete vielerlei Verwirrung.

Im Juli 1998 folgte der – vorläufige – Schlusspunkt. Das Bundesverfassungsgericht erklärte den Bericht des Ausschusses für zulässig. Allerdings kritisierten vier der acht Richter einen Kommentar der Abgeordneten, denen das Gutachten der Behörde vorlag, in dem es unter anderem hieß, dass das Ziel der Stasi »unter Einbindung von Dr. Gysi die möglichst wirksame Unterdrückung der demokratischen Opposition in der DDR war«. Dies bewerteten die vier Richter als »Mutmaßung«. Da der Antragsteller, hier Gregor Gysi, die Mehrheit der Richterstimmen gebraucht hätte – bei

Stimmengleichheit liegt kein Verfassungsverstoß vor –, im Richtergremium jedoch ein Patt von vier zu vier Stimmen vorlag, war die Expertise nach dem Urteil der Verfassungsrichter in vollem Umfang zulässig. Gysi, der bis dahin in neun Verfahren vor Landes- und Oberlandesgerichten den Vorwurf des »Stasi-Spitzels« erfolgreich abgewehrt hatte, versuchte verständlicherweise, aus diesem geteilten Votum Honig zu saugen. Aber an einer Tatsache kam er nicht vorbei: An den Stasi-Vorwürfen deutelten die Richter nicht herum, der Inhalt interessierte sie wohl auch nur am Rande. Von der Behörde des Bundesbeauftragten war in diesen Tagen keine Rede. Das sprach zumindest nicht gegen deren Arbeit.

PDS-Parteichef Lothar Bisky verschärfte nach diesem Urteil die Diskussion und sprach von einem weiteren »Ausbau des Sonderrechts Ost«. Was er damit meinte, blieb unklar. Aber es war eine argumentative Reaktion, die die ehemaligen DDR-Eliten, sobald sie vor Gericht saßen, reflexartig zum Besten gaben. Auch bei diesem Vorwurf der Siegerjustiz lohnt es sich, die Fakten für sich sprechen zu lassen. Am 30. September 1999 löste sich die für die DDR-Regierungs- und Vereinigungskriminalität zuständige Staatsanwaltschaft II beim Landgericht Berlin auf. Seit dem Beginn ihrer Arbeit hatten die Ankläger 22 838 Verfahren bearbeitet – 22 000 davon, also gut 96 Prozent (!), wurden eingestellt. 587-mal erhoben die Staatsanwälte Anklage, in 211 Fällen kam es zu Schuldsprüchen. Sonderrecht Ost? Siegerjustiz?

Der Wechsel der Eliten in der ehemals sowjetisch besetzten Zone vollzog sich vielmehr sehr sanft. Zu keinem Zeitpunkt entwickelte sich eine Stimmung, die nach einem ideologischen Großreinemachen und einer konsequenten Überprüfung der Funktionseliten verlangte. Es gab kein Revolutionstribunal und keine Lynchjustiz. Die Stimmen der Opfer waren leise; die Mehrheit der Ostdeutschen versuchte, sich mit all den Neuerungen zurechtzufinden und blieb politisch eher skeptisch. Im Westen überwog das Desinteresse. Die Abrechnung mit dem Willkürregime überließ man allein dem Rechtsstaat und seinen Institutionen. Schnell war klar, dass die Mittel einer demokratischen Gesellschaftsordnung zwar Recht schaffen können, nicht aber Gerechtigkeit. Diese blieb aus Sicht vieler Opfer oftmals auf der Strecke. Dennoch war jedes einzelne Verfahren wichtig und notwendig. Alexander Solschenizyn schrieb in seinem Leidensbericht aus dem *Archipel GULAG*:

>»Man muß klar und vernehmlich schon die IDEE allein verurteilen, die die Willkür der einen gegen die anderen rechtfertigt. Indem wir über das Laster schweigen und es nur tiefer in den Körper treiben, damit kein Zipfelchen herausragt, säen wir es, und morgen geht es tausendfach auf. Nicht einfach darum geht es, daß wir das nichtige Alter der Henker behüten, indem wir sie nicht strafen, nicht einmal tadeln – wir berauben damit die neuen Generationen jeder Grundlage der Gerechtigkeit. Darum sind sie so ›gleichgültig‹ geraten, nicht der ›Erziehungsschwächen‹ wegen. Die Jungen merken sich's, daß die Niedertracht auf Erden niemals bestraft wird, indes immer zum Wohlstand führt. Und wie unbehaglich, wie unheimlich wird es sein, in einem solchen Land zu leben!«[*]

Nach den Fällen Stolpe und Gysi fragten sich immer mehr Menschen: Wieviel Wahrheit steckt in den Akten? Oder anders herum: Wieviel Fantasie entwickelten die Stasi-Spitzel, um in ihren Berichten einen strebsamen und effektiven Eindruck zu hinterlassen? »Ich kann nicht davon sprechen, dass die Akten lügen«, betonte Jürgen Fuchs 1992 auf dem 39. Historikertag während der Debatte über die Stasi-Akten und die DDR-Geschichte. Die vielen Details in seinen Unterlagen seien »sehr exakt« gewesen. Auch Ulrike Poppe erkannte in den vierzig Bänden, die die Stasi seit 1971 über sie gesammelt hatte, »ein Bild, das dicht bei der Wahrheit lag«. Sie war ebenso über den Umfang und Aufwand erschrocken wie über die hohe Informationsdichte und die Genauigkeit. Dennoch kam ihr das Selbstbild in den Akten sehr verzerrt vor: »Das meiste war richtig und doch fehlte vieles, sodass mir der Rückblick sehr unvollständig vorkam.«

---

[*] Alexander Solschenizyn: Der Archipel GULAG. Bern 1974, S. 176.

»Wahrheit ist nicht nur das, was – wie man sagt – ›objektiv‹ erkannt werden kann«, meint Wolf Krötke, Professor für systematische Theologie an der Humboldt-Universität Berlin. »Wahrheit ist das, was im Felde wechselnder Optionen so standhält, dass man davon ausgehen und auf Zukunft hin leben kann.« Vor dem Hintergrund, dass viele der ehemaligen Stasimitarbeiter vor ihrer Verantwortung flohen, warf Krötke auf dem Historikertag die Frage auf, wie »bei ihnen überhaupt eine neue ethische Verantwortlichkeit« entstehen kann. »Fehlt diese Verantwortlichkeit nämlich«, fuhr der Theologe fort, »dann stehen wir zum zweiten Mal in diesem Jahrhundert vor dem deprimierenden Sachverhalt, dass es – von ein paar Ausnahmen abgesehen – eigentlich niemand gewesen ist, der ein ganzes Volk in Angst versetzt und zum Lügen verführt hat.« Deshalb falle der wissenschaftlichen Betrachtung die Aufgabe zu, die Subjekte des Handelns des Staatssicherheitsdienstes sichtbar zu machen und die Grenzen des Geheimen und der Anonymisierung gerade nicht zu respektieren, hinter denen »so viel ethische Verantwortungslosigkeit groß geworden« sei. »Nur wenn die ethischen Fragen die schwierige Aufgabe der wissenschaftlichen Aufarbeitung der Staatssicherheits-Akten tragen und begleiten«, resümierte Krötke, »besteht für die Zukunft die Chance, dass aus diesen Akten heraus Einsichten für ein wahrhaftigeres Leben der Deutschen in ethischer und politischer Hinsicht entspringen.«

Kann Papier die Beweisführung ersetzen? Das behauptet niemand ernsthaft. Auch Joachim Gauck nicht. Geben Akten die Wahrheit in dem Maße wieder, dass der Beschuldigte automatisch genötigt ist, seine Unschuld zu beweisen? Wie groß ist die Differenz zwischen Inhalt und Realität? Als sicher gilt, dass die Akten nur in sehr seltenen Fällen manipuliert wurden – jeder Stasimitarbeiter wusste, dass es, vergleichbar mit der historischen Forschung, eine Art ministeriumsinterner Quellenkritik beziehungsweise ein Kontrollsystem gab, dem alle Befunde unterstellt wurden. »Die Annahme, die Akten könnten letzte Klarheit bringen, ist Kinderglaube«, urteilte die aus Ostdeutschland stammende Schriftstellerin Daniela Dahn. Sie kenne »jedenfalls nur Leute, die sich über zahllose Ungenauigkeiten, Fehlinterpretationen und frei Erfundenes in ihren Akten amüsiert oder geärgert haben«. Selbst ein Pfarrer aus Rostock, meinte der Schriftsteller und spätere PDS-Abgeordnete Stefan Heym, sollte »nicht so tumb sein, anzunehmen, dass seine Stasi-Akten die Wahrheit und nichts als die Wahrheit enthielten, nur weil sie von einer deutschen Behörde stammen«. Bei Gauck, so Heym, würden die Texte in den Akten gelten, »als kämen sie geradewegs aus der Bibel«. Stefan Heyms Abneigung gegen die Behörde nahm später noch in erheblichem Maße zu. Unmittelbar vor seiner Rede als Alterspräsident des Deutschen Bundestags kursierte eine belastende Stasi-Akte über den Schriftsteller. Der abermals gegen Gauck gerichtete Verdacht einer gezielten parteipolitischen Instrumentalisierung stellte sich als nicht zutreffend heraus. Die Vorwürfe, die auf einem Bericht der Zentralen Erfassungsstelle für Regierungs- und Vereinigungskriminalität (Zerv) beruhten, waren vom Berliner Innensenator Dieter Heckelmann an Bundesinnenminister Kanther weitergegeben worden, der die Vorwürfe dann, was gegen das Stasi-Unterlagen-Gesetz verstieß, öffentlich gemacht hatte.

Im März 1994 veranstaltete die Abteilung Bildung und Forschung des Bundesbeauftragten eine wissenschaftliche Fachtagung zum Thema »MfS-Akten und Zeitgeschichtsforschung«. Forschungssachgebietsleiter Dr. Roger Engelmann widmete sich in einem Vortrag umfassend dem Quellenwert des vom MfS hinterlassenen Papierberges. Er stellte fest:

> »Die Informationssammlung und die Auswertungstätigkeit diente einem klar definierten Zweck, der dem MfS von der SED zugewiesen war, dem ›zuverlässigen Schutz der gesellschaftlichen Entwicklung‹ und der ›allseitigen Gewährleistung der staatlichen Sicherheit‹. Die Unterlagen des MfS bilden daher Wirklichkeit in einer spezifischen Weise [...]. Es ist verfehlt anzunehmen, dass das MfS seine Informationsge-

winnung grobschlächtig oder naiv vorgenommen hat. Es hat sich vielmehr bemüht, verfälschende Faktoren möglichst auszuschalten, weil diese die Effizienz der eigenen Tätigkeit gefährdeten.«

Die MfS-Offiziere waren darauf geeicht, durch »Vorgaben und Fragestellungen« die künftigen Mitarbeiter so zu erziehen, dass diese »objektiv, unverfälscht, konkret und vollständig« berichteten. Engelmann sprach in diesem Zusammenhang von »quellenkritischen Normen des MfS«, die das Streben des MfS »nach einer möglichst wirklichkeitsnahen und wahrheitsgemäßen Informationstätigkeit« dokumentierten. Sein Fazit: »Die Berichterstattung des MfS bildete ein Gegengewicht zur allgemein schönfärberischen Tendenz der nicht-konspirativen Berichtssysteme der DDR [...]. Es spricht einiges dafür, dass der Wahrheitsgehalt und der Quellenwert der Staatssicherheits-Unterlagen gerade in Relation zu anderen Überlieferungen der ehemaligen DDR als relativ hoch einzuschätzen ist.«

Auch Joachim Gauck votierte dafür, das »im Ganzen überaus wichtige Quellengut zu würdigen«. Nicht blindlings, nicht ohne Differenzierung. Zum Beispiel war auffällig, dass im Gegensatz zu den vielen tausend penibel geführten Personenakten sich in manchen anderen Einschätzungen, Plänen und Berichten ein neurotisch oder ideologisch bedingtes Defizit an Genauigkeit zeigte. »Insofern ist ein Unterschied zwischen den Arten von Stasi-Akten zu machen«, betonte Gauck. Aber auch die weniger zuverlässigen Unterlagen enthielten Fakten, die ernst genommen werden müssten, weil das weitere Vorgehen der Stasi darauf basierte. Gauck war davon überzeugt, dass »sich deshalb die Fantasie der Stasimitarbeiter hier schwerlich entfalten durfte«.

Die Stasi-Akten sind nach der Erkenntnis des damaligen Behördenleiters aber nicht nur Zeugnisse der Anpassung und des Verrats, sondern auch Belege für Zivilcourage, Widerstand und Mut. »Die Akten zeigen eben auch, dass Unterdrückung, Krieg und Not Menschen nicht nur zu Barbaren werden lassen, sondern zu Überwindern, Märtyrern und zu würdevollen Bürgern.«

In den Köpfen vieler Westdeutscher sitzt allerdings noch immer die Vorstellung von der fast kollektiven Verbrüderung der Ostdeutschen mit ihren Geheimdienstlern. Die Fakten sprechen eine andere Sprache: 1989 arbeiteten von den rund 10 Millionen DDR-Einwohnern im Alter von 18 bis 65 Jahren rund 174 000 als inoffizielle und rund 91 000 Bürger als hauptamtliche Mitarbeiter mit der Stasi zusammen. Das entspricht zweieinhalb Prozent der Gesamtbevölkerung. Die zwischen Flensburg und Garmisch weit verbreitete Formel, die DDR-Bevölkerung sei ein »Volk von Verrätern«, ist ein Märchen, das an kollektive Diffamierung grenzt. Auch das bezeugen die Akten.

Welche Konsequenzen ergaben sich, wenn eine Person der Stasimitarbeit überführt wurde? Rechtlich gab es keinerlei Handhabe, gegen eine solche Person vorzugehen. Es oblag in diesem Fall dem Arbeitgeber – und ihm allein – über die berufliche Zukunft des Überführten zu entscheiden. Das gilt für Kirchen, Verbände, Wirtschaftsunternehmen und den öffentlichen Dienst gleichermaßen. Eine arbeitsgerichtliche Klärung über den Verbleib im Dienst war nicht vorgesehen, aber immerhin möglich. Auch war in keiner Firma oder Behörde von Gesetzes wegen eine Anfrage bei der Gauck-Behörde zur Überprüfung von Mitarbeitern vorgeschrieben. Selbst bei Beamten fand eine Regelanfrage nicht statt. Die Arbeitgeber waren frei in ihrer Entscheidung, ihre Belegschaft überprüfen zu lassen oder nicht – bei Wirtschaftsunternehmen durfte allerdings nur die Leitungsebene von Großbetrieben überprüft werden. Die Gauck-Behörde hatte selbst keine Befugnis, eine solche
Überprüfung anzuordnen. Die Mitarbeiter des Bundesbeauftragten fungieren ausschließlich als Überbringer der guten oder schlechten Botschaft. So wollte es die große Mehrheit der ersten frei gewählten ostdeutschen Volkskammer, als sie am 24. August das ›Gesetz über die Sicherung und Nutzung‹ der Stasi-Akten verabschiedete, das die Grundlage für das StUG von 1991 bildete.

Was den Umgang mit Politikern anbelangt, die in den Verdacht der Stasimitarbeit geraten waren, so wurde im Zusammenhang mit den Stasivorwürfen gegen Gregor Gysi im Juli 1996 erstmals verfassungsrechtlich die im StUG vorgesehene Möglichkeit geprüft, ein Mitglied des Parlaments auf seine Stasi-Verbindungen hin zu überprüfen. Der Zweite Senat des höchsten deutschen Gerichts erklärte seinerzeit die Überprüfung der Bonner Parlamentarier auf Stasi-Mitarbeit für legitim. Der Bundestag dürfe, argumentierte das Gericht in seiner Begründung, »als Folge des Übergangs von der Diktatur zur Demokratie in den neuen Ländern ein Verfahren einführen, durch das Abgeordnete unter bestimmten Voraussetzungen auf ihre frühere Tätigkeit oder Verantwortung« für das MfS überprüft werden. Die erforderlichen Voraussetzungen seien durch die Praxis der Überprüfung gedeckt: Der Betroffene müsse die Gelegenheit zu einer Stellungnahme haben, die Sitzungen müssten vertraulich sein, für Feststellungen und Entscheidungen müsse eine fundierte Mehrheit votieren. Die vom Immunitätsausschuss gewählte Zweidrittel-Mehrheit erkannten die Karlsruher Richter als ausreichend an. Eine verfassungsrechtlich klare Entscheidung war getroffen worden, und doch räumten auch die Verfassungsrichter das entscheidende Problem nicht aus dem Weg. Es gab nun zwar eine rechtliche Grundlage für die Überprüfung eines Abgeordneten, die Entscheidung darüber, ob dieser Abgeordnete in Amt und Würden blieb, wurde jedoch durch keinerlei rechtliche Bestimmung festgelegt. Es war und ist letztlich Sache der Parteien oder der Regierung, auf Grundlage politischer oder moralischer Erwägungen eines ihrer Mitglieder zum Rücktritt oder gar zum Parteiaustritt zu bewegen.

Die Bedeutung, die die Behörde durch ihre Tätigkeit für die öffentliche Meinungsbildung in Politik und Gesellschaft besaß, beruhte weniger darauf, dass sie für juristische Entscheidungen die notwendigen Grundlagen bereitstellte, als vielmehr darauf, dass sie die politisch-moralische Bewertung der Stasi-Unterlagen nachhaltig beeinflusste. Dabei ist zu fragen, ob Gauck und seine Mitarbeiter mit ihren Enthüllungen über die Machenschaften der Stasi eine solche Wirkung auf das öffentliche Meinungsklima hatten, dass die betroffenen Parteien, Institutionen, Behörden und Arbeitgeber letztlich gar nicht anders konnten, als auch den kleinsten Spitzel zu feuern. Bei dieser Frage geben Statistiken interessante Aufschlüsse. Im Dezember 1994 teilte die Berliner Senatsschulverwaltung mit, dass von 19601 überprüften Lehrern 877 für den DDR-Geheimdienst tätig gewesen waren. Das entspricht 4,5 Prozent. Kündigungen erhielten jedoch nur 184 Lehrkräfte, also weniger als ein Prozent. Oder anders ausgedrückt: Vier von fünf belasteten Lehrern durften trotz einer kompromittierenden Auskunft der Gauck-Behörde nach der entsprechenden Einzelfallprüfung weiterarbeiten.

Als Joachim Gauck 1990 sein Plädoyer für eine dreidimensionale Aufarbeitung der Stasi-Unterlagen vortrug, ahnte niemand, dass ausgerechnet die Freiheit der Forschung, die zu den elementaren Grundrechten der Bundesrepublik gehört, einmal zu einem Problem der Behörde werden sollte. Ausgerechnet im Zusammenhang mit der so genannten Westspionage aber wurde dieses Thema virulent. Auf einmal stand Gauck als oberster Dienstherr einer mutmaßlichen Verschleierungs-Behörde am Pranger: Teile des Stasi-Unterlagen-Gesetzes, so lautete die Vermutung, waren ausschließlich zum Schutz westdeutscher Kollaborateure geschaffen, und Joachim Gauck stelle sich als Schutzschild vor die hochrangigen und ehrenwerten ehemaligen BRD-Spitzel.

Im Mittelpunkt einer Affäre, die im Kern ein Geburtsproblem der Behörde berührte, stand ein Buch von Hubertus Knabe, heute Direktor der Berliner Gedenkstätte Berlin-Hohenschönhausen. Der Historiker, ein Freund des 1999 verstorbenen Jürgen Fuchs, arbeitete beim Bundesbeauftragten an einer Studie zur »West-Arbeit des MfS und ihren Wirkungen« für die Enquête-Kommission »Deutsche Einheit« des Bundestages, die der Kommission 1998 vorgelegt wurde. Diese noch unvollständigen Recherchen sollte

Knabe fortsetzen und den um die neuen Forschungsergebnisse erweiterten Bericht in der Schriftenreihe der Behörde veröffentlichen. Als der Hausverlag der Gauck-Behörde, der Ch. Links Verlag, im Juli 1999 die Knabe-Publikation *West-Arbeit des MfS* in Aussicht stellte, sorgte der Autor für hausinternen Wirbel. Gleichzeitig, kündigte Knabe an, werde er im Berliner Propyläen Verlag ein zweites Buch mit dem weniger verbrämten Titel *Die unterwanderte Republik* über die »Stasi im Westen« veröffentlichen.

Gauck reagierte prompt. Der zuständige Abteilungsleiter entzog Knabe seinen Posten als kommissarischer Sachgebietsleiter. Die Begründung einer Behörden-Sprecherin, »dass die Forschungs- und Publikationsfreiheit wissenschaftlicher Mitarbeiter der Gauck-Behörde ihre Grenzen im öffentlichen Dienstrecht und im Stasi-Unterlagen-Gesetz findet«, war für die um ein Grundrecht fürchtende Öffentlichkeit nicht mehr als eine typisch bürokratisch-kryptische Andeutung und deshalb ein gefundenes Fressen. Wegen des »politisch brisanten Themas« und der Gefahr einer »Zensur auf administrativem Wege« vor dem Hintergrund möglicherweise notwendiger »politischer Rücksichtnahmen« (*Die Welt*, 17. Juli 1999) rollte eine publizistische Hilfswelle für den gemaßregelten Historiker an, der kurzzeitig zum Symbol eines deutsch-deutschen Verfassungsskandals avancierte. »Einer der Besten kaltgestellt«, klagte ein Leserbrief-Schreiber. »Für die Forschung ist Knabe unverzichtbar«, meinte ein anderer. Wie zu den Hoch-Zeiten der Berufsverbote kursierten Unterschriftenlisten, auf denen sich die Unterzeichner mit Hubertus Knabe solidarisierten. Der Ministerpräsident von Mecklenburg-Vorpommern, Harald Ringstorff (SPD), machte sich eilig zum Fürsprecher des gemaßregelten kommissarischen Sachgebietsleiters: Er könne sich des Eindrucks nicht erwehren, dass die Stasi-Akten-Behörde die Erforschung der Stasitätigkeit in Westdeutschland behindere. Am besten wäre es daher, der Behörde den Forschungsetat zu kappen.

Ringstorff und die übrigen verschwiegen allerdings den Hintergrund der Knabe-Disziplinierung. Als der Deutsche Bundestag das Stasi-Unterlagen-Gesetz verabschiedete, war er sich der Tatsache bewusst, dass es sich bei den Aktenbergen um äußerst sensibles Material handelte. Stasi-Akten enthalten zum Teil private und intime Details, die auf illegale Weise gesammelt wurden. Der Gesetzgeber entschied sich für den Erhalt der Papierberge und damit für »einen Perspektivwechsel« (Gauck), weil er das Recht auf informationelle Selbstbestimmung (der Opfer) als höherwertig als den Persönlichkeitsschutz (der Täter) erachtete. Allerdings verband das Gesetz die Herausgabe beziehungsweise Veröffentlichung der Akten mit präzisen Auflagen. Die Mitarbeiter der Behörde, also auch die Historiker aus der Abteilung Bildung und Forschung, haben eine spezielle Loyalitätspflicht, weil sie ungehinderten Zugang zu allen Unterlagen haben, die ihnen ungeschwärzt ausgehändigt werden. Forscher, die außerhalb der Behörde mit Daten und Fakten hantieren wollen, müssen sich mit anonymisierten Dokumenten begnügen – eine Bedingung, die einer völligen Aufklärung Grenzen setzt, zu der es aber angesichts der geschilderten Besonderheit der Unterlagen keine Alternative gibt. Für Joachim Gauck genoss das Grundrecht des Einzelnen auf die Informationen, die die Stasi über ihn zusammengetragen hatte, einen mindestens ebenso hohen Stellenwert wie das Interesse der Wissenschaft. Nach einer längeren Debatte fand man 1991 im Bundestag zu einem Kompromiss zwischen Datenschutz und öffentlich-wissenschaftlichem Interesse. Für Gerald Häfner, Bundestagsabgeordneter von Bündnis 90/Die Grünen, war das StUG daher die Gesetz gewordene Versöhnung zweier demokratischer Grundelemente, ein »moderner Meilenstein bürgernaher Gesetzgebung«.

Aus genau diesem Grund kam es zu der von Anfang an umstrittenen Konstruktion der Behördenforschung, in der zwei eigentlich unvereinbare Prinzipien verschmolzen wurden: die grundgesetzlich gesicherte Freiheit der Forschung und das auf Weisungsbefugnis des Vorgesetzten beruhende Dienstrecht der Behörde. Die Wissenschaftler der Forschungsabteilung dürfen nur das veröffentlichen, was zuvor von ihren Vorgesetzten genehmigt wurde. Eine spezielle Imprimaturregelung verlangt dabei nicht nur die Einhaltung des Stasi-Unterlagen-Gesetzes, sondern sieht auch die Prüfung der »Wissenschaftlichkeit« jeder Publikation vor. Mit diesem Instrument, so jedenfalls die Auffassung Knabes, seien die Veröffentlichungen über die westdeutschen Stasi-Verstrickungen mehrfach zensiert worden. Deswegen entschloss sich Knabe zu dem Schritt, neben der amtlichen Publikation seine persönliche Sicht auf das politisch brisante Phänomen außerhalb der Behörde zu veröffentlichen.

Damit hatte Knabe die Regeln der Behördenforschung außer Kraft gesetzt. »Er hat der ganzen Konstruktion einen Bärendienst erwiesen«, meint der ehemalige Sprecher der Behörde, der spätere Oberkirchenrat David Gill. Direktor Peter Busse, der Nachfolger von Hansjörg Geiger, sprach von einem »großen Schaden nach innen und außen«.

Für die Beteiligten hatte der Streit zwischen Autor und Behörde, der durch ein zeitversetztes Erscheinen beider Bücher etwas entschärft wurde, am Ende immerhin einen Vorteil. Eine wissenschaftliche Publikation aus der Behörde hatte das Interesse einer breiten Öffentlichkeit gefunden und deutlich gemacht, dass das Stasi-Thema nicht nur ein Thema der Ostdeutschen ist. Das Hauptproblem, den Einfluss der Stasi im Westen aufzudecken, liegt darin, dass von den Akten der Hauptabteilung Aufklärung (HV A), also der Organisation, die hauptsächlich im Westen gespitzelt hat, Knabe zufolge »so gut wie keine erhalten« sind. Wer folglich in den Archiven des Bundesbeauftragten nach einem bedeutenden Politiker der alten Bundesrepublik sucht, greift, so die Erfahrung des Wissenschaftlers, »fast immer ins Leere«. Sein Fazit: »Wenn es irgendwo eine Gnade der westdeutschen Geburt gibt, dann bei den Stasi-Verstrickungen.«

Dennoch gelang es Knabe, mit Hilfe der Unterlagen zumindest die Dimension der westlichen Kollaboration anzudeuten. Rund 20 000 Bundesbürger waren demnach als IM der Stasi registriert.

»Tausende der einstmals Verzeichneten fehlen jedoch, weil die Spionageabteilung des MfS ihre Karten 1990 entfernte«. Diese hatte über 1000 so genannte Zielobjekte im Visier. Die von der Justiz angestrengten Verfahren gegen 253 West-IM fanden quasi unter Ausschluss der Öffentlichkeit statt. Eine Tatsache, die Gauck die Zornesröte ins Gesicht trieb:

> »Ein normaler Leser, der von einem Landesverrats-Verfahren beispielsweise in Düsseldorf gegen die Nato oder den Siemens-Konzern liest, der denkt sofort an einen James-Bond-Verschnitt. Liest der gleiche Leser von einem kleinen IM, der seinen Posten verloren hat, reagiert er mit Abscheu. Das Bewusstsein hat sich bis heute nicht geändert: Im Osten leben die widerlichen Spitzel, im Westen die Agenten mit der faszinierenden Kennung 007.«

Hubertus Knabe wies auf einen blinden Fleck in der westdeutschen Nachkriegsgeschichte hin und begründete damit, warum es im Westen so schmerzhaft sei, die SED-Diktatur kritisch zu reflektieren:

> »Ein Großteil der Westdeutschen hatte sich mit der Existenz der DDR abgefunden – und an diese Anpassung möchten sie nur ungern erinnert werden. [...] Die Schuld der Väter und Großväter anzuprangern, ist ungleich leichter, als die eigenen Fehler zu analysieren. Die Debatte über das Wegschauen und Mitmachen beim zweiten totalitären System dieses Jahrhunderts steht weiter aus.«[*]

Wann immer Vertreter des so genannten konservativen Lagers diese Debatte anstießen, attackierten ihre Gegner sie als rückwärtsgewandt und revanchistisch. Aber auch ein in allen Lagern anerkannter Antifaschist wie Eugen Kogon hatte Mühe, sich gegen die allgemeine DDR-freundliche Stimmung Gehör zu verschaffen. Anstatt die ebenso real existierende Opposition zu stützen, pflegte die Mehrheit der westdeutschen Intellektuellen den freundlichen

---

[*] Hubertus Knabe, zitiert nach der Berliner Zeitung vom 25. September 1999, Magazin, S. 2.

Dialog mit der Elite des Regimes, das sich trotz seines propagierten Antifaschismus nicht um Freiheits- und Menschenrechte scherte.

Aufregung gab es noch einmal, als Joachim Gauck bereits in Gedanken seinen Abschied von der Behörde vorbereitete. Vor allem die westdeutsche Öffentlichkeit reagierte Anfang des Jahres 2000 erstaunt bis hysterisch auf die Nachricht, dass die Stasi Tausende bundesrepublikanischer Telefongespräche abgehört hatte. Unter den Lauschattacken litt – erwartungsgemäß – auch der ehemalige Bundeskanzler und CDU-Ehrenvorsitzende Helmut Kohl, dessen illegale Spendenwirtschaft im Frühjahr einen parlamentarischen Untersuchungsausschuss auf den Plan gerufen hatte. Der gewichtige Ex-Kanzler reagierte pikiert, als Gauck die Anfrage des Ausschusses nach Übermittlung der Mitschnitte Kohl'scher Telefonate mit einem schlichten »selbstverständlich« beantwortete. Dem Bundesbeauftragten, dessen Qualifikation und Integrität Unions-Politiker während seiner zehnjährigen Dienstzeit immer wieder hervorgehoben hatten, genügte ein Blick in die gesetzlichen Grundlagen seiner Arbeit, in denen es unter Paragraph 22 heißt:

»Das Recht auf Beweiserhebung durch parlamentarische Untersuchungsausschüsse nach Artikel 44 Abs. 1 und 2 des Grundgesetzes erstreckt sich auch auf Unterlagen des Staatssicherheitsdienstes.« Und einige Paragraphen zuvor hatte der Gesetzgeber klar und eindeutig bestimmt, was Unterlagen des Staatssicherheitsdienstes sind, nämlich »sämtliche Informationsträger unabhängig von der Form der Speicherung, insbesondere Akten, Dateien, Schriftstücke, Karten, Pläne, Filme, Bild-, Ton- und sonstige Aufzeichnungen …«.

Und doch wurde die Debatte unsachlich. Zahlreiche Menschen meldeten sich zu Wort, die mit Verweis auf die Fälle Stolpe und Gysi Fairness anmahnten. »Vor den Akten sind alle gleich«, betonte der um politische Korrektheit bemühte PDS-Politiker Roland Claus. Aber viele wussten nicht, wovon sie redeten: Sie ignorierten schlicht und einfach den Unterschied zwischen Täter und Opfer und die unzweideutige Zielrichtung des Stasi-Unterlagen-Gesetzes, das vorrangig die Rechte der Opfer schützt. Und in diesem Fall war Helmut Kohl zweifelsfrei ein Geschädigter der Stasi, während Gysi und Stolpe im Verdacht der Stasimitarbeit standen.

Das wiederum rief die Verteidiger des Einheits-Kanzlers auf den Plan, die im Paragraph 5 des StUG nachgelesen hatten:

>Die Verwendung personenbezogener Informationen über Betroffene oder Dritte, die im Rahmen der zielgerichteten Informationserhebung oder Ausspähung des Betroffenen einschließlich heimlicher Informationserhebung gewonnen worden sind, zum Nachteil dieser Personen ist unzulässig.«

So stellte sich die Frage: Was wiegt schwerer? Die Öffentlichkeit war ebenso verwirrt wie uneinig. Helmut Kohl kündigte wutentbrannt den Gang zum Karlsruher Verfassungsgericht an. Aber auch die Hilfstruppen des Ex-Kanzlers hatten ein entscheidendes Detail übersehen. Der Fall Kohl unterschied sich in nichts von den Fällen Brandt oder Wehner, bei denen sich niemand echauffiert hatte, als der Bundesbeauftragte seitenweise Stasi-Material über die beiden SPD-Politiker an die Medien herausgeben ließ. Warum auch? Der Gesetzgeber wollte es so und formulierte aus diesem Grund den StUG-Paragrafen 32, Absatz 3:

>Personenbezogene Informationen dürfen nur veröffentlicht werden, wenn [...] es sich um Informationen über Personen der Zeitgeschichte, Inhaber politischer Funktionen oder Amtsträger in Ausübung ihres Amtes handelt, soweit sie nicht Betroffene oder Dritte sind [...] und durch die Veröffentlichung keine überwiegenden schutzwürdigen Interessen der genannten Personen beeinträchtigt werden«.

Letzteres, hatte Gauck von Beginn an betont, werde dadurch sichergestellt, dass keine Original-Tonbänder, sondern nur Zusammenschnitte der Telefonate auf Verlangen zur Verfügung gestellt würden. Die große Transparenz ist der Preis, den hochrangige Funktionsträger seit jeher bezahlen müssen. Burkhard Hirsch, FDP-

Rechtsexperte und traditioneller Wächter über Datenschutz und bürgerliche Rechte, wies sogar während der zweiten und dritten Lesung des Stasi-Unterlagengesetzes am 14. November 1991 ausdrücklich auf diese Gesetzesabsicht hin:

»Schließlich bekommt die Presse wie jeder andere auch Einblick in die in staatlicher Verwaltung befindlichen Akten, wie das in keinem anderen Verwaltungszweig geschehen ist – und das bei Personen der Zeitgeschichte und bei Amtsträgern bei voller Namensnennung. Wenn die Behörde dabei Akten zur Verfügung stellen soll, in denen auch die Privatsphäre des Betreffenden oder des Opfers oder einer dritten Person berührt wird, dann muss die Behörde prüfen, wie sie berechtigte Interessen der Betroffenen schützt. Wer das als Zensur bezeichnet oder als Maulkorb, der hat nicht verstanden, dass es hier nicht um die Presse geht, sondern darum, ob eine Behörde durch die Veröffentlichung einer Akte, wem gegenüber auch immer, die Rechte, auch die Verfassungsrechte, eines Menschen verletzt.«

Die Ausführungen Hirschs fanden seinerzeit einen so großen Anklang, dass an dieser Stelle laut Bundestagsprotokoll die Vertreter der FDP, der CDU/CSU und der Sozialdemokraten demonstrativ applaudierten. Im April 2000 konnte oder wollte sich daran offenbar niemand erinnern. Joachim Gauck, gerichtsfest und gesetzestreu, stand abermals zwischen den Fronten, aber mit Gelassenheit: »Diese Situation war nicht neu.«

Der politische Missionar

Pastor, Bürgerrechtler, Behördenleiter, Demokratielehrer: Am 19. Februar 2012, einem Sonntag, beginnt auf der Berliner Stadtautobahn an der Ausfahrt Kaiserdamm das fünfte Leben des Joachim Gauck. Er sitzt im Taxi, es ist kurz nach 20 Uhr. Gauck ist vor wenigen Minuten aus Wien gekommen und in Tegel gelandet. Sein Handy klingelt, Taxifahrer Vadim Belon stellt die Musik etwas leiser. Joachim Gauck hört zu, schluckt, nickt: In diesem Moment bietet Bundeskanzlerin Angela Merkel dem 72-Jährigen das Amt des Bundespräsidenten an und bittet ihn in ihr Büro. Das Telefonat ist kurz, sehr kurz. Vadim Belon berichtet, dass Joachim Gauck nur mit zwei Sätzen geantwortet habe, die mit Blick auf die Tragweite dieser Entscheidung so unglaublich schlicht klingen: »Okay, ich bin einverstanden. Ich mache das.« »Fahren Sie mich direkt zum Bundeskanzleramt«, bittet der Kandidat den verdutzten Chauffeur.

Nun also doch: Joachim Gauck wird deutsches Staatsoberhaupt, der elfte Präsident in der Geschichte der Bundesrepublik. Deutschland bekommt den Präsidenten, den sich die Mehrheit der Deutschen schon bei seiner ersten Kandidatur, im Juni 2010 gegen Christian Wulff, gewünscht hat. Er ist überwältigt und verwirrt – und vor allem »noch nicht einmal gewaschen« –, als er im dunklen Anzug und mit rot-weißer Krawatte gegen 21.30 Uhr neben der Regierungschefin sitzt und inständig darum bittet, ihn nicht als »einen Supermann und fehlerlosen Menschen« zu betrachten.

In diesem Moment ahnt Joachim Gauck wohl schon, was die Nation von ihm erwartet: Nach zwei Präsidentschaften, die mit schnellen Rücktritten endeten, wartet ganz Deutschland auf einen Staatsmann, der möglichst schnell inhaltlich überzeugende und rhetorisch geschliffene Antworten auf eine Vielzahl drängender Fragen bietet. Gauck hat großen Respekt vor dem Amt, natürlich, fürchtet aber nicht die Position oder etwa künftige Begegnungen mit gekrönten und ungekrönten Häuptern, sondern die Erwartungs-Hysterie, die Euphorie, die Überfülle an Hoffnungen.

Joachim Gauck und ich haben in den vergangenen Jahren hin und wieder über den letzten Satz meiner im Jahr 2000 abgeschlossenen Biografie gesprochen, besser gescherzt. Er hieß: »Die politische Karriere des Joachim Gauck – diese Voraussage sei gewagt – ist noch nicht zu Ende.« Tatsächlich schien meine vor zwölf Jahren gestellte Prognose allzu optimistisch ausgefallen zu sein. Die von mir vorhergesagte Fortsetzung seiner politischen Laufbahn nach seiner Amtszeit in der »Gauck-Behörde«, lag in weiter Ferne – bis zu dem Moment, als er dem Taxifahrer 23,20 Euro plus Trinkgeld aushändigte und sich kurz darauf im Kanzleramt der Rückendeckung von CDU/CSU, FDP, SPD und Grünen für die Präsidentenwahl versicherte. Als ich ihm einen Tag nach der Nominierung telefonisch gratuliere, erinnert er sich an meine Vorhersage: »Wie schön: Mein Prophet ruft an.«

Am 18. März wählt die 15. Bundesversammlung im Berliner Reichstagsgebäude Joachim Gauck zum neuen Bundespräsidenten. Ausgerechnet an einem 18. März, dem Beginn der Märzrevolution von 1848. Dieser Tag hat aber auch für die DDR-Bürgerrechtsbewegung und für Joachim Gauck persönlich eine besondere Bedeutung. An diesem Tag fand 1990 die Wahl der ersten demokratisch gewählten DDR-Volkskammer statt und Joachim Gauck errang eins von zwölf Mandaten für Bündnis 90. Als er damals das Wahllokal verließ, nachdem er seine Stimme abgegeben hatte, liefen ihm Tränen über das Gesicht, Tränen der Freude und der Rührung. So wie im Februar 2012, als er große Freude über die

Ehre der Nominierung empfindet. Ab sofort wird nichts mehr so sein, wie es war, das weiß Joachim Gauck, der sich längst mit seinem »wunderbaren Leben als reisender Politiklehrer« angefreundet hat und darin buchstäblich aufging. Er war, wie er es selbst formulierte, angekommen, obwohl er nie einen Fahrplan hatte. Jetzt zieht Joachim Gauck als neuer Präsident ins Schloss Bellevue ein, sein Leben als Privatier ist zu Ende.

Ein Blick zurück: Das Leben des gesamtdeutschen Bürgers Gauck beginnt am 11. Oktober 2000. Am Ende einer zehnjährigen, aufreibenden Amtszeit. Er verabschiedet sich mit einem guten Gefühl aus der Stasi-Unterlagenbehörde und übergibt sein Amt an Marianne Birthler. Sein pastoral klingendes Fazit lautet: »Die Ernte war groß.« Der Präsident des Deutschen Bundestags, Wolfgang Thierse, und Bundesinnenminister Otto Schily würdigen Gaucks Arbeit. Vor allem der ebenfalls aus Ostdeutschland stammende Thierse ordnet Gaucks Tätigkeit in den deutsch-deutschen Zusammenhang ein. Gauck, betont Thierse, sei »ein unbequemer Mahner« – er habe an einer wichtigen Stelle seinen Beitrag zur Gestaltung der Einheit und zur Demokratisierung geleistet. Einen Tag zuvor hat Bundespräsident Johannes Rau den Moralisten Gauck mit dem Großen Bundesverdienstkreuz ausgezeichnet. Joachim Gauck verabschiedet sich in den 15 Außenstellen der Behörde von seinen Mitarbeitern, es folgen reichlich mediale Bilanzen, Porträts und Abgesänge – ab jetzt ist er wieder Herr seiner selbst.

Durchatmen, mal wieder mit einem kleinen Segelboot über die Ostsee schippern, Freunde und Familie besuchen: Joachim Gauck genießt die wiedergewonnene (Frei-) Zeit. Auch die Phantomschmerzen, die viele Politiker und Firmenchefs nach ihrem Ausscheiden verspüren, wenn sie plötzlich ohne Sekretariat und Fahrer dastehen, überwindet er schnell. In seiner Wohnung in Berlin-Schöneberg hat er bald alle notwendigen Flug- und Fahrpläne zur Hand, ein nahe gelegenes Reisebüro setzt seine Bitten schnell in die gewünschten Buchungen um. Joachim Gauck macht sich wieder auf den Weg.

Es dauert nicht lange, bis sich die ersten politischen »Headhunter« bei ihm melden. Otto Schily bietet ihm die Leitung der Bundeszentrale für politische Bildung an. Das lehnt Gauck genauso ab wie diverse andere Offerten für Bürgermeisterämter und Landtagsmandate. Das Korsett der Parteipolitik steht ihm nicht. Der links-liberale Konservative, wie er sich selbst gerne nennt, will sich in keine Schublade zwängen lassen, sich keinem Fraktionszwang unterordnen und keiner Parteiräson gehorchen. Er will sich die Freiheit der Unabhängigkeit nicht nehmen lassen. Er hat auch schlicht genug davon, wie zu den Zeiten als Bundesbeauftragter erneut zu allen möglichen Themen, die die Republik umtreiben, um eine Meinung gebeten zu werden – seine Zeiten als »Parallelkanzler« sollen nicht wieder aufleben.

Aber Stellung beziehen, sich einmischen, provozieren, moralisieren und dozieren – gerne! 2001 lässt er sich auf das WDR-Angebot ein, die Talkshow »Gauck trifft …« zu moderieren. Der Erfolg ist überschaubar. Vor allem wird schnell deutlich, was Gauck kann und vor allem, was er nicht kann: Stellt ihm jemand eine Frage, so ist er in der Lage, mal kurz und pointiert, ein anderes Mal in extenso und in sprachlich eindrucksvollen Bildern zu antworten. Dagegen fällt es ihm sichtlich schwer, sich selbst auf kurze Fragen zu beschränken und die Bühne den Rest der Zeit einem prominenten Studiogast wie zum Beispiel dem damaligen Bundespräsidenten Johannes Rau zu überlassen. Diese Form der Zurückhaltung liegt ihm nicht. Nach nur wenigen Sendungen ist Joachim Gaucks Karriere als Talkmaster bereits wieder Geschichte.

Die Aufarbeitung der Geschichte, das ist Gaucks Lebensaufgabe, das ist seine Mission, mit der er gleichzeitig berührt und aneckt. Als ihn der 1993 gegründete Verein »Gegen Vergessen – Für Demokratie e.V.« 2003 bittet, den Vorsitz als Nachfolger von Hans-Jochen Vogel und Hans Koschnick zu übernehmen, zögert er daher keine Sekunde. »Wir wollen nicht zuschauen, wie rechte Chaoten wieder auf den Straßen herum lärmen, ohne dass Bürger dagegen etwas sagen«, begründet er sein Engagement. »Wir wollen nicht vergessen, was Deutsche getan haben und wie wir Leid über uns und andere gebracht haben.«

Die Statuten und Aufgaben des über 2000 Mitglieder zählenden und bundesweit tätigen Vereins passen zu Joachim Gauck wie einst der Talar. Das zentrale Thema des Vereins lautet: »Wir erinnern an die nationalsozialistischen Verbrechen und das Unrecht, das unter dem SED-Regime verübt wurde. Wir sprechen über vergessene Opfergruppen und über die, die Widerstand geleistet haben. Über diejenigen, die für ihre eigene und die Freiheit anderer gekämpft haben. Dabei bleiben wir nicht im Gestern stehen, denn politischer Extremismus ist auch heute in manchen Kreisen wieder salonfähig. Dagegen setzen wir auf Bildungsarbeit und Beratungsangebote [...]. Bürgerengagement hat viele Gesichter, und viele Wege führen in eine Gemeinschaft der Vielfalt.« Das könnte auch Teil einer Rede des Bundespräsidenten Joachim Gauck sein, der unablässig vor Nostalgie und Scheinwelten warnt und stattdessen an Theodor Adornos Plädoyer für ein »helles Bewusstsein« erinnert. »Es hat gedauert«, schreibt Gauck in seinen Erinnerungen (»Winter im Sommer – Frühling im Herbst«) über die westdeutschen Aufarbeitungs-Mühen, »bis sich die Fakten gegen die Meinungen durchsetzen konnten; bis sich die Nation nicht primär als Opfer verstand, sondern sich zu Schuld und Verantwortung bekannte«.

Bürger Gauck reist fortan durch die Welt, als Aufklärer, Mahner und Seelendoktor. Sein Reisebüro freut sich über einen äußerst gefragten Kunden. Er sucht und findet den Abstand zur Berliner Politprominenz. Er gestaltet sein Leben, wie er es mag. 2004 reist er wieder nach Lüssow, endlich mal wieder, zu seinen pastoralen Anfängen. 37 Jahre zuvor, zu Pfingsten 1967, hatte er hier, acht Kilometer von Güstrow entfernt, seine erste Pastorenstelle angetreten. Bürgermeister Wilfried Zander hat alle ehemaligen Lüssower Pastoren zum 775-jährigen Dorfjubiläum eingeladen. Danach berichtet Ruth Kriewall, dass sie Gauck noch zwei Stunden länger hätte zuhören können. Er habe in der Kirche auch Plattdeutsch gesprochen, was besonders die Älteren gefreut habe. »Ganz natürlich und unkompliziert« haben sie und ihr Mann den prominenten Gast erlebt.

Joachim Gauck bekommt mehr und mehr ein Gefühl dafür, was ihm am meisten liegt: Lesungen. Die Szenerie ist meist denkbar schlicht, ein Tisch, ein Stuhl, ein Glas Wasser. Es ist diese große Intensität und Dichte, die sich aus der Eindrücklichkeit seiner Schilderungen und der fast andächtigen Stille im Publikum ergibt, die Joachim Gauck genießt. Auf nachfolgende Diskussionen verzichtet er mittlerweile, er lässt seinen Vortrag wirken.

Er spürt, dass das ankommt, er genießt den Zuspruch, der mitunter in Verehrung umschlägt. »Glück ist, Verantwortung zu übernehmen«, ruft er am 15. Oktober 2010 mehreren hundert Schülern und Lehrern in der Braunschweiger VW-Halle zu. Eine Schülersprecherin fasst den Nachmittag später zusammen: »Entgegen den Erwartungen der meisten, der Nachmittag würde auf ein langatmiges Geschichtsseminar hinauslaufen, belustigt und erweckt Herr Gauck das Publikum mit seiner charismatischen Art zu reden. Mittels der fiktiven jugendlichen Figuren Marie und Paul versucht er, seine sowie die allgemeine Geschichte der ehemaligen DDR nahe zu bringen. Was ihm gelingt! Große Augen, gebannte Blicke sowie schmunzelnde oder sogar leicht geöffnete Münder spiegeln die stille Begeisterung des Publikums wider.«

Überhaupt die Jugend. Gauck spricht vor unzähligen Schulklassen, hier wirkt sein pädagogischer Impetus am stärksten. Er ist geradezu besessen von dem Wunsch, dass die Menschen von ihm lernen. Dass sie verstehen, dass Freiheit das Wichtigste im Leben ist, obwohl sie auch vielerlei Beschwernisse mit sich bringt, dass die Herrschaft des Rechts keine Selbstverständlichkeit, sondern ein Privileg ist, dass die Mehrheit der DDR-Bürger innerlich mit der DDR-Führung abgeschlossen hatte: »Wir haben für uns und gegen sie gelebt.« Anderthalb Stunden lang sei es mucksmäuschenstill gewesen, schreiben die Schüler des Rheinberger Amplonius-Gymnasiums nach Gaucks Vortrag im Februar 2011. »Er hat etwas, was die Menschen anzieht«, urteilt eine Schülerin. Eine andere meint: »Das war sehr gut, er hat mich richtig begeistert.«

Seine Themen bleiben immer gleich. Hier steht er, da sitzt er – er kann nicht anders. Ist Gauck eindimensional, einseitig? Er nimmt es anders wahr, er liest anderes aus seinen Einladungen heraus. Ob politischer Ortsverein, Sparkassenvorstand, Jugendgruppe oder die Akademie Tutzing: Sie alle bestehen explizit darauf, dass Gauck ihnen seinen Freiheitsbegriff und sein Demokratieverständnis erläutert. Sie wollen wissen, wie es war in der DDR, die Gauck gerne als »Abschiedsland« und als ein »Experiment mit Menschen« bezeichnet. Das Schlimmste sei das »völlige Fehlen einer Perspektive« gewesen, dass man in Unfreiheit auf den Ruin zugesteuert sei. Die DDR-Führung habe die Menschen nicht wie Bürger, sondern wie »Insassen« behandelt. Die DDR, ein »Kerkerland«. Davon wollen viele Menschen mehr hören und wissen, Gauck ist für sie der Wunschlehrer.

Er erinnert an die jungen Männer, die in der DDR die Schießübungen ablehnten und daraufhin nicht studieren durften. Oder die den Militärdienst verweigerten und daraufhin im Gefängnis landeten. »Wir haben immer eine Wahl« beschwört er in einem Gottesdienst in Stuttgart-Obertürkheim Ende Januar 2012. Nicht immer zwischen Gut und Böse, aber oft zwischen besser und schlechter, selbst- oder fremdbestimmt. Und er ruft den Mut und die Beharrlichkeit von Václav Havel in Erinnerung, dem ehemaligen Regimekritiker und späteren tschechischen Staatspräsidenten. Sie hätten ihn »eingeknastet, aber nicht kaputt gekriegt«. »Seid nicht so ängstlich«, wechselt er in den Prediger-Modus, »denn du wirst in Gottes Hände fallen.«

Joachim Gauck, der Dauer-Lernende und -Lehrende, doziert und agiert in den Jahren nach seinem Behördenabschied wie befreit, frei von der Last des Bundes-Amtes, von juristischen Querelen und der medialen Dauerbeobachtung. Aber er weiß, dass er noch immer eine private Last mit sich herum trägt. Viele Verlage haben ihm seit seinem Auszug aus der Stasi-Unterlagenbehörde angeboten, seine Autobiografie zu veröffentlichen. Er hat das immer abgelehnt. Er hat keine Zeit dafür, redet er sich ein. Aber er kennt den eigentlichen Grund für seine Zurückhaltung: Er nimmt ein Gefühl der Beklemmung und der Angst in sich wahr, wenn er an die Zeit bis 1989 denkt – er fürchtet sich vor der Begegnung mit der eigenen Vergangenheit, die auch voll schmerzlicher Ereignisse war.

Ausgerechnet er, der stets vor Verdrängung und Verklärung warnt, zögert. Bis 2008, als er sich der Unterstützung der Publizistin und langjährigen Weggefährtin Helga Hirsch versichert, die ihm helfen wird, sich endgültig der Vergangenheitsbewältigung in eigener Sache anzunehmen. Nach der Entscheidung für das Buch steht er zu dieser Herausforderung, der Positionierung und der Klärung. Acht Monate lang steht er Helga Hirsch als Gesprächspartner zur Verfügung, die Katharsis nimmt ihren erhofften und positiven Lauf.

Jedenfalls am Anfang. Bis zu dem Moment, als er gedanklich im Jahr 1987 ankommt. Das ist das Jahr, in dem seine beiden Söhne Christian und Martin ihre jahrelangen Ankündigungen in die Tat umsetzen und aus der DDR ausreisen. Joachim Gauck stockt. Er steht kurz davor, das Buchprojekt abzusagen oder zumindest dieses Kapitel auszusparen. Helga Hirsch und andere Freunde sprechen ihm Mut zu. Er gibt nach, er will die Auseinandersetzung mit der eigenen Biografie zu Ende bringen.

Es war damals, so kurz vor der noch nicht einmal geahnten Wende, »wie ein Schock«, als die Familie sich zum Abschied auf Gleis 9 des Rostocker Bahnhofs versammelte – dieser Schock wirkt nach. Noch heute stockt ihm der Atem, laufen ihm Tränen über die Wangen, wenn er an das Weihnachtsfest vor 25 Jahren zurück denkt. Als plötzlich »alle weg waren«, sieben der ihm liebsten Menschen: zwei Kinder, zwei Schwiegertöchter und drei Enkelkinder. An dieser Stelle seiner Lesungen kommen die Tränen. Immer. Es wird nicht besser. Vielleicht bei der 200. oder 300. Lesung, hofft er. Aber bis dahin tut es einfach nur weh, weil sich der Familien-Exodus einst »wie der Tod anfühlte«.

Als er die Fülle seiner Erinnerungen aufgeschrieben hat, ist es gut. Sehr gut sogar. Joachim Gauck blüht auf, Freunde vergleichen die Situation mit »einem Jungbrunnen, dem er entstiegen ist«. Joachim Gauck ist ein sehr emotionaler Mensch. Wenn seine Vertrauten in diesen Tagen davon sprechen, dass er »auch mit einem weinenden Auge« seinen Status als Privatier aufgibt, dann darf man das durchaus wörtlich nehmen. Er weiß, dass er ein »wunderbares Leben« aufgibt. Er hat sich noch nie seiner Tränen geschämt.

Seine Offenheit schließt auch die Brüche und Konflikte innerhalb der Familie ein. Aus seiner Zeit als Bundesbeauftragter kennt er den schleichenden Prozess der Vergesellschaftung seines Privatlebens. Er weiß, wie es ist, wenn plötzlich alles von öffentlichem Interesse ist, wenn jede Begegnung und jede Äußerung beobachtet und bewertet wird. Wie steht es um seine Beziehung zu seiner Ehefrau Hansi, die nach wie vor in Rostock lebt? Er ist mit ihr längst im Reinen. Scheidung? Im Hinterkopf wird er sich die Frage stellen: Warum eigentlich – warum jetzt? »Wir sind alle miteinander auf einem guten Fuß«, betont Gaucks Lebensgefährtin Daniela Schadt. Die 52-jährige Journalistin und künftige Erste Frau im Staate findet »die Lebensverhältnisse in unserer Familie gar nicht so ungeordnet, wie immer behauptet wird«. Am Familienstand müsse sich vorerst nichts ändern.

Die größten Reibungspunkte gab es mit seinem heute 51 Jahre alten Sohn Christian, der als Facharzt für Orthopädie und Unfallchirurgie an einem Krankenhaus in Hamburg arbeitet, schon damals, als Christian und sein Bruder ihre Ausreise planten. »Für andere setzt du dich ein! Für deine eigenen Söhne nicht«, herrschte er damals seinen vielbeschäftigten und engagierten Vater an – er sei »manchmal ein Verdränger vor dem Herrn gewesen«.

Heute bezeichnet sich Christian Gauck als »härtesten Kritiker« seines Vaters in der Familie. Auch nach der Wende gab es Phasen des Schweigens, Monate der Funkstille, weil beide, Vater und Sohn, persönliche und politische Brüche erlebt haben, die sie zeitweise sprachlos machten und einander entfremdeten. Mitte der

90er Jahre, erzählt Christian Gauck Anfang 2011 dem *Hamburger Abendblatt*, hätten sie wieder zueinander gefunden. »Unsere Konflikte haben nie dazu geführt, dass wir uns voneinander abgewendet haben.« Das erfüllt auch Joachim Gauck mit großer Dankbarkeit.

Sind es die Wärme und die Aufrichtigkeit, die die Menschen spüren, wenn sie sich Joachim Gauck mit Mehrheit bereits zum zweiten Mal als Präsidenten wünschen und ihn mit einer Fülle an Erwartungen und Hoffnungen überfrachten? Strahlt er tatsächlich diese uneingeschränkte Glaubwürdigkeit aus, dass ihm so unerschütterliches Vertrauen entgegen gebracht wird? Oder ist es vor allem die Enttäuschung der Bevölkerung über »die da oben«, die vorzugsweise in Hinterzimmern Kandidaten weniger nach Qualifikation als nach parteipolitischem Gutdünken für die politischen Spitzenposten auskungeln? Es gibt sicher nicht das eine Motiv, das alles erklärt.

Es gibt zunächst einen systemischen Grund. Joachim Gauck ist ein durch und durch politischer Mensch, aber er ist kein Parteipolitiker. In der Geschichte der Bundesrepublik ist er der erste Bundespräsident ohne Parteibuch. Er steht außerhalb des Fraktions- und Funktionärssystems, das in den vergangenen Jahren aufgrund nicht eingehaltener Wahlversprechen, kleiner und größerer Skandale und Affären, aber auch wegen überzogener Erwartungen der Bürger massiv an Zuspruch und Überzeugungskraft eingebüßt hat. In diesen Zeiten des Zweifels am Parteiangebot nehmen viele Menschen Gauck als einen klugen und vertrauensvollen Polit-Profi wahr, der sich das Anderssein, die Unabhängigkeit und die Gedankenfreiheit bewahrt hat. Er ist ein politischer Anti-Politiker, ein immer Unangepasster, der erdverbunden geblieben ist und der sich den Mund nicht verbieten lassen wird.

Das passt zum Wunsch eines großen Teils der Bevölkerung nach einem unparteilichen geistigen Wortführer, einer Instanz, die anders sein soll und sich nicht allein über Parteilichkeit definiert. »Joachim Gauck verkörpert die Sehnsucht vieler Deutscher nach

Beendigung machtpolitischer Spielchen«, urteilt die ehemalige DDR-Bürgerrechtlerin Vera Lengsfeld, die von 1990 bis 2005 zuerst für Bündnis90/Die Grünen und dann für die CDU im Deutschen Bundestag saß. »Wulff hat eine Laufbahn, Gauck ein Leben«, ergänzt der Schriftsteller Erich Loest. Gauck weiß, dass er eine Art Projektionsfläche ist: »Das ist nicht nur Gauck, den die Leute meinen. Das ist auch der Wunsch, dass man einem Politiker glauben kann.«

Und wie denkt Gauck selber über »die Politik«? Ambivalent. Gauck ist ein bedingungsloser Verfechter der Demokratie – Parteien sind für ihn darum ein unverzichtbarer Bestandteil der demokratischen Grundordnung. Punkt. Joachim Gauck wirbt für das Engagement möglichst vieler Bürger in Parteien oder anderen gesellschaftlichen Gruppen. Eine pauschale Parteienschelte, die ihm sicher noch mehr Applaus bescheren würde, liegt ihm fern. Die Weigerung, zur Wahl zu gehen, kommt für ihn einer Sünde gleich. Er will, sagt der »Pastor Gauck«, nicht »gnädig« sein mit denen, die sich benachteiligt fühlen und deshalb nicht zur Wahl gehen. Er fragt sie: »Wo ist eure Würde?«

Er selbst eignet sich allerdings wenig für das Meinungs- und Entscheidungs-Korsett der Parteien. Es ist seine Angst vor Verstellung und gedanklicher Gleichmacherei, die ihn vor einer Mitgliedschaft zurückschrecken lässt: »Es ist einer der großen Vorzüge, wenn man nicht in der Gestaltung ist, dass du nicht, nur um wiedergewählt zu werden, die aktuellen Mehrheitsängste kopieren musst.« Er will lieber ein »Kommunikator sein, ein ständiger Vertreter der gesamten Demokratie gegenüber dem Volk, ein Vermittler zwischen Regierenden und Regierten«. Er ahnte sicher nicht, dass es auf ihn selbst zulaufen könnte, als er vor einigen Jahren laut über das Politiker-Ideal der deutschen Wähler nachdachte: »Viele haben die Sehnsucht nach jemandem, dem sie vertrauen können, nach Verlässlichkeit und Glaubwürdigkeit. Diese Sehnsucht sucht sich ihre Wege, wo sie hinhoffen kann.«

Der andere Grund für seine Attraktivität als Bundespräsident liegt in seiner Persönlichkeit begründet. Seine Mehrdimensionalität strahlt aus und zieht an. Sein Pathos ist unmodern und vielleicht gerade deshalb so faszinierend. Der »Präsident der Herzen«, wie er gerne nach seiner Niederlage gegen Christian Wulff genannt wurde, war und ist Freiheitskämpfer, Seelsorger, Amtsleiter, Prediger, Missionar und Demokratielehrer. Er beherrscht mehrere öffentlich wirksame Rollen, und offenbar überzeugt er dabei sein Publikum. Mag sein, wie der eine oder andere Kritiker einwendet, dass er zu DDR-Zeiten nicht der erste und vorderste Kämpfer war (Gauck hat sich nie diese Rolle zugedacht: »Ich war nicht der Oberhäuptling der Widerständler.«), dass andere Pastoren ebenso gute Predigten halten, und dass es andernorts ebenso leidenschaftliche Demokratie-Mentoren gibt. Aber wer will ernsthaft bestreiten, dass es wohl nur wenige Menschen gibt, die wie Gauck bei jeder dieser Aufgaben überzeugen? Die ersten politischen Beobachter warnen bereits vor einem Abnutzungseffekt, vor einer drohenden Abnutzung seiner »Masche«. Es sind wohl diejenigen, die die Begeisterung der Menschen von Nord bis Süd in den vergangenen zwölf Jahren nicht miterlebt haben. Die Menschen wünschen sich offenkundig genau diese Masche.

Seine Macht und seine Wirkung, die vielen und ständig auf ihn gerichteten Kameras provozieren Neid, Widerspruch und Widerstand. Man wirft ihm Eitelkeit vor. Tatsächlich flieht er nicht, wenn die Scheinwerfer auf ihn gerichtet werden. Er ist bei seinen Auftritten und während seiner Reden meist weit entfernt von Demut – er ist überzeugt davon, das Sprachrohr vieler zu sein. Der Zuspruch schmeichelt ihm, das sagt und das zeigt er auch. Er hat kein Problem damit, sein Selbstbewusstsein zu zeigen. »Aber Eitelkeit bestimmt bei weitem nicht seine Persönlichkeit«, sagt einer seiner engsten Vertrauten. Gauck fühlt sich ungerecht und unfair behandelt, wenn er so oft auf diese Vokabel reduziert wird. Es mag Phasen in seinem Leben gegeben haben, gesteht er, in denen er das Sich-zur-Schau-Stellen übertrieben habe. An guten Tagen reagiert er mit trockenem Humor auf die immer gleichen Rügen:

»Voller Überraschungen erlebe ich, dass man selbst als Mecklenburger populär sein kann.« Und hat nicht François de La Rochefoucauld vor 400 Jahren gesagt: »Bescheidenheit ist die schlimmste Form der Eitelkeit«?

Gauck ist anstrengend, weil er anregt, reizt, provoziert und manchmal wie ein Oberlehrer wirkt. Gauck ist aber auch ein Suchender und Zweifelnder. Er ist anders als viele Berufspolitiker, die gerne den wählerwirksamen Eindruck zu vermitteln versuchen, sie hätten alles im Griff und im Zweifelsfall auf alles eine Antwort. Joachim Gauck sucht das Gespräch, er nimmt jede Antwort und Anregung wie ein Schwamm dankbar auf. Diese Offenheit, gepaart mit dem Eingeständnis von Schwäche, macht ihn authentisch und vertrauenswürdig.

Dadurch zeichnet er sich aus, dafür verdient er sich auch nach dem Jahr 2000 reichlich Auszeichnungen: Erich-Kästner-Preis, Heinz-Herbert-Karry-Preis, Thomas-Dehler-Preis »in besonderer Würdigung seiner Leistungen bei der Überwindung des totalitären Herrschaftssystems der DDR und der freiheitlichen Ausgestaltung der inneren Einheit Deutschlands«, Geschwister-Scholl-Preis und 2011 schließlich den Ludwig-Börne-Preis. In seiner Laudatio hebt der Preisrichter und ehemalige deutsche Kulturminister Michael Naumann hervor, dass Gauck »mit seinen Reden und Schriften den freiheitlichen Geist all jener in der ehemaligen DDR repräsentiert, die dem repressiven Staat durch ihr politisches Engagement ein Ende bereiteten«.

Die Verehrung scheint keine Grenzen zu kennen. Im Juli 2011 wird er sogar nach Salzburg gerufen, zur Eröffnung der Festspiele. Der Bundeshymne folgt die Eröffnung durch den Bundespräsidenten der Republik Österreich, Heinz Fischer. Jetzt ist auch Gauck ganz Staatsmann, Europa ist sein Thema. Er erinnert an das »Ja« der Osteuropäer zur Freiheit im Jahr 1989. Europa brauche Menschen, die mit »aufgeweckten Sinnen und erwecktem Verstand« reagierten. »Nicht Angst, nicht Angststrategien werden Europa retten, sondern allein ermächtigtes Handeln von Menschen, die sich für zuständig erklären. Ganz normale Menschen.« Als gebrannte Kinder, die die Europäer seien, sollten sie künftig »lieber das Schwarzbrot der Realpolitik essen als zum Zuckerbrot der Ideologien« zu greifen. »Wir tun gut daran«, schließt Gauck, »weniger nach der vollkommenen Gesellschaft zu trachten, sondern stattdessen in mühseliger Arbeit das Bessere – oder wenn Sie so wollen: das weniger Schlechte – zu gestalten. Dies bedeutet nicht, sich der Banalität zu verschreiben. Es bedeutet, der Realität standzuhalten.«

Es bereitet ihm offenbar keine Mühe, zwischen Schulklassen, Erwachsenenbildungsstätten und Staatsmännern hin- und her zu pendeln, zwischen der Provinz und der großen Welt. Gauck kann schlicht, er kann auch anspruchsvoll. Er weiß, wer was von ihm erwartet. Egal, auf welcher Bühne er steht: Er funktioniert vom ersten Moment an. Und dabei bleibt er gelassen, er ist in diesen Rede-, Vortrags- und Erziehungs-Jahren »einfach ein glücklicher Mensch«.

Das ändert sich im ersten Halbjahr 2010. Mit einem politischen Paukenschlag und als ob in Deutschland mit der Finanz- und Euro-Krise nicht schon genug Verwirrung herrschte, erklärt Bundespräsident Horst Köhler völlig überraschend seinen Rücktritt. Er vermisst die politische Rückendeckung. SPD und Grüne appellieren an Bundeskanzlerin Angela Merkel, gemeinsam nach einem überparteilichen Kandidaten zu suchen. Die Regierungschefin und die liberalen Koalitionspartner verweisen kühl auf die bundesdeutsche Gepflogenheit, nach der die Mehrheitsfraktionen ein Vorschlagsrecht für sich in Anspruch nehmen – der niedersächsische Ministerpräsident Christian Wulff erklärt, dass er zur Kandidatur bereit sei. SPD und Grüne reagieren enttäuscht. Sie antworten einige Tage später aber mit einem gemeinsamen Gegenvorschlag und stellen Joachim Gauck mit dem Angebot an die Koalition vor, »auf eine parteipolitisch motivierte Kandidatur zu verzichten«, wie es Bundestagsvizepräsident Wolfgang Thierse formuliert.

CDU, CSU und FDP wirken wie vom Blitz getroffen. Schnell kursieren erste Umfragen, nach denen sich die Mehrheit der Deutschen bei einer Direktwahl für Joachim Gauck entscheiden würde. Einzelne Stimmen aus den Regierungsparteien werden laut, die den Oppositionsparteien kleinlaut und respektvoll einen »gelungenen Coup« attestieren. Die Linke als Nachfolgepartei der »Partei des Demokratischen Sozialismus« reagiert mit dem zu erwartenden Reflex auf den »Kandidaten der kalten Herzen«. Zu diesem Zeitpunkt pflegen Gauck und die Linken-Mitglieder bereits eine seit über 20 Jahren während gegenseitige Abneigung und Unversöhnlichkeit: Aus Sicht der Leninisten, Trotzkisten und ehemaligen SED-Mitglieder, die einen Teil der Mitglieder stellen, ist der ehemalige Bundesbeauftragte für die Stasi-Unterlagen die personifizierte Provokation.

Für sie war und ist die Stasi-Unterlagenbehörde ein vom Westen oktroyiertes Konstrukt der Spaltung und Gauck dessen willfähriger Stasi-Rächer und überhaupt ein notorischer DDR-Entwerter – Gauck bezeichnet das Amt dagegen gerne als »Apotheke gegen Nostalgie«. Wenn sich die Linke als Vertretung einer politischen Reaktion verstehe, argumentiert er, »dann verdient sie den Respekt der politischen Aufklärer nicht«. Vor jenen, »die das alte System irgendwie als fortschrittlich verkaufen wollen«, habe er keinerlei Respekt. Er nehme sehr wohl den Wandlungsprozess in der Partei wahr, beispielsweise in der Person André Bries. »Aber ich kann jeden Restbestand von Leninismus nur schwer ertragen.« Der Partei fehle eine programmatische Verlässlichkeit. Und wie steht es mittlerweile um das Verhältnis zu Gregor Gysi, mit dem er sich in den 90er Jahren juristische und verbale Gefechte um dessen mutmaßliche IM-Tätigkeit geliefert hat? Gauck weicht keiner Frage aus, er antwortet frank und frei: »Mit Herrn Gysi verbindet mich persönlich eher wenig – um nicht zu sagen nichts.« Die Distanz bleibt unüberwindlich, mit der Journalistin Luc Jochimsen stellt die Linkspartei eine eigene Kandidatin auf.

Es ist nicht das erste Mal, dass Joachim Gauck als Kandidat für das höchste deutsche Staatsamt ins Gespräch kommt. 1999 gab es in der CSU erste »Vorüberlegungen«, ihn gegen den SPD-Kandidaten Johannes Rau ins Rennen zu schicken. Aber damals blieb es bei wenig konkretem Geraune und inoffiziellem Getuschel. Hätte die Union offiziell angefragt – Gauck, der über viele Jahre hinweg meist eine sozialdemokratische Neigung verspürte, hätte es wohl abgelehnt, gegen den populären ehemaligen nordrhein-westfälischen Ministerpräsidenten anzutreten.

Aber der Gedanke an sich reizt ihn schon, mehr aber noch nicht. Als ein Journalist des Nachrichtenmagazins *Focus* ihn 1997 fragte, ob er sich vorstellen könne, Bundespräsident zu werden, antwortete er klipp und klar: »Ich kenne meine Grenzen.« 13 Jahre später haben sich seine Grenzen des Selbstvertrauens offensichtlich verschoben. Er weiß: Ich kann auch oben, aber ich muss es nicht mehr. Und so erzählt er den Journalisten nach der Kandidaten-Nominierung Anfang Juni 2010 locker und gut gelaunt, dass er seit Jahren darum werbe, dass jeder Demokrat Verantwortung annehme und akzeptieren müsse. »Wenn ich jetzt eine solche Anfrage bekomme für das höchste Amt – soll ich da Nein sagen?« fragt er und gibt damit gleichzeitig seine Antwort.

Verantwortung, das ist für Joachim Gauck weniger Last als Freude und Auszeichnung. »Gott schuf den Menschen zu seinem Bilde mit der wunderbaren Fähigkeit, Verantwortung zu übernehmen«, schreibt er in seinem jüngst veröffentlichten Plädoyer mit dem Titel »Freiheit«. Es gebe nur ein Geschöpf auf der Erde, das in der Lage sei, »für sich selbst, für das Du neben uns und den Raum um uns herum Verantwortung zu übernehmen«. Für ihn sei es eine großartige Vorstellung, zu wissen, dass »etwas in uns ist, das mit seiner Potenz uns mit unseren begrenzten Kräften« überbietet. »In unserer Verantwortungsfähigkeit steckt ein Versprechen, das dem Einzelnen wie dieser ganzen Welt gilt: Wir sind nicht zum Scheitern verurteilt.«

Diese Aufgabe, dieses Potenzial sei keineswegs auf die Elite einer Gesellschaft begrenzt: »Wir können das eigentlich alle. Denn wir alle haben ein natürliches Empfinden für eine Aufgabe oder kennen die Hingabe.« Das gelte für Menschen, die zum Beispiel unter Einsatz ihres Lebens aus Kriegsgebieten berichteten, die sich für ihr Wissensgebiet aufopferten, die einstünden für ihren Glauben oder die sich für Kunst und Kultur engagierten. Er kann es aber auch schlichter formulieren, etwa Anfang 2012 am Dreikönigstag in Neubrandenburg: »Aus ›Wir sind das Volk‹ wird ›Ich bin ein Bürger‹. Jetzt muss es heißen: Hier bin ich, und es gibt auch was zu tun für mich.«

Mit seiner Kandidatur im Juni 2010, als alle Kameras auf Christian Wulff und ihn gerichtet sind, erwachen neue Lebensgeister in ihm. Er muss sich konzentrieren und auf ein Ziel fixieren. Er steht wieder im Rampenlicht, diesmal auf der ganz großen Bühne. Das liegt ihm, für ihn galt immer schon, sich ermutigen statt entmutigen zu lassen. Er sammelt alte Weggefährten um sich und bezieht ein Büro im Dietrich-Bonhoeffer-Haus, dort, wo 1989 der Runde Tisch tagte. Er kennt die Mehrheitsverhältnisse, er weiß, worauf er sich einlässt. »Ich bin Realist, und ich kann auch zählen. Ich habe aber in meinem Leben Ereignisse erlebt, die lange als unwahrscheinlich galten. Deshalb gehe ich mit einer fröhlichen Gelassenheit auf den 30. Juni zu. Und ich werde da stehen und mich freuen, so wird es sein.« Gauck weigert sich beharrlich, von einem Wahlkampf zu sprechen. Nur einmal wagt er sich aus der Deckung und riskiert eine indirekte Attacke gegen Merkel und Wulff. »Dieses Amt sollte keine Beute von Parteien sein«, mahnt er. Er weiß, dass ihm in diesem Moment der Zuspruch des Volks sicher ist. Ansonsten beschränkt er sich auf vier Worte: »Ich stelle mich vor.«

Das kommt gut an, der offensive Freigeist und Nonkonformist Joachim Gauck wird schnell zum Favoriten der Wählermassen. Die aber haben in der Bundesversammlung am 30. Juni nichts zu sagen, und so kommt es, wie es kommen musste: Christian Wulff und die Kanzlerin setzen sich durch. Und doch verläuft die Bundespräsidentenwahl anders als erwartet. Der CDU-Kandidat benötigt drei quälend lange Wahlgänge. Es rumort in den Regierungsparteien, weil sie nach der Entscheidung mit jeder Umfrage vor Augen geführt bekommen, dass die Bürger sich einen anderen Präsidenten gewünscht hätten, den »deutschen Obama« *(Spiegel Online)*: Joachim Gauck.

Die deutschen Gefühlsinterpreten sind sicher: Joachim Gauck leidet wie ein Hund unter der Niederlage. Aber das ist falsch. Es gibt natürlich einen Moment der Hoffnung, als er Wulff in den dritten Wahlgang zwingt. Und natürlich will er gewinnen, an diesem Sonntag setzt er auf ein weiteres Wunder in seinem wundersamen Leben. Aber er weiß, dass seinem Gegenüber im dritten Wahlgang die einfache Mehrheit genügt, die er auch erreicht. Gauck ist einer der ersten, die Christian Wulff erhobenen Hauptes die Hand reichen und ihm gratulieren. Die Einladung des Bundespräsidenten zum Sommerfest nimmt er gerne an, er ist »bewegt, stolz, glücklich und nicht traurig«. Er ist ein aufrechter und gefasster Verlierer.

Die Ablehnung Angela Merkels hakt er unter den üblichen und bekannten Zwängen der Kanzlerin ab. Frei von politischer Romantik, wisse er um ihre »Suche nach dem inneren Ausgleich innerhalb der Koalition, die handlungsleitend« gewesen sei. Die gegenseitige persönliche Wertschätzung bleibt – bis heute. Hätte sie nach der Wahl 2010 eine Geburtstags-Laudatio auf Joachim Gauck halten müssen, sie wäre wohl nicht anders ausgefallen als zu seinem 70. Geburtstag fünf Monate zuvor.

Gauck zieht sich wieder zurück, er ist wieder Bürger statt Bewerber. Er beschließt, sich ab sofort keinerlei Gedanken über Ämter zu machen. Er will nichts suchen, stattdessen seine Ehrenämter mit Leben füllen, zu Lesungen einladen, Reden halten und seine Gedanken einbringen – das alles mit einem neuen Schub an Selbstvertrauen und Popularität. Er ist frei.

Freiheit: Zunächst war es nur sein Traum, längst hat er hier sein Lebensthema gefunden. Freiheit wird auch eines der zentralen Themen seiner Amtszeit werden. Es gibt kaum einen Anlass, an dem er nicht seine Definition von Freiheit artikuliert und Freiheit als das Maß aller Dinge unserer Grundordnung hervorhebt. Freiheit als Befreiung von allen gedanklichen, beruflichen und gesellschaftlichen Zwängen, Freiheit als Aufgabe, als Verantwortung. »Wenn wir uns nicht von der Freiheit beflügeln lassen, büßen wir an Kraft und Willen zur Veränderung ein«, lautet sein Credo.

Die Gedanken und Theorien über die Libertas durchziehen die gesamte Menschheitsgeschichte. In der Antike war Freiheit ein Privileg des Adels und der Oberschicht, während der Aufklärung entwickelte sich unser modernes Verständnis von Freiheit. Immanuel Kant sprach vom »Ausgang des Menschen aus seiner selbstverschuldeten Unmündigkeit«, Voltaire definierte das Prinzip Meinungsfreiheit: »Ich bin nicht Eurer Meinung, aber ich kämpfe dafür, dass Ihr Euch ausdrücken könnt.« Freiheit, Gleichheit und Brüderlichkeit waren die Ideale der Französischen Revolution, das Volk wurde zum Souverän. Heute wird der Freiheitsbegriff meist mit der politischen Freiheit in Verbindung gebracht, zu der die Grundrechte und die individuellen Rechte zählen.

Tatsache ist, meint Joachim Gauck, dass die Deutschen ein »besonderes Verhältnis« zur Freiheit entwickelt haben. Heinrich Heine hat es seiner Meinung nach in seinen »Englischen Fragmenten« am treffendsten formuliert: »Der Engländer liebt die Freiheit wie sein rechtmäßiges Weib. Er besitzt sie, und wenn er sie auch nicht mit absonderlicher Zärtlichkeit behandelt, so weiß er sie doch im Notfall wie ein Mann zu verteidigen. Der Franzose liebt die Freiheit wie seine erwählte Braut. Er wirft sich zu ihren Füßen mit den überspanntesten Beteuerungen. Er schlägt sich für sie auf Tod und Leben. Er begeht für sie tausenderlei Torheiten. Der Deutsche liebt die Freiheit wie seine Großmutter.« Und manchmal wundert sich Gauck auch darüber, dass die Deutschen sehr wohl die Libertinage, die Freizügigkeit, zu schätzen wüssten, aber mit der Liberté, der Freiheit, ihre Probleme hätten.

Die Deutschen, ein Volk von Angepassten und Verängstigten, die die Kultur des Verdrusses pflegen? Verglichen mit der historischen Entwicklung in Großbritannien, Frankreich und den USA zählt Deutschland tatsächlich zu den Nationen, deren Bürger erst spät und zögerlich das Obrigkeitsdenken einstellten und den aufrechten Gang selbstbewusster Bürger probten. Deutschland war über Jahrhunderte ein politischer Flickenteppich, in den fürstlich und herzoglich regierten Klein- und Kleinststaaten kamen nur wenig freiheitliche und national-demokratische Gedanken auf – auch das im 19. Jahrhundert wirtschaftlich erstarkende Bürgertum traf auf einen Hochadel, der mit den Karlsbader Beschlüssen nach wie vor auf Repression und Restauration setzte. Darauf folgten Kaiserreich, Weimarer Republik und schließlich die nationalsozialistische Diktatur, die jede Form der behutsam vorangeschrittenen freiheitlichen Entwicklung brutal niederschlug.

1945 wurde Deutschland befreit, der westliche Teil entwickelte sich zu der freien und demokratischen Gesellschaft, wie wir sie heute kennen. Im Osten Deutschlands dagegen schufen die Machthaber eine »geschlossene Station« (Joachim Gauck). Als »Insasse eines Gefängnisses« fühlte er sich nur noch frei in seinen Gedanken und Sehnsüchten. Dieser Zustand hielt bis 1989 an, als sich sein Leben »in einer wunderbaren Weise verwandelte«. Endlich hatte Gauck ein positives Gefühl für seine Nation, »weil die Menschen im Osten, die so lange ohnmächtig gelebt hatten, die Freiheit plötzlich liebten«. Dieses Gefühl erfasste nicht nur mutige Kämpfer und Dissidenten, sondern breite Schichten der Bevölkerung, die »viele Jahre lang ganz gut in einer unüberzeugten Minimalloyalität überwintert« hatten.

Viele DDR-Bürger hatten, so sieht es Gauck, die Liebe zur Freiheit unterdrückt, sie spielte im Alltag nur eine Nebenrolle. In dieser Unfreiheit hatten Gauck und mit ihm viele andere Nischensucher das Gefühl, nie an die Grenzen ihrer Möglichkeiten zu gelangen – von oben kam immer wieder der Mäßigungs- und Besinnungs-Hammer, der das Kollektiv über das Individuum stellte. Die Wende war der Befreiungsschlag. »Beim Nachdenken über meine gewonnene Freiheit kam ich in einer Ecke meiner Seele an, in der ich vorher noch nie war«, stellte Gauck fest.

Mit seinem Verständnis von Freiheit als Verantwortung ist Joachim Gauck nahe bei Dietrich Bonhoeffer, dem 1945 im Konzentrationslager ermordeten Theologen und NS-Widerstandskämpfer, der ebenfalls eine enge Verbindung zwischen Verantwortung und Freiheit sah. Dies wird besonders deutlich in Bonhoeffers Satz: »Nicht in der Flucht der Gedanken, allein in der Tat ist die Freiheit.« Bonhoeffer betonte stets die Notwendigkeit und die Freiheit des Menschen, verantwortlich zu handeln: »Verantwortung und Freiheit sind einander korrespondierende Begriffe. Verantwortung setzt sachlich – nicht zeitlich – Freiheit voraus, wie Freiheit nur in der Verantwortung bestehen kann. Verantwortung ist die in der Bindung an Gott und an den Nächsten allein gegebene Freiheit des Menschen.« Wer um seine Freiheit wisse, kenne auch seine Verantwortung.

So handelt auch Joachim Gauck aus seinem Verständnis nur folgerichtig: Er, der hinter einer Mauer jahrzehntelang den Traum von Freiheit lebte, übernimmt als freier Mensch Verantwortung. Er ist dankbar dafür, denn ohne Freiheit wären seine Möglichkeiten, Verantwortung anzunehmen, erheblich eingeschränkt. Er spricht in diesem Zusammenhang von »Ermächtigung« statt von empowerment, weil er »auf Deutsch« erlebt habe, »wie sich ein Staatsinsasse verwandelt hat und durch ermächtigendes Handeln als Bürger zu existieren begann«.

Wer Gaucks Freiheitsbegriff verstehen will, muss aber vor allem Erich Fromm lesen. Mit seinen Beiträgen zur Psychoanalyse, Religionspsychologie und Gesellschaftskritik zählt der 1900 in Frankfurt am Main geborene Humanwissenschaftler zu den bedeutendsten Theoretikern des 20. Jahrhunderts. Fromm untersuchte die Prägung des Individuums durch die Gesellschaft, seine seelischen Grundbedürfnisse und die Auswirkungen des Massenkonsums auf die zwischenmenschlichen Beziehungen. Sein »normativer Humanismus« spiegelt sich in der Kernthese: Der Mensch ist in der Lage, sich vielerlei Bedingungen anzupassen, doch wenn sie seiner menschlichen Natur zuwiderlaufen, ändert er die bestehenden Verhältnisse – andernfalls stumpft er ab.

1941 veröffentlicht Erich Fromm, der aus einer streng religiösen jüdischen Familie stammte und 1934 in die USA emigrierte, sein Buch mit dem englischen Titel »Escape from Freedom« – »Die Furcht vor der Freiheit«. Darin schildert er das Bemühen vieler Menschen in der modernen europäischen und amerikanischen Geschichte, sich von den politischen, wirtschaftlichen und geistigen Fesseln zu befreien, die die Menschen gefangen hielten. »Der Kampf um die Freiheit wurde von den Unterdrückten, die neue Freiheiten beanspruchten, gegen jene ausgefochten, die Privilegien zu verteidigen hatten.« Er spricht von Kämpfern und Schlachten gegen die Unterdrückung. Der Tod sei für sie »die höchste Bestätigung der Individualität gewesen«, ihr Ziel stets die Abschaffung der »unterwürfigen Gehorsamkeit«. All dies kommt Gauck in der Erinnerung an die real untergegangene DDR wohldurchdacht und vertraut vor.

Das gilt auch für die verschiedenen »Fluchtmechanismen«, mit denen Menschen nach Fromms Beobachtung auf die Tatsache reagieren, dass die Gesellschaften – »einschließlich unserer eigenen« – ihnen nicht die optimalen Möglichkeiten zu ihrem Glück bieten. Gleichzeitig stellt er fest, dass sich die uns bekannten Gesellschaften »hinsichtlich des Grads, in dem sie dem individuellen Wachstum förderlich sind, unterscheiden«. Fluchtweg Nummer eins: die Tendenz, das eigene Selbst aufzugeben und es mit irgendjemand oder irgendetwas zu verschmelzen, »um sich auf diese Weise die Kraft zu erwerben, die dem eigenen Selbst fehlt«. Das ist die Flucht ins Autoritäre, »das Streben nach Unterwerfung und nach Beherrschung« – »die Flucht vor einem unerträglichen Alleinsein«. Die Betroffenen litten unter Gefühlen von Minderwertigkeit, Ohnmacht und individueller Bedeutungslosigkeit. Sie unterwürfen sich, sie setzten sich nicht durch.

Ausweg Nummer zwei: die Flucht ins Destruktive. Auch in diesem Fall empfinden die Menschen laut Fromm ein Gefühl der Ohnmacht und Isolierung in ihrer Umgebung. Eine individuelle Entfaltung ist nahezu ausgeschlossen. Sie können dem ihrer Einschätzung nach nur entrinnen, indem sie alle Objekte zerstören, mit denen sie sich auseinanderzusetzen haben. Denn »Jede Bedrohung vitaler (materieller oder emotionaler) Interessen verursacht Angst, und destruktive Tendenzen sind die häufigste Reaktion auf diese Angst.«

Der dritte Ausweichmechanismus ist die Flucht ins Konformistische. Dieser Weg stellt nach Fromms Überzeugung die Lösung dar, für die sich die meisten Menschen entscheiden: Der Einzelne hört auf, er selbst zu sein. »Er gleicht sich dem Persönlichkeitsmodell an«, schreibt Fromm, »das ihm seine Kultur anbietet und wird deshalb genau wie alle anderen und so, wie die anderen es von ihm erwarten«. Man könne diesen Mechanismus mit einer »Schutzfärbung gewisser Tiere« vergleichen. »Wer sein Selbst aufgibt und zu einem Automaten wird, der mit Millionen anderer Automaten in seiner Umgebung identisch ist, fühlt sich nicht mehr allein und braucht deshalb keine Angst zu haben. Aber der Preis, den er dafür zahlen muss, ist hoch. Es ist der Verlust seines Selbst.«

Erich Fromm entwickelte seine Thesen lange vor dem Gründungstag der DDR. Mit seiner Analyse beschreibt er aber geradezu prophetisch die individuellen Folgen der staatlich verordneten Ent-Individualisierung und Kollektivierung der Gedanken und Ideale in der DDR. Auch der 1936 in Sachsen geborene ehemalige sachsen-anhaltinische Ministerpräsident Wolfgang Böhmer hat die DDR als »nivellierte Gesellschaft« erlebt. Die Bürger, sagt er, lebten in einer »planwirtschaftlichen Fürsorgediktatur«. Als Kompensation für die politische Unfreiheit vermittelte der vormundschaftliche Staat seinen Bürgern das Gefühl sozialer Geborgenheit und Sicherheit. »Der Preis dafür aber war«, meint Böhmer, »ein schmerzlicher Verlust an individueller Freiheit, der nicht mehr empfunden wird, seit es ihn nicht mehr gibt.«

Im September 1993 hielt der Philosoph Peter Feist, ein Neffe des ehemaligen DDR-Staatsratsvorsitzenden Erich Honecker, auf Einladung der »Alternativen Enquete-Kommission Deutsche Zeitgeschichte« während einer Veranstaltung des »Ostdeutschen Geschichtsforums« in der Berliner Stadtbibliothek einen Vortrag zum Thema: »DDR – Demokratie? – Bürokratie? – Diktatur?«. Der Vortrag wurde später sogar auf den Seiten von *marxismus-online* dokumentiert. Feist kommt zu dem Urteil, dass »die grundlegende Deformierung des real existierenden Sozialismus darin bestand, dass die Menschen, die Klassen und Schichten, die Subjekte dieser Gesellschaft zunehmend und in unterschiedlichem Ausmaß, zu Objekten degradiert wurden«. Selbstbestimmung wurde durch Fremdbestimmung ersetzt.

»Es kam zu einem dramatischen Verlust an Individualität«, stellt Feist fest. »Erscheinungen wie soziale und ideologische Gleichmacherei, Desinteresse und Schlendrian breiteten sich aus. Der Staat betrachtete seine Bürger als Eigentum. Die massenhafte Entmündigung der Menschen verschüttete alle wesentlichen Triebkräfte der neuen Gesellschaft und deformierte alle Verhaltensweisen und Verhältnisse in ihr.« 2005 fügte Feist in einem Nachtrag hinzu, dass er seiner Thesen wegen von führenden Funktionären der Kommunistischen Plattform in der PDS, aber auch DKP-Mitgliedern und Lesern der kommunistisch-sozialistischen Zeitschrift *RotFuchs* angegriffen worden sei. Er sei jedoch sicherer denn je, dass seine Einschätzungen »von einem marxistischen Blick auf die Epoche aus zutreffen«.

Das ist die Vergangenheit, in der Freiheit für Gauck und die Mehrheit der DDR-Bevölkerung ein strahlendes Licht in der Ferne ist. »Sie hatte eine verlockende Kraft«, erinnert sich Gauck, »sie war ungeschmälert schön«. Als die Freiheit Wirklichkeit geworden ist, beobachtet Gauck, wie schwer der Kampf für die Freiheit in der Freiheit ist: Weil wir als Bürger einer demokratischen Gesellschaft dazu angehalten sind, Freiheit als Haltung an- und Freiheit als Aufgabe wahrzunehmen. Freiheit lässt sich seiner Überzeugung nach nicht ohne Risiko erlangen. Sein Credo lautet: Aus der Freiheit ergeben sich Möglichkeiten und Chancen, möglicherweise sogar Pflichten. »Gut ist alles nur im Paradies«, sagt er. »Dort, wo wir leben, wird nicht das Endgültige, nicht das Paradiesische gestaltet, sondern das Machbare und das weniger Schlechte.« Er hat keine Zweifel am System, er will der Letzte sein, »der der Demokratie von der Fahne geht«.

Für Gauck gilt es, die Würde des Menschen, die Bürger- und Freiheitsrechte sowie die Herrschaft des Rechts zu verteidigen, denn die universalen Menschenrechte entsprächen »dem Wunsch aller Unterdrückten aller Epochen«. Bei der Verleihung des Ludwig-Börne-Preises am 5. Juni 2011 zitiert er den österreichisch-britischen Philosophen Karl Popper: »Wir glauben an die Freiheit, weil wir an unsere Nebenmenschen glauben. Wir haben die Sklaverei abgeschafft. Und wir leben in der besten, weil verbesserungsfreudigsten Gesellschaftsordnung, von der wir geschichtlich Kenntnis haben.« Das wird eine der vordringlichsten Aufgaben des elften deutschen Bundespräsidenten Joachim Gauck sein, die er sich selbst auferlegt hat: die ermächtigten Bürger einzuladen, die Verantwortung anzunehmen, an der Aufgabe der ständigen Verbesserung der Demokratie teilzuhaben. Denn sie, die Citoyens, sollten seiner Meinung nach so frei sein, »sich heute und morgen und hier für zuständig zu erklären«.

Genau so macht er es am 19. Februar 2012, als er seinem zweiten Anlauf ins Bundespräsidialamt zustimmt. Mit Blick auf die jüngsten Umfragen und die ersten euphorischen Reaktionen bittet er gleich darum, »mir die ersten Fehler zu verzeihen und von mir nicht zu erwarten, dass ich ein Supermann und ein fehlerloser Mensch bin«. Auf diese Steilvorlage haben seine Kritiker in Ost und West offensichtlich gewartet, ihre Abrechnung beginnt sofort. Jetzt kommt ihre Stunde, jetzt erinnern sie in zahllosen Blogs und Leserbriefen an die ihrer Meinung nach fragwürdigen Antworten und Einstellungen Gaucks. Teilt er die heftig umstrittene Meinung von Thilo Sarrazin (»Deutschland schafft sich ab«) zur Sozialpolitik und zu genetisch bedingt weniger intelligenten Kindern bei bestimmten Gruppen? Stimmt es, dass er die Occupy-Bewegung »unsäglich albern« findet? Wie positioniert er sich in der Frage der Integration? Vom Heilsbringer zum »reaktionären Stinkstiefel« *(taz.de)* – innerhalb weniger Tage erhebt sich eine Welle der Empörung. »Wir brauchen einen Präsidenten, der sich mit der Gegenwart und nicht mit der Vergangenheit auskennt«, ist im Internet zu lesen. Aber sind die Vorwürfe überhaupt berechtigt?

Am heftigsten diskutiert die Anti-Gauck-Gemeinde Gaucks Äußerungen zu Thilo Sarrazin, weil er ihm »Mut« attestiert hat. Tatsächlich hat Gauck in einem Interview mit der *Süddeutschen Zeitung* im Oktober 2010 anerkannt, dass der ehemalige Berliner Finanzsenator »offener als die Politik über ein Problem« gesprochen habe, das die Menschen bewege. Sarrazin habe dafür das Mittel der »populistischen Übertreibung« gewählt, wohl wissend, dass er sich der Empörung von Intellektuellen und mancher seiner Parteigenossen aussetze. Darauf war der »Mut« gemünzt. Inhaltlich widerspricht Gauck Sarrazin mit Nachdruck: Er mache es sich zu einfach, wenn er alles mit einem biologischen Schlüssel erklären wolle anstatt zu differenzieren. Mit Unterschlagungen dieser Art aber reagieren die schnellen Sittenrichter.

Aber Gauck wird in der Kandidatenphase noch öfter verfälschende Verkürzung und Herauslösung von Halbsätzen erleben, in Qualitätsmedien wie im Internet. Der bekannte Blogger Sascha Lobo kritisiert mit Blick auf die Debatte über den »bösen Gauck« einen ausufernden »Unterstellungstrubel«. Oder steckt sogar Bosheit hinter dieser Masche?

Gauck lehnt Sarrazins Thesen zur Intelligenzvererbung ab. Ebenso scheut er sich aber auch nicht davor, den Migranten in Deutschland ins Gewissen zu reden: »Leute, Mitbewohner, Mitbürgerinnen, wenn ihr wollt, dass eure Kinder mitspielen, als Rechtsanwalt, als Kaufmann, als Journalistin und als Abgeordnete, dann sorgt dafür, dass sie rechtzeitig Deutsch lernen. Nicht schlecht wäre es, wenn ihr es auch lernen würdet.« Die Mehrheit der Deutschen sei wie er selbst auch zu einem entschiedenen Ja zur Zuwanderung bereit, je entschiedener das Ja der Zugewanderten zur Verfassung gesprochen und gelebt werde. In Deutschland gebe es viel Platz für sprachliche, religiöse und kulturelle Verschiedenheit. »Aber wir erwarten Respekt vor den rechtlichen Normen und vor den Grundwerten des Landes, in dem wir zusammenleben«, unterstreicht er schon in seiner Dankesrede zur Verleihung des Börne-Preises. Gauck plädiert für eine »aktivierende Sozialpolitik«. Seiner Ansicht nach ist es falsch, Menschen durch Versorgung ruhig zu stellen, weil sie dadurch in Abhängigkeit gerieten. Gauck: »Man kann auch mit guter Absicht etwas Ungutes tun«.

Zur Empörung vieler Linker und Friedensaktivisten hat Gauck auch nie einen Hehl daraus gemacht, dass er die Einsätze der Bundeswehr in Afghanistan befürwortet. Zwei Bedingungen stellt er für militärische Interventionen: eine sorgfältige Prüfung der Beweggründe und eine Legitimierung durch den Sicherheitsrat. Deutsche Soldaten stünden heute nicht mehr wie frühere deutsche Heere in fremden Ländern, um Land oder Ressourcen zu erobern, sondern um unterdrückten Menschen beizustehen. Im Übrigen müsse man sich genau anschauen, wer dem Westen Arroganz und imperiales Verhalten vorwerfe. Er würde derartige Vorhaltungen ernst nehmen, wenn sie von Unterdrückten und von Menschenrechts-Aktivisten vorgetragen würden. »Aber nicht, wenn jene unsere westliche Kultur denunzieren, die ihren eigenen Bürgern nur einen Bruchteil jener Freiheiten zugestehen, die in den westlichen Demokratien eine Selbstverständlichkeit sind.«

An dieser Stelle klafft auch eine große Lücke zur Position der Linkspartei, die den Afghanistan-Einsatz strikt ablehnt. Was Gauck wiederum »sehr merkwürdig« findet: Schließlich seien es gerade die Vertreter der politischen Linken gewesen, die jahrzehntelang den bewaffneten Befreiungskampf in Afrika gefordert und bejubelt hätten und nun einen »Radikal-Pazifismus« pflegten. Dies sei »kein ethischer, sondern ein taktischer Pazifismus«.

Am 17. September 2011 besetzen Globalisierungsgegner den New Yorker Zuccotti Park in der Nähe des Finanzbezirks. Sie sprechen sich dafür aus, den Einfluss der Wirtschaft auf die Politik zu begrenzen, sie lehnen Spekulationsgeschäfte an den Börsen ab und plädieren für soziale Gerechtigkeit. Die Bewegung gewinnt schnell eine große Anhängerschaft, auch in Deutschland. Und dann dies: Joachim Gauck bezeichnet die Proteste als »unsäglich albern«. Die Aktivisten fällen ihr Urteil, dem sehr schnell auch die grundsätzlichen Gauck-Gegner zustimmen – immer auf Basis dieser zwei Worte: Gauck ist demnach ein neoliberaler Reaktionär, der es sich im Kapitalismus angenehm eingerichtet hat und gleichzeitig vor sozialen Hängematten warnt.

Was hat Gauck wirklich gesagt? Dass es eine »romantische Vorstellung« sei, sich der Bindung von den Märkten entledigen zu können. Dass nichts schön werde, wenn man das Kapital besiege. Dass es unsinnig und tatsächlich albern sei, die Europäische Zentralbank zu besetzen. »Was soll denn danach passieren?«, fragt er. »Was ist der politische Sinn davon? Ich kann keinen erkennen.« Bei den Kritikern Gaucks bleibt nach der rund zweistündigen Debatte der Wochenzeitung *Die Zeit* mit Gauck nur der Begriff »unsäglich albern« hängen, den Gauck allein auf die Form und nicht auf den Inhalt der Proteste bezogen hat. Er lobt das Engagement der Aktivisten sogar ausdrücklich, »denn ich mag Menschen, die sich von den Zuschauerrängen erheben und an der demokratischen Willensbildung teilnehmen«. Wer also auch in diesem Fall die Zitate bis zum ihrem Ursprung zurückverfolgt, wird schnell eingestehen müssen, dass die Vorwürfe zumindest in dieser Form unberechtigt sind – unabhängig davon, wie man grundsätzlich zu Gaucks Positionierung steht.

Er steht zu dieser Gesellschaftsordnung, zur Demokratie (»Nie und nimmer werde ich eine Wahl versäumen.«) und zur sozialen Marktwirtschaft, die viele Gegner seiner Meinung nach bewusst mit dem Begriff Kapitalismus gleichsetzen und damit »denunzieren«. Trotz der globalen Probleme und Verwerfungen, trotz des schwindenden Vertrauens in die Banken, in das System schlechthin. Einem radikalen Wechsel wird der Präsident Gauck nie das Wort reden. »Wir haben alle genug vom verantwortungslosen Treiben gewissenloser Finanzakrobaten oder maßloser Manager«, unterstreicht er. Es gelte, immer wieder den Rahmen und die Regeln zu überprüfen: »Aber wir wissen auch, dass nicht die gesamte Wirtschaft verantwortungslos ist.« Zudem sei erwiesen, dass die in Deutschland üblichen Sozialleistungen nur in Gesellschaften erwirtschaftet werden konnten, die über eine funktionierende Marktwirtschaft verfügten. Wer Ja zur Freiheit sage, dürfe die Wirtschaft nicht davon ausnehmen. »Die Freiheit, die wir bejahen, bindet sich an das Gemeinwohl. Sie akzeptiert eine Ration des sozialen Ausgleichs und nimmt den besser Gestellten in die Pflicht, um es den schlechter Gestellten zu geben.«

Die gleiche Hysterie bricht sich regelmäßig Bahn, wenn Gauck seinen Patriotismus erläutert. Nichts ist in Deutschland gefährlicher, als seine Gefühle für das eigene Land allzu positiv darzustellen. Es gilt, jedes Wort wohl zu überlegen, um nicht allzu schnell in die rechte Ecke gerückt zu werden. Als Nachkriegskind empfand Gauck zunächst eine große Portion Fremdheit gegenüber der eigenen Nation. Das hat sich mit der Entwicklung der Bundesrepublik und später auch der DDR zu einem vereinten und demokratischen Rechtsstaat geändert. Mit dem Begriff Stolz geht er aber nach wie vor sparsam um, »weil dieses eigentlich normale Gefühl schnell hinüberkippen kann in Arroganz«. Man sollte seiner Meinung nach diesen Begriff allerdings auch nicht allein den Rechtsradikalen (»den Bekloppten«) überlassen. Im Gegenteil: »Ich bin stolz auf das, was die hassen.« Gauck hält es hier mit Johannes Rau, der einst sagte: »Ein Patriot liebt sein Vaterland. Ein Nationalist hasst die Vaterländer der anderen.«

Was ist von Joachim Gauck zu erwarten? Wird er ein Präsident, der viel Pathos verbreitet und der, wie der ehemalige DDR-Bürgerrechtler Friedrich Schorlemmer meint, allein das Loblied auf die Freiheit, aber nicht das auf die Gerechtigkeit beherrscht? Ein einseitiger, apolitischer Seelsorger ohne konkrete Lösungsansätze also? Sicher ist es Teil der typisch deutschen Überhöhung, bereits jetzt von Gauck alle Antworten zu allen Fragen einzufordern. Es steht aber auch für ihn selbst außer Frage, dass er zu vielen Themen weiter reichende Antworten liefern muss, als er es bisher getan hat und als er es bisher tun musste.

Gauck wird es nicht zulassen, dass ihm ein Ranking der sozialen und gesellschaftlichen Werte unterstellt und dass sein Freiheits- und Demokratieverständnis als unbrauchbares Schaufensterbekenntnis gebrandmarkt wird. Gauck und apolitisch, also der Politik abgeneigt? Der Vorwurf geht ins Leere, da er einen Menschen trifft, der wohl zu DDR-Zeiten nie als Fundamentaloppositioneller aufgetreten ist, keine Basisgruppe gegründet oder im Gefängnis gesessen hat, der aber auch nie ein stummer Mitläufer oder Opportunist war. Man muss und darf seine Rolle während der revolutionären Jahre in der ehemaligen DDR nicht überhöhen. Man sollte sie aber auch nicht kleiner reden, als sie war.

Für Joachim Gauck hat Freiheit als Verantwortung oberste Priorität in unserer Gesellschaft. Aus diesem Verständnis heraus erwachsen für ihn die Möglichkeiten, Chancen und bisweilen auch die Pflicht eines jeden Bürgers, sich für den sozialen Frieden in diesem Land zu engagieren. Wenn er also davon spricht, dass reine Fürsorge die Menschen bis hin zu ihrer Entmündigung lähmen kann, dann kritisiert er weniger die davon betroffenen Menschen, sondern vielmehr eine Politik, die auf Kurzfristigkeit und schnelle Ergebnisse zielt. Der Staat dürfe nicht die Rolle eines »gütigen Fürsten annehmen, dessen Gestus die Empfänger zu Mündeln macht«.

Gauck wird nicht nur ein politisch, sondern auch ein gesellschaftlich unbequemer Präsident sein. Er ist kein Mann des Mainstreams, er springt aus jeder Schublade. Als Protestant wird er schnell und demonstrativ auf die katholischen Würdenträger in Deutschland zugehen und sie zum Dialog einladen – das Verharren in dogmatischen Gräben ist seine Sache nicht. Gauck wird auch der Letzte sein, der sich angstvoll vor möglicherweise hitzigen Debatten wegduckt oder sie vermeidet. Er wird die Nation nicht auf die Summe ihrer Mängel und Defizite reduzieren. Er wird die Unzulänglichkeiten nicht verschweigen, aber er wird auch die Errungenschaften und Fortschritte zum Anlass nehmen, noch mehr Menschen zum Mitmachen und zur Übernahme von Verantwortung zu animieren. Auch in der gegenwärtig so gering geschätzten Politik, »denn ohne sie würde unser Staatswesen im Chaos versinken«.

Nach seiner ersten Präsidentschafts-Nominierung wurde Gauck häufig gefragt, ob er in diesem Amt ein Vorbild habe. Ja, es ist der Sozialdemokrat Gustav Heinemann, der von 1969 bis 1974 an der Spitze des Staates stand. Der aus Essen stammende »Bürgerpräsident« verschrieb sich der »Verankerung der Demokratie und der Ausgestaltung des sozialen Rechtsstaats«. Darüber hinaus prägte er das Amt mit seinen Vorstellungen von Frieden und Demokratie – der knorrig wirkende Heinemann galt ebenfalls immer als unbequem. Die Parallelen zu Joachim Gauck sind unübersehbar. Doch für Gauck gibt es einen weiteren Grund zur Sympathie für Heinemann: Auf dessen Anregung wurde am 26. Juni 1974 das einzige deutsche Freiheitsmuseum in Rastatt eröffnet – als Erinnerung an die deutschen Freiheitsbewegungen.

Vom Pastor zum Präsidenten, vom Seelsorger zum Staatsmann: Die Wahl Joachim Gaucks zum neuen Bundespräsidenten wird auch im Ausland aufmerksam beobachtet. Wird er seiner neuen Rolle in seinem fünften Leben gerecht werden? Wird er ein würdiger Vertreter seines Landes sein? Die Nachbarn Deutschlands sind durchweg optimistisch. »Er wird ein Symbol sein für Mut und ethische Strenge, in einem für Europa harten und schweren Moment«, schreibt die italienische Zeitung »La Repubblica«. Für den Schweizer *Tages-Anzeiger* steht fest, dass das »so abgehalfterte Amt des Bundespräsidenten mit Gauck neuen Glanz bekommt, neue Tiefe und Bedeutung«. Ein polnischer Kommentator unterstreicht: »Die Deutschen können es. Sie treiben korrupte Politiker aus dem Amt und ersetzen sie in bemerkenswerter politischer Einigkeit mit einem untypischen Politiker, eher einer Stimme des Gewissens.« Diese Stimme des Gewissens, dieser Joachim Gauck wird uns vor allem wieder daran erinnern, dass es mit der Demokratie wie mit dem Leben ist: »Glück ist weniger im Haben, aber beständig im Sein.«

Anhang

Zeittafel

17. Januar 1988	Bei der traditionellen Gedenk-Demonstration zu Ehren von Karl Liebknecht und Rosa Luxemburg in Ostberlin treten erstmals oppositionelle Gruppen öffentlich in Erscheinung.
2. Mai 1989	Ungarn beginnt mit dem Abbau der Grenzzäune zu Österreich
9. September 1989	In der Wohnung von Katja Havemann in Grünheide bei Berlin wird auf Initiative von Bärbel Bohley und Jens Reich das Neue Forum gegründet
9. Oktober 1989	Massendemonstration mit 70 000 Teilnehmern in Leipzig
18. Oktober 1989	Erich Honecker tritt als Staatsratsvorsitzender und Generalsekretär des Zentralkomitees der SED zurück – Egon Krenz wird sein Nachfolger
19. Oktober 1989	Erste Rostocker Donnerstags-Demonstration
6. November 1989	Erich Mielke ordnet die Vernichtung der Stasi-Unterlagen an
7. November 1989	Rücktritt der Regierung Willi Stoph
9. November 1989	Die Mauer fällt
13. November 1989	Die Volkskammer wählt Hans Modrow zum Ministerpräsidenten

17. November 1989	Hans Modrow gibt die Umbenennung des Ministeriums für Staatssicherheit (MfS) in Amt für Nationale Sicherheit (AfNS) bekannt
7. Dezember 1989	Erste Sitzung des Runden Tisches
8. Dezember 1989	Erich Mielke wird verhaftet
16. Dezember 1989	Die SED gibt sich auf einem Sonderparteitag den Zusatz PDS: Partei des Demokratischen Sozialismus. Ab dem Parteitag im Februar 1990 verabschiedet sich die Partei endgültig von ihrem Namen SED
15. Januar 1990	Bürgerrechtler stürmen die Stasizentrale in der Normannenstraße im Berliner Bezirk Lichtenberg
10. Februar 1990	Michail Gorbatschow bestätigt des Recht der Deutschen, über Weg und Zeitpunkt der Wiedervereinigung selbst entscheiden zu können
18. März 1990	Wahl der ersten freien Volkskammer – die CDU erringt 40,8 % und stellt mit Lothar de Maizière den Ministerpräsidenten. Auf das Bündnis 90 entfallen 2,9 %: Joachim Gauck zieht in die Volkskammer ein
21. Juni 1990	Joachim Gauck wird Vorsitzender des Volkskammer-Sonderausschusses »Auflösung des MfS«
1. Juli 1990	Die Wirtschafts-, Währungs- und Sozialunion tritt in Kraft
31. August 1990	Bundesinnenminister Wolfgang Schäuble und DDR-Staatssekretär Günther Krause unterzeichnen den Einigungsvertrag
12. September 1990	Die Außenminister der vier Siegermächte und der Bundesrepublik sowie der DDR-Ministerpräsident

de Maizière unterzeichnen den »Zwei plus vier«-Vertrag: Deutschland hat seine volle Souveränität wiedererlangt

28. September 1990	Die Volkskammer ernennt Joachim Gauck zum Sonderbeauftragten der Bundesregierung für die Verwahrung der Akten und Dateien des MfS
3. Oktober 1990	Tag der deutschen Einheit
2. Dezember 1990	Erste Wahlen zu einem gesamtdeutschen Parlament nach dem Zweiten Weltkrieg
20. Juni 1991	Der Bundestag entscheidet sich mit knapper Mehrheit zugunsten Berlins als Hauptstadt
21. Dezember 1991	Das Gesetz über die Unterlagen des Staatssicherheitsdienstes der ehemaligen DDR (StUG) tritt in Kraft – Joachim Gauck wird Bundesbeauftragter
21. September 1995	Joachim Gauck wird als Bundesbeauftragter wiedergewählt – seine letzte Amtsperiode endet am 2. Oktober 2000
10. Oktober 2000	Marianne Birthler löst Joachim Gauck als Bundesbeauftragte für die Unterlagen des Staatssicherheitsdienstes der ehemaligen DDR ab
21. November 2003	Joachim Gauck wird Vorsitzender des Vereins »Gegen Vergessen – Für Demokratie«
3. Juni 2008	Joachim Gauck ist Erstunterzeichner der »Prager Erklärung zum Gewissen Europas und zum Kommunismus«
4. Juni 2010	SPD und Bündnis 90/Die Grünen nominieren Joachim Gauck als Kandidaten für das Amt des Bundespräsidenten

30. Juni 2010	Zur Wahl des Bundespräsidenten treten Joachim Gauck und Christian Wulff gegeneinander an. Joachim Gauck unterliegt im dritten Wahlgang
5. Juni 2011	Die Ludwig-Börne-Stiftung verleiht Joachim Gauck den gleichnamigen Preis in der Frankfurter Paulskirche
17. Februar 2012	Christian Wulff tritt vom Amt des Bundespräsidenten zurück
19. Februar 2012	SPD, Grüne, CDU/CSU und FDP benennen Joachim Gauck als ihren gemeinsamen Kandidaten für die Wahl des Bundespräsidenten am 18. März 2012

Bibliographie

Thomas Ammer und Hans-Joachim Memmler (Hg.): Staatssicherheit in Rostock. Zielgruppen, Methoden, Auflösung. Köln 1991.

Hannah Arendt: Ich will verstehen. Selbstauskünfte zu Leben und Werk. Hrsg. von Ursula Ludz. München 1996.

Hannah Arendt: Elemente und Ursprünge totaler Herrschaft. Frankfurt/M. 1955 (engl. Original: The Origins of Totalitarianism. New York 1951).

Karl-Heinz Arnold: Schild und Schwert. Das Ende von Stasi und Nasi. Berlin 1995.

Walter Bajohr (Hg.): Das Erbe der Diktatur. Bonn und Berlin 1992.

Sven Dorlach. Der Fall Gauck. Berlin 1996.

Werner Filmer und Heribert Schwan: Opfer der Mauer. Die geheimen Protokolle des Todes. München 1991.

Karl Wilhelm Fricke: MfS intern. Macht, Strukturen, Auflösung der DDR-Staatssicherheit. Köln 1991.

Erich Fromm: Die Furcht vor der Freiheit. München 1993.

Jürgen Fuchs: Magdalena. MfS, Memfisblues, Stasi, Die Firma VEB Horch & Gauck. Reinbek 1999.

Joachim Gauck: Die Stasi-Akten. Das unheimliche Erbe der DDR. Reinbek 1991.

David Gill und Ulrich Schröter: Das Ministerium für Staatssicherheit. Anatomie des Mielke-Imperiums. Berlin 1991.

Klaus-Dietmar Henke (Hg.): Wann bricht schon mal ein Staat zusammen! Die Debatte über die Stasi-Akten auf dem 39. Historikertag 1992. München 1993.

Helmut Herles und Ewald Rose (Hg.): Vom Runden Tisch zum Parlament. Bonn 1990.

Andert Herzberg: Der Sturz. Honecker im Kreuzverhör. Berlin und Weimar 1990.

Michael Kubina und Manfred Wilke (Hg.): Hart und kompromißlos durchgreifen. Die SED contra Polen 1980/81. Geheimakten der SED-Führung über die Unterdrückung der polnischen Demokratiebewegung. Berlin 1995.

Erich Loest: Die Stasi war mein Eckermann oder: Mein Leben mit der Wanze. Göttingen 1991.

Konrad Löw (Hg.): Verratene Treue. Die SPD und die Opfer des Kommunismus. Köln 1994.

Gerhard Löwenthal, Helmut Kamphausen und Claus P. Clausen: Feindzentrale. Hilferufe von drüben. Lippstadt 1993.

Armin Mitter und Stefan Wolle: Untergang auf Raten. Unbekannte Kapitel der DDR-Geschichte. München 1993.

Detlef Nakath und Gerd-Rüdiger Stephan: Von Hubertusstock nach Bonn. Eine dokumentierte Geschichte der deutsch-deutschen Beziehungen auf höchster Ebene 1980–1987. Berlin 1995.

Lothar Probst: Der Norden wacht auf. Zur Geschichte des politischen Umbruchs in Rostock im Herbst 1989. Bremen 1993.

Michael Richter: Die Staatssicherheit im letzten Jahr der DDR. Weimar, Köln und Wien 1996.

Jürgen Weber (Hg.): Der SED-Staat. Neues über eine vergangene Diktatur. München und Landsberg am Lech 1995.

Jürgen Weber und Michael Piazolo (Hg.): Eine Diktatur vor Gericht. Aufarbeitung von SED-Unrecht durch die Justiz. München und Landsberg am Lech 1995.

Jochen Zimmer (Hg.): Das Gauck-Lesebuch. Eine Behörde abseits der Verfassung? Frankfurt/Main 1998.

Personenregister

Danksagung

Dieses Buch ist in jahrelanger Zusammenarbeit mit Joachim Gauck entstanden, dem ich folglich den größten Dank für seine Geduld, seine Ehrlichkeit und seinen freundschaftlichen Zuspruch schulde.

Dank sagen möchte ich aber den vielen Gesprächspartnern, die mir bereitwillig Rede und Antwort gestanden haben und die mir hilfreiche Details offenbart haben. Das gilt besonders für den mittlerweile verstorbenen Vater von Joachim Gauck, Joachim Gauck sen., Joachim Gaucks Schwester Marianne und seinen Sohn Christian. Gleiches gilt auch für den früheren CDU-Vorsitzenden Wolfgang Schäuble, den früheren Direktor der sogenannten Gauck-Behörde, Hansjörg Geiger, den ehemaligen Vorsitzenden des Bürgerkomitees Normannenstraße, David Gill, Joachim Gaucks damaligen Mitschüler Christian Gätjen, für die beiden Mitbegründer des Rostocker Neuen Forums, Dietlind Glüer und Heiko Lietz, und für die beiden Rostocker Pastoren Henry Lohse und Sybrand Lohmann.

Lothar Probst, der am Institut für kulturwissenschaftliche Deutschlandstudien an der Universität Bremen arbeitet, hat mir zahlreiche, zum Teil unveröffentlichte Passagen aus seinen Interviews mit Joachim Gauck überlassen. Sehr informativ waren zudem die Gespräche mit den Bürgerrechtlern Ulrike Poppe, Marianne Birthler und Jens Reich, die mir neben vielen Details über Joachim Gauck wertvolle Hinweise über die Ereignisse der Wendezeit gaben.

Eine große Hilfe waren die Mitarbeiterinnen und Mitarbeiter der Pressestelle beim Bundesbeauftragten für die Stasi-Unterlagen. Sie haben mir jede gewünschte Form der Unterstützung geboten. Mein Dank gilt schließlich auch Dr. Siegfried Suckut, dem Leiter des Fachbereichs Grundlagenforschung in der Abteilung Bildung und Forschung beim Bundesbeauftragten, der sich bereit erklärte, einen letzten prüfenden Blick auf das Manuskript zu werfen. Vieles wäre allerdings nicht ohne die Hilfe von Joachim Gaucks Sekretärin, Renate Liebermann, gelungen. Sie hat meine

Wünsche über Jahre beharrlich an Joachim Gauck weiter vermittelt und dafür gesorgt, dass ich ihn möglichst oft treffen konnte.

Bei der 2012 entstandenen Neuauflage stand mir meine Frau Hannelore Krapf nicht nur tatkräftig, sondern auch mit reichlich Zuspruch zur Seite. Ohne sie gäbe es dieses Buch nicht – dafür gebührt ihr mein besonderer Dank.

Bildnachweis